出版基金资助项目

美国欧亚地区导弹防御政策研究

孙 逊/韩 略◎著

Analysis of American Ballistic Missile Defense Policy in Europe and Asia-Pacific

时事出版社
北京

目　录

第一章　绪论

一、研究对象与选题意义

导弹防御问题最早起源于冷战时期美苏之间的战略博弈。由于核武器毁灭性打击能力和导弹快速突破地理空间限制能力的结合，彻底改变了传统战争的模式、性质，颠覆了各国对于领土安全的理解，作为有效应对和反制对手的手段，导弹防御技术从诞生之日起就备受关注，相关政策制定始终是一国国家安全战略的核心部分。美国拥有目前世界上最先进的导弹防御技术。本书研究的对象是美国地区导弹防御政策，目的是通过比较奥巴马政府时期美国在欧洲和亚太两个地区所采取的导弹防御政策的异同，分析美国地区导弹防御政策制定过程中的核心影响因素，进而结合奥巴马政府时期美国导弹防御政策在欧亚两个地区产生的影响和实施效果，预测未来美国在这两个地区的导弹防御政策的调整方向，并有针对性地提出我国的应对策略。美国导弹防御政策是由美国政府制定的，对导弹防御系统的技术发展方向，装备部署的类别、数量和位置，以及所要实现的目标等一系列相关问题做出的规定和说明。美国的导弹防御政策伴随其导弹防御系统构成的演变而不断调整，美国地区导弹防御政策就是美国政府专门针对其地区导弹防御系统的发展、部署和目标的规定和说明。“地区导弹防御系统”并非一开始就有，而是美国导弹防御系统经历了近60年的发展演变后，在奥巴马政府时期正式形成的，该系统既有对以前导弹防御系统构成的传承延续，也有新的变化发展。因此，厘清美国导弹防御系统的发展过程，是准确认识美国地区导弹防御系统构成和本质的基础。

（一）奥巴马政府以前美国导弹防御系统的演变

美国的导弹防御技术研究始于20世纪50年代，受苏联首先部署洲际弹道导弹的刺激，美国萌发了发展导弹防御系统的想法。1956年，美国在已有的防空导弹基础上，决定发展一种以城市为主要防护对象的核拦截系统，即“奈基—宙斯”导弹防御系统（Nike – Zeus）。20世纪60年代，肯尼迪政府决定对第一代反导系统进行改进，在全国25个主要人口和工业集中的城市周围部署导弹拦截装置，建立全国性的导弹防御体系，并将其命名为“哨兵”系统（Sentinel）。尼克松上台后，将美国的战略空军基地和华盛顿作为首要防御目标，将人口和工业重心降为次要防御目标，并将新反导系统改为“卫兵”系统（Safeguard）。1983年，里根总统提出其导弹防御系统构想——“战略防御倡议”（SDI）。该倡议包括“五类技术”和“四层防御网”拦截模式。“五类技术”指：监视、捕获、跟踪和拦截技术，定向能技术，动能武器技术，系统分析及作战管理技术，抗毁和致毁技术；“四层防御网”指针对弹道导弹的四个飞行阶段（助推阶段、末助推段、中段和末段）分别部署相应装置进行拦截。该倡议标志着现代导弹防御系统的真正出现。此后美国所有的反导系统设计都以此为雏形。

老布什执政初期继续推行里根政府提出的“战略防御倡议”，准备尽早部署全面导弹防御系统，但是随着冷战的结束，美国国内对于是否有必要斥巨资继续发展战略防御系统展开了论战，出现了“国际军控派”和“战略防御派”两种截然对立的观点。前者强调美国应当谨慎地对待国家导弹防御，坚持军备控制优先原则，要求在国内外条件允许的情况下再考虑部署导弹防御系统的问题；后者则主张美国应该积极发展和尽快部署全面、有效的国家导弹防御系统，不应该受国际条约的束缚。后者认为，美国在冷战后面临着复杂的安全环境，导弹及其扩散威胁给美国的安全带来了严重挑战：首先，俄罗斯意外发射或非授权发射可能性增大。冷战使美国面临“第一次打击”的可能性大为减少，但失去了强有力中央控制的苏联核武库可能带来新的危险。俄罗斯国内形势的不稳定必定削弱其军事力量的凝聚力，恐怖分子有可能因此控制远程导弹，使得意外发射和非授权发射的可能性增加。吴莼思在《威慑理论与导弹防御》一书中指出，核导弹散落在苏联各加盟共和国，成为国际安全领域新的不稳定来源。其次，美国面临发展中国家的导弹威胁增加。美国国内保守派强调，导弹技术已经扩散到很多国家，其中许多对美国的价值观和国家利益怀有敌意。[①] 如伊拉克的飞毛腿导弹敲响了弹道导弹在第三世界扩散的警钟。时任美国国防部长迪克·切尼在海湾战争结束后提交的报告中指出："海湾战争不是第一次使用弹道导弹，更没有理由认为这是最后一次使用，我们必须估计到将会有更多的国家获得弹道导弹并会在未来的冲突中使用，因此我们计划要求建立一个更为完善的反弹道导弹系统，从而避免美军在未来更先进的弹道导弹攻击面前束手无策。"[②]

"国际军控派"对于"战略防御派"的观点有不同意见：首先，不应过高估计俄罗斯意外或非授权发射的可能性。意外发射远程弹道导弹几乎是不可能的，因为发射远程导弹需要几个独立的系统同时正确完成打开地下发射井门、发动机点火、弹头解除保险等工作。在高技术时代，没有统一指令，多个系统准确协调是不太可能的。[③] 另一方面，未经授权发射的可能性也很小，因为核大国都相当重视这类问题，对核武器都建立了电子锁等受到中央控制的保险系统。[④] 其次，发展中国家对美国本土构成导弹威胁并不现实。美国军备控制协会的马修·布恩认为，发展中国家一方面发展的是近程或中程

① James M. Lindsay, Defending America: The Case for Limited National Missile Defense, Washington, D. C.: Brookings Institution Press, 2001, p. 3.

② 军事科学院外国军事研究部：《美国国防部报告：海湾战争》，北京：军事科学出版社，2004 年版，第 66 页。

③ 孙逊、潘远强：《冷战后美国核威慑政策与国际战略稳定》，北京：军事谊文出版社，2009 年版，第 58 页。

④ 朱强国：《美国战略导弹防御计划的动因》，北京：世界知识出版社，2004 年版，第 66 页。

弹道导弹，无法对美国本土构成威胁，只需要战区导弹防御就可以对付；另一方面，制造威胁美国本土的洲际弹道导弹需要十分复杂的技术，要花费很长的时间和巨额资金，而其他第三世界国家并不具备中国的基础。因此，至少在10年内，中国仍然是唯一可以使用弹道导弹威胁美国的发展中国家。①

两派的辩论结果是1989年老布什总统提出对“战略防御倡议”进行新的评估，以适应正在出现的“世界新秩序”。1990年3月，美国驻日内瓦首席军控谈判代表亨利·库伯提交了《战略防御倡议评估报告》。报告认为：“未经授权的、恐怖分子持有的有限的导弹进攻是最大的导弹威胁；由于弹道导弹技术和大规模杀伤性武器的扩散，海外驻军面临的短程导弹威胁不断增长。为了应对这些威胁，应该调整该倡议，集中发展针对有限打击的、而非苏联数以千计的导弹进攻的防御系统。”② 基于此，1991年，老布什总统在《美国国家战略1991—1992》中将导弹防御系统的发展重心从防范苏联大规模导弹攻击转向应对有限导弹攻击，提出“防御有限打击的全球保护系统”（GPALS）。该系统的最大变化就是将导弹防御的范围从美国本土延伸到海外。GPALS由陆基战区导弹防御系统（TMD）、陆基国家导弹防御系统（NMD）和天基全球防御系统（GD）三部分构成。其中TMD就是奥巴马政府时期地区导弹防御系统的前身。

克林顿政府时期，美国的导弹防御系统由TMD和NMD构成，前者用来保护美国海外驻军及其盟友，后者用来保护美国本土。克林顿政府认为，当时的美国本土不会面临来自他国的弹道导弹攻击，因此以TMD为导弹防御系统建设的重点。1993年9月，美国国防部《防务全面审查报告》指出：“尽管弹道导弹正在向更多的国家扩散，但威胁主要来自针对美国海外驻军和盟友的战区导弹，美国本

---

① Mathew Bunn, “Bush Announces New Star Wars Plan to Protect Against Limited Strikes,” Arms Control Today, March 1992, p. 21.

② 孙逊、潘远强：《冷战后美国核威慑政策与国际战略稳定》，北京：军事谊文出版社，2009年版，第59页。

土面临的导弹袭击降至次要地位。这是因为远程导弹对美国本土的威胁有三大类：一是俄罗斯或中国主动攻击，这似乎是不可能的；二是这两个国家意外或未经授权发射的导弹，由于这两个国家看起来都保持着有效控制核武器的手段，可以避免这样的事件发生，这也是不可能的；三是从潜在的敌对国家出现的新增远程导弹威胁，而几年内没有哪一个对手会获得这一能力。"①

在这一防务思想指导下，1991 年 2 月 2 日，时任美国国防部长阿斯平在提交新政府第一份国防预算时提出，将把发展战区导弹防御计划列为"最优先项目"，把国家陆基导弹防御系统列为第二位，并指示战略防御局（SDIO）削减 GPALS 中某些项目的预算经费。②1993 年 5 月 13 日，阿斯平正式宣布结束 SDI 计划，将其改为"弹道导弹防御系统计划"（BMD），并将战略防御局更名为弹道导弹防御局（BMDO）。新计划将 NMD 降格为"技术准备阶段"，即只发展相关技术而不实际部署，目的是保持技术储备。

虽然小布什时期美国的导弹防御系统还在继续调整，但是在名称上 BMD 被此后的小布什和奥巴马政府所沿用，美国的导弹防御系统自此进入 BMD 发展阶段。小布什总统认为，美国所面临的最主要威胁已经不是传统的军事进攻，而是恐怖分子与"无赖国家"用新技术手段和大规模杀伤性武器对美国发动的不对称袭击。他还表示，为了保护美国及其盟国，建立 NMD 的成本是值得付出的，而《反导条约》阻碍了美国在这方面的选择。③ 因此他上台后不久就废除了《反导条约》，并对 BMD 的构成实施改革，不再对导弹防御系统的防御范围进行人为区分，TMD 和 NMD 被整合为"一体化分层弹道导弹防御系统"。这种调整使得美国的导弹防御系统部分地恢复了"星

---

① 朱强国：《美国战略导弹防御计划的动因》，北京：世界知识出版社，2004 年版，第 112—115 页。

② Dunbar Lockwood, "Clinton Provides Outline of Defense Spending Cuts," Arms Control Today, March 1993, p. 22.

③ 孙逊、潘远强：《冷战后美国核威慑政策与国际战略稳定》，北京：军事谊文出版社，2009 年版，第 75 页。

球大战计划”，再次进入全方位、多层次、迅速发展的阶段，只不过这次调整有了前期的充足技术支撑和资金保障，势必在反导系统的实际部署和政策落实上有一个质的突破。

（二）奥巴马政府时期美国的地区导弹防御系统与相应政策

自小布什取消对 TMD 和 NMD 的区分之后，美国的导弹防御系统统称为 BMD。但在实际操作过程中，美国的导弹防御系统仍然对二者进行区分。原来的国家导弹防御系统部署在美国本土，主要使用战略反导装备，用以拦截攻击本土的远程和洲际导弹；原来的战区导弹防御系统部署在海外，主要使用战术反导装备，用以拦截攻击美国在海外各战区范围内的短程和中程导弹。按照新的组织结构运行后，美国用以拦截攻击其海外目标的导弹防御系统本质上就是原来的 TMD。2010 年，奥巴马政府发布了用以阐述其弹道导弹防御政策最重要的官方文件《弹道导弹防御评估报告》（BMDR）。报告将美国面临的导弹威胁分为国土威胁（the Threat to the Homeland）和地区威胁（Regional Threat），并分别给出了具体的导弹防御能力建设安排。其中地区威胁指美国在欧洲、亚太和中东三个地区的海外驻军、盟国和伙伴国所面临的导弹威胁。由此可见，在奥巴马政府时期，美国的弹道导弹防御系统（BMD）在海外的部分正式由防御六个战区[①]的 TMD 过渡到防御三个地区的“地区导弹防御系统”。由于沿用了小布什的“一体化”反导系统建设思路，奥巴马政府也没有对 BMD 进行明确划分，因而该系统并没有正式的名称，只是在实际操作过程中独立于美国本土的反导系统而存在。BMDR 在阐述美国下一阶段在上述三个地区的导弹防御系统建设思路时，提出了“分阶段适应性方案”（PAA）。该方案就是奥巴马政府的地区导弹防御政策纲领。

① 美军将全球分为六大战区，分别是北方战区、南方战区、太平洋战区、欧洲战区、中央战区和非洲战区。

（三）本书对奥巴马政府地区导弹防御政策研究的意义

在核禁忌条件下，一国直接使用战略核导弹打击对方领土而引发全面核战争的可能性较低。但是在欧洲和亚太地区可能发生的国家冲突中，一国有可能使用短程或中程导弹打击美国的海外驻军及其盟友。因此，美国政府越来越重视地区导弹防御体系的建设。目前，国内学术界对美国导弹防御政策的研究主要还停留在小布什政府时期，对奥巴马政府的导弹防御政策，特别是地区导弹防御政策缺乏系统全面的研究。

从研究的现实意义上看，奥巴马政府时期的“萨德”入韩事件已经明显暴露出美国试图通过反导系统建设，在亚太地区遏制中国军事力量的政策目标。而在欧洲，奥巴马执政期间，尽管美俄在导弹防御问题上存在博弈，但相对于小布什政府的反导政策，表现得更加缓和。美国政府对地区导弹防御政策的调整说明其对全球战略威胁的判断正在发生改变。（一旦美国将其全球主要战略威胁的矛头对准亚太，我国将在军事、政治、经济等各领域受到全面遏制。作为美国加强地区导弹防御体系的主要对手之一，我们只有与时俱进地展开研究，才能知己知彼，做好应对。此外，奥巴马任期已经结束，特朗普总统上台后将在欧洲和亚太地区分别执行什么样的地区导弹防御政策还有待观望。本书将尝试对其进行预测。）从研究的理论意义上看，本书创造性地通过比较研究的方法对美国地区导弹防御政策展开分析，为其他相关领域问题的研究提供了一个新的思路。美国在欧洲和亚太地区的导弹防御政策存在着大量的异同点。通过异中求同和同中求异，我们可以更好地理解美国对外安全政策制定过程中的思维方式。此外，随着国际形势的变化和军事技术的革新，一些经典军控理论可能不再适用于目前更为现实的常规武器威慑和局部军事冲突。本书吸收借鉴了多种国际政治和军控理论，并在运用过程中探讨了其现实价值和缺陷不足，丰富了学界对相关问题的理论研究。

二、国内外研究现状

目前国内外缺乏有关奥巴马政府时期美国地区导弹防御政策成因的系统性研究成果，类似研究主要零星地分散在某一相关的具体事件的研究中。但是，有关奥巴马政府之前的美国导弹防御政策的研究，无论在数量上还是质量上都很可观，其中的许多分析方法和经典理论对于本书的研究有很强的指导和借鉴价值。下面分别从国外和国内两个层面对有关美国导弹防御政策问题的研究进行文献总结和分析述评。

（一）国外研究现状

20世纪五六十年代是军控和安全理论研究的“黄金时代”，大量对后世有重要影响的专著先后问世。其中与导弹防御问题联系最为紧密的就是战略稳定性理论和威慑理论。

战略稳定性理论是冷战期间指导美苏处理彼此战略武器关系的军控理论，又称经典军备控制理论，其理论核心是通过调整相关各方的军备格局来调整发动战争的收益和成本，由此降低相关各方发动战争的意愿。相关研究代表成果有20世纪60年代托马斯·谢林从博弈角度出发进行研究的《冲突的策略》和20世纪90年代查尔斯·格拉泽从攻防角度出发撰写的论文《什么是攻防平衡以及我们可否对其进行测量》。谢林指出，在谈判和冲突的场合，如果博弈的一方能够以可信和可观察的方式限制自己的某些选择自由，反而可以增强其谈判的地位，而拥有更多相继决策权却可能伤害其利益。[①]也就是说，在一定条件下，放弃或削弱自己的防御能力有时会比寻求攻防兼备的实力更有利于一国的安全利益。从攻防角度研究战略稳定性的军控理论被称作“一般性攻防理论”，主要用来研究武器格局对战略稳定性的影响，其与导弹防御问题之间的关系在本书第二

① Thomas C. Schelling, The Strategy of Conflict, Cambridge, Mass.: Harvard University Press, 1980, pp. 28 – 34.

章会有更加详细的阐述。[①] 迪恩·威尔金从各类反导系统的性能出发，在《弹道导弹防御与战略稳定性》中研究了发展导弹防御系统对战略稳定性的影响，其结论是美国发展导弹防御系统对其安全环境弊大于利。[②] 总的来说，战略稳定性理论认为，通过军控来实现安全是可能的，一国发展导弹防御系统会诱发“军备竞赛”，从而降低战略稳定性。[③]

威慑理论的核心是通过展示本国的军事力量，使对手放弃采取对自己不利的行为。威慑按防御范围可以分为“中央威慑”和“延伸威慑”。后者指威慑实施方将其用来保护本土的威慑承诺延伸到第三国。美国在欧洲和亚太地区部署导弹防御系统的目的就是为该地区的盟国提供延伸威慑。经典威慑理论在 20 世纪 70 年代曾对导弹防御系统的利弊给出过定论：即核对抗任何一方的战略防卫体系是导致核威慑崩溃的一大不稳定因素。[④] 这是因为如果一国部署了导弹防御系统，就会降低该地区对手的威慑能力而打破相互确保摧毁的平衡，进而诱使双方发动针对彼此的“第一次打击”，致使地区稳定性下降。迈克尔·英特里盖托在《避免世界末日的军备竞赛出路》一文中指出，“加强了防御能力的一方将更加敢于冒险，促使对方也铤而走险谋求先机”。[⑤] 斯蒂芬·埃弗拉在《进攻、防御与战争的原因》一文中认为，延伸威慑战略的成功取决于进攻性战略，而着眼

---

① 有关“一般性攻防理论”的研究成果可以参见 Charles Glaser and Chaim Kaufman, “What Is The Offense – Defense Balance and Can We Measure It?,” International Security, Vol. 22, No. 4, 1988, pp. 44 – 83.

② Dean A. Wilkening, “Ballistic – Missile Defence and Strategic Stability,” Adelphi Paper, Vol. 331, London: Routledge, 2000, pp. 71 – 74.

③ 参见 Steven Miller, “The Flawed Case for Missile Defense,” Survival, Autumn 2001, Vol. 43, No. 3, pp. 95 – 109; Mc George Bundy, etal, “The President's Choice: Star Wars or Arms Control,” Foreign Affairs, Winter 1984/1985, Vol. 63, No. 3, pp. 264 – 278.

④ 张曙光:《“威慑理论”: 美国战略学的一个重要领域》,《美国研究》, 1990 年第 4 期, 第 51 页。

⑤ Michael Intriligator, “Non – Armageddon Solution to the Arm Race,” UCLA Center for International&Strategic Affairs Reprints, No. 1, 1985, p. 9.

于防御将使威慑变得消极而无效。[①]

冷战结束后，有美国学者开始借助“条件威慑理论”（Conditional Deterrence）质疑经典威慑理论和战略稳定性理论中对导弹防御系统的消极评价。条件威慑理论最初由密歇根大学教授奥根斯基在1980年提出，冷战后该理论开始逐渐受到重视并不断完善发展。[②] 格伦·斯耐德在《威慑与防御：国家安全理论》一文中认为，有限地发展和部署导弹防御系统可以增强拒止威慑能力，使对手放弃“第一次打击”而提升地区危机稳定性。[③] 约翰·吉比尔特拉在《条件威慑和导弹防御》一文中提出，有效的导弹防御能力还可以通过增加他国发展弹道导弹技术的成本，降低其他国家与美国展开军备竞赛的兴趣，提升该地区的军备竞赛稳定性。[④] 该理论的反对者，即经典威慑理论的支持者主要从两方面对其加以反驳：一是以迈克尔·梅耶尔为代表，他在《美国导弹防御战略：参与辩论》中指出，“目前的导弹防御技术还不可靠，无法对拥有较强导弹攻击能力的国家实现拒止威慑”；[⑤] 二是以柯林·格雷为代表，他在《保持有效威慑》中提出，“对手并非完全理性，不会完全按照成本计算决定自己的行为”。[⑥]

---

① Stephen Van Evera, “Offense Defense and the Cause of War,” International Security, Vol. 22, No. 4, 1998, pp. 5 – 44.

② 相关研究可参见 A. F. K. Organski and Jacek Kugler, The War Ledger, Chicago: University of Chicago Press, 1980, pp. 470 – 506; Ronald L. Tamen et al., Power Transitions: Strategies for the 21st Century, New York and London: Chatham House Publishers Seven Bridges Press, 2000; John Gibilterra, “Conditional Deterrence and Missile Defense,” Comparative Strategy, Vol. 34, No. 1, 2015.

③ 威慑按照作用方式可以分为“报复性威慑”和“拒止威慑”。后者指通过展示抗打击能力使对手意识到其攻击行为无法达到预期目标而放弃不利于己方的行动。参见 Glenn H. Snyder, Deterrence and Defense: Toward a Theory of National Security, Princeton: Princeton University Press, 1961, pp3 – 16.

④ John Gibilterra, “Conditional Deterrence and Missile Defense,” Comparative Strategy, Vol. 34, No. 1, pp. 64 – 73.

⑤ Michael Mayer, US Missile Defense Strategy: Engaging the Debate, London: First Forum Press, 2015, pp. 195 – 196.

⑥ Colin Gray, Maintaining Effective Deterrence, Carlisle PA: Strategic Studies Institute, 2003, p. 21.

总的来看，从小布什政府至今，美国政府的地区导弹防御政策越来越强势，说明指导其威慑战略的理论基础逐渐由相互确保摧毁转向条件威慑。

奥巴马政府时期，有大量美国学者结合中国、俄罗斯、朝鲜和伊朗四个国家的导弹参数，就奥巴马政府地区导弹防御系统的拦截能力进行了详细论证，其研究结果具有较强的时效性和借鉴价值。[①]这类定量研究很大程度上是从应对威胁的角度在为美国的导弹防御政策作注，因为其研究的出发点默认了美国发展导弹防御系统的目的是防御性而非进攻性的。而事实上已经有学者论证了导弹防御系统在应对具有较强导弹攻击能力的国家时，表现为一种进攻性武器。如克里尔·利伯在《美国核有限政策崛起》中指出，只有发动先发制人式攻击，最大限度地摧毁对方的导弹数量，才能使导弹防御系统发挥出最佳效果。因此，导弹防御系统是作为进攻作战而非防御作战使用的武器装备。[②] 但是，定量研究忽视了武器的性质和国家间的互动与认知，基于能力而非意图来寻找导弹威胁和安全对手。此外，这些研究往往孤立地看待美国与这些国家的关系，至多将第三国视作影响因素加以考虑，缺乏全局性的联系思维和比较思维。事实上很多时候，通过联系和比较我们可以进一步发现其政策制定过程中的实质性影响因素、全局性调整规律和政策实施的影响，这正是国外现阶段研究中缺少的一步。

与之形成对比的是俄罗斯学者。他们中多数人依旧沿用冷战思

---

① 对中国的文献可参见 As Erickson, DD Yang, "Using the Land to Control the Sea? Chinese Analysts Consider the Antiship Ballistic Missile," Naval War College Review, 2009, Vol. 62, No. 4; Thomas G. Mahnken, "China's Anti - Access Strategy in Historical and Theoretical Perspective," Journal of Strategic Studies, 2011, Vol. 34, No. 3; 对俄罗斯的文献可参见：Stephen J. Cimbala, "Minimum Deterrence and Missile Defense: U. S. and Russia Going Forward," Comparative Strategy, 2011, Vol. 30, No. 4; 对伊朗的文献可参见：Jacob L. Heim, "The Iranian Missile Threat to Air Bases: A Distant Second to China's Conventional Deterrent," Air & Space Power Journal, July - August 2015; 对朝鲜的文献可参见 Markus Schiller, *Characterizing the North Korean Nuclear Missile Threat*, RAND Corporation, 2012.

② Keir Lieber and Press Daryl, " The Rise of US Nuclear Primacy," Foreign Affairs, Vol. 85, No. 2, 2006, pp. 42 - 54.

维模式，认为美国在欧洲部署导弹防御系统必然会削弱俄罗斯的战略威慑力量，其目的主要是在军事上对俄罗斯形成包围与遏制。① 事实上，虽然美国在欧洲部署的导弹防御系统在一定程度上会影响俄罗斯的导弹威慑能力，但是从部署位置和武器参数上看，确实针对伊朗的程度要大大超过俄罗斯，而且兰德公司还应美国政府要求专门就如何在有效防御伊朗导弹威胁的前提下，降低对俄罗斯威慑力量的削弱展开研究。② 之所以美俄两国会产生这种研究结果上的分歧，主要原因是俄罗斯学者只用定性的方法分析美国的导弹防御政策，基于意图而非能力来看待美国的欧洲导弹防御系统，而美国学者的分析思路恰好相反。因此，无论是单独使用定量研究还是定性研究都无法客观全面地解释美国导弹防御政策的成因，只有将两种方法综合运用，既考虑武器装备的性质也参考其性能，才能客观地理解和评价美国地区导弹防御政策制定的初衷与目标。

（二）国内研究现状

从 2009 年奥巴马上台，到 2016 年其两个任期结束，国内有关奥巴马政府地区导弹防御政策的研究论文可以分为两个时段和两个“阵地”。第一个时段是从 2009 年奥巴马上台到 2013 年乌克兰危机爆发。国内学者对奥巴马地区导弹防御政策的研究集中在欧洲地区，即“欧洲分阶段适应性方案”（EPAA）对美俄关系的影响和美俄导弹防御合作的前景与挑战。③ 只有少量学者关注到美国亚太导弹防御

---

① 相关研究成果参见封帅：《“双向失衡”结构与欧洲导弹防御议题中的美俄博弈》，《俄罗斯研究》，2012 年第 4 期，第 69 页，注释 2。

② 参见 Jaganath Sankaran, The United States's EPAA Missile Defense System: Defending Against Iranian Threats Without Diluting the Russian Deterrent, RAND National Security Research Division, 2015.

③ 参见王海滨：《俄美关于反导问题的斗争及其对世界军事安全的影响》，《俄罗斯中亚东欧研究》，2009 年第 3 期；张万里：《欧洲反导问题与美俄关系“重启”的前景》，《俄罗斯学刊》，2012 年第 1 期；封帅：《“双向失衡”结构与欧洲导弹防御议题中的美俄博弈》，《俄罗斯研究》，2012 年第 8 期。

问题。[①] 第二个时段是美国媒体披露奥巴马酝酿在韩部署“萨德”系统至今。由于该系统的技术敏感性（国内外已经对“萨德”反导系统的反导能力达成共识，即该系统虽然声称属于战区反导武器，但是在一定情况下具备拦截战略导弹的能力）和部署位置威胁到中国，从2014年起，国内各大学术期刊发表了大量对美国在韩部署“萨德”导弹的动机和影响的分析文章。在动机研究方面，国内学者中除祁昊天发表的论文《“萨德”入韩与美国亚太反导布局的战术与战略考量》，认为“萨德”入韩主要针对朝鲜的核武器和导弹威胁，并认为其具有战术和战略合理性外，其余学者基本上就该系统在韩部署是为了削弱中国的威慑能力达成共识并加以批判。[②] 在影响分析上，国内学者一致认为“萨德”入韩降低了中美间的战略稳定性，恶化了中韩与中美的安全关系。[③] 由此可见，国内学者在研究奥巴马地区导弹防御政策的过程中同样存在将各地区孤立研究的问题。而事实上，美国的地区导弹防御政策是一项全球政策，奥巴马政府对各地区导弹防御系统的部署和相关技术项目的取舍，都是其在分析全球安全环境状况和战略目标后，综合考量、统筹安排的结果。

所谓两个“阵地”指的是两类学术期刊。一类以《世界经济与政治》《现代国际关系》《外交评论》等政治性期刊为代表。这类文章的优点是时效性强，缺点是具有跟风性质而忽视了其他相关问题。另一类以《飞航导弹》《战术导弹技术》《现代雷达》等理工类期刊为代表。很多军内科研工作者从技术的角度对美国导

---

① 参见兰子诺：《近年日美导弹防御合作新动向》，《国际资料信息》，2011年第8期；刘强：《美国战略重心东移给中国带来的问题与挑战》，《南京政治学院学报》，2012年第5期；张茗：《奥巴马政府亚太军事“再平衡”剖析》，《现代国际关系》，2013年第4期。

② 祁昊天的论文参见《“萨德”入韩与美国亚太反导布局的战术与战略考量》，《现代国际关系》，2016年第7期，第13—21页；与之观点对立的论文可参见刘冲：《美国酝酿在韩部署“萨德”系统问题辨析》，《现代国际关系》，2015年第5期，第13—22页。

③ 参见吴日强：《美国亚太反导系统对中国安全的影响及中国的对策》，载王缉思主编：《中国国际战略评论2014》，北京：世界知识出版社，2014年版，第331—348页。

弹防御系统的性能参数进行了长期追踪，为本书研究奥巴马政府地区导弹防御政策提供了翔实的技术材料支撑。[①] 这类文章的优点是客观性和连续性强，缺点是未能将这些前沿数据应用于进一步的政策和战略研究中。

从研究方法上看，国内学者中除吴日强主要从技术层面对美国导弹防御政策进行定量研究外，其余学者多以定性研究为主。[②]

国内目前尚没有关于奥巴马政府地区导弹防御政策的研究专著，但以下美国导弹防御问题研究的代表性著作对于本书的比较视角选取、理论数据支撑发挥了重要作用：朱强国的《美国战略导弹防御计划的动因》一书从威胁、战略、技术、军控和费用五个因素对美国国家导弹防御政策成因进行了分析。本书在选定比较视角上受该书的影响和启发最大。朱锋的《弹道导弹防御与国际安全》是国内第一本专门研究弹道导弹道防御与国际安全的专著。该书史料详细，但受限于成书时间，部分结论和技术分析并不适用于当今的美国地区导弹防御系统。吴莼思的《威慑理论与导弹防御》从威慑理论的视角对导弹防御系统进行了深入解读，对于我们理解导弹防御武器的本质有很大帮助。李彬在《军备控制理论与分析》中结合战略稳定性理论对导弹防御系统进行分析，其中的“危机稳定性”和“军备竞赛稳定性”两个研究视角仍然适用于对当今美国地区导弹防御政策的分析。

---

① 参见李芳：《2009 年美国导弹防御系统重大事件盘点》，《中国航天》，2010 年第 4 期；高毅等：《美国弹道导弹防御系统发展现状及趋势》，《飞航导弹》，2011 年第 7 期；何俊鹏：《国外导弹防御系统发展现状及启示》，《飞航导弹》，2014 年第 10 期；杨卫丽：《美国动能反导拦截技术新进展》，《战术导弹技术》，2015 年第 1 期；陈兢、高雁翎：《国外防空反导系统新进展》，《战术导弹技术》，2015 年第 6 期；马静等：《浅析地基反导预警雷达中的 X 波段相控阵天线》，《现代雷达》，2016 年第 4 期；

② 参见吴日强：《美国在东欧部署反导系统针对谁》，《国际政治科学》，2007 年第 3 期；《美国亚太反导系统对中国安全的影响及中国的对策》，《中国国际战略评论 2014》，第 331—348 页。

三、研究方法与创新点

本书以辩证唯物主义的历史观为指导，综合运用比较分析、文献分析和定性与定量相结合的方法进行研究。第一，在比较分析过程中，本书从纵向上将奥巴马政府与小布什政府的地区导弹防御政策作对比，横向上将奥巴马政府在欧洲和亚太的地区导弹防御政策作对比。第二，在文献分析过程中，本书搜集并整理了奥巴马政府时期涉及地区导弹防御政策的美国政府出台的官方文件、著名智库发布的分析报告以及重要政治人物的相关讲话。第三，本书的定性分析主要借鉴经典的国际政治、国际安全和军控理论；本书的定量分析将从美国反导武器的性能参数和试验数据出发，考察其地区导弹防御系统的真实防御能力。

在回顾和总结前人对于美国导弹防御政策，特别是奥巴马政府地区导弹防御政策的研究成果基础之上，本书试图在以下三个方面做出创新：一是选题创新。虽然对于奥巴马政府的欧洲地区导弹防御政策和亚太地区导弹防御政策，学术界都有专门的研究成果，但是将二者联系起来并尝试对其政策差异性成因进行解释的研究尚属空白。二是参考资料全。本书写作正值奥巴马任期结束初期，笔者将可以考察奥巴马任内的所有重要相关文献，综合更多、更新的一手材料和前人研究成果，进而给出更加客观、全面的研究分析。三是研究方法创新。有关美国地区导弹防御政策的研究，目前国内主要采取定性研究的方法，国外主要采取定量研究的方法。定性研究忽视了武器在攻防过程中的实际效能，所得结论容易主观化；定量研究忽视了武器的道德属性和政治意义，缺少全局思维和联系思维，所得结论也难以真实反映一项政策的全貌。本书将两种分析方法相结合，力求使分析结果客观全面。

第二章　奥巴马政府对欧亚地区导弹防御政策的调整

2010年2月1日，美国国防部发布了《弹道导弹防御评估报告》(BMDR)。报告将全球导弹威胁分为本土威胁和地区威胁，并将重点放在对地区导弹威胁的评估和应对政策的制定上。报告中美国对地区导弹威胁来源的判断可以概括为“三个地区和五个国家”。三个地区为欧洲、亚太和中东；五个国家指俄罗斯、中国、伊朗、朝鲜和叙利亚。2011年叙利亚战争爆发后，该国对美国及其地区盟友的导弹威胁基本解除。① 从奥巴马政府推行“亚太再平衡”战略，并从伊拉克全面撤军可以看出，中东相对于欧亚的军事战略重要性较弱，美国地区导弹防御政策的重心在欧洲和亚太，其中前者主要针对俄罗斯和伊朗，后者主要针对中国和朝鲜。奥巴马上台后在地区导弹防御部署上执行“分阶段适应性方案”(PAA)。该方案主要依据地区行为体发展弹道导弹的规模、进度和速度，结合当前美军在该地区的导弹防御能力，确定最适合该地区的导弹防御系统部署方案和未来美国导弹防御技术的发展重点。本章通过梳理奥巴马政府对小布什政府在欧洲和亚太地区导弹防御政策内容上的继承与改变，对这两个地区的导弹防御政策的调整特点进行总结和比较，为

---

① 2010年《弹道导弹防御评估报告》中提到，叙利亚拥有数百枚“飞毛腿”导弹(SCUD－class)和“圣甲虫B”短程弹道导弹(SS－21)。这些导弹均具备机动能力，打击范围可覆盖以色列、伊拉克、约旦和土耳其大部分地区。2011年叙利亚战争后，美国政府发布的相关报告在涉及叙利亚时不再提及其导弹威胁，而将更多注意力放在其国内的恐怖主义和化学武器问题上。参见Robert Gates, Ballistic Missile Defense Review Report, Washington D. C.: Department of Defense, February 2010, p. 6; The White House, The National Security Strategy, Washington DC, Feb, 2015, pp. 10－11.

下一章探寻其欧亚地区导弹防御政策的差异性成因奠定基础。

第一节　奥巴马政府对欧洲地区导弹防御政策的调整

美国在欧洲的地区导弹防御政策最早可以追溯到1996年美国与北约三国共建“中程增程防空系统”（MEADS）。[①] 但是该项目由于进展缓慢，并未取得预想中的结果。小布什上台后，通过铲除美国在欧洲部署导弹防御系统的障碍，推出欧洲导弹防御系统的部署计划并与相关国家开展谈判，成功地将美国国内和国际社会关于是否应当在欧洲部署导弹防御系统的争论引向如何部署的讨论，使导弹防御政策真正成为美国国家安全政策不可分割的一部分，正式拉开了美国欧洲导弹防御政策制定的序幕。奥巴马上台后，虽然延续了上一届政府在欧洲部署导弹防御系统的策略，但在具体部署方案上却有不同的见解，很快他便终止了小布什的“第三地计划”（The Third Site），并提出了自己的欧洲地区导弹防御政策——“欧洲分阶段适应性方案”（EPAA）。奥巴马在位期间，美国欧洲导弹防御政策的另一转折就是与俄罗斯就欧洲反导合作的可能性进行谈判。虽然后来由于双方分歧过大以及受欧洲局势的影响谈判被迫中止，但奥巴马政府时期美国将其列入欧洲地区导弹防御系统建设的备选方案加以讨论，无论是从政治上还是战略上看，都是一种政策制定上的创新与突破。

① 中程增程防空系统（Medium Extended Air Defense System）是美、法、德、意四国在北约框架下计划共同投资建设的一种用于保护野战部队的陆基机动式防御系统，兼具反战术弹道导弹、反巡航导弹、反空地导弹和反飞机的能力，该系统属于底层导弹防御系统，项目经费由四国分担。后来法国宣布退出该计划，美、德、意三国虽然目前仍继续推动该计划，但受限于技术和资金，进展较为缓慢。

一 小布什的欧洲“第三地计划”

小布什政府的欧洲导弹防御政策集中体现在“第三地计划”之中。[①] 小布什与克林顿在导弹防御问题上的观点十分不同，他认为只有建立起全面的导弹防御能力，才能应对当今社会日益复杂的导弹威胁，维护美国及其盟友的安全。因此，小布什在竞选和上台初期多次公开批评克林顿政府与俄罗斯就反导问题达成的协议和共识。[②] 对于发展导弹防御系统，小布什总统专门提出了一个所谓的“新战略框架”，其内涵主要体现在以下几点：其一，打破克林顿政府在 NMD 部署问题上的“有条件部署”原则[③]，而将其调整为“必须部署”；其二，美国应扩大 NMD 系统的武器构成，打破单一陆基拦截器的克林顿模式；其三，美国应加快 NMD 的部署进程，废除克林顿的“3 +5”部署方案；[④] 其四，打破克林顿政府对 NMD 明确的美国定位，建立超越本土之外的全球性战略导弹防御体系。[⑤]

2001 年 1 月 14 日，小布什在接受《纽约时报》采访时表示，“有一件事我一直在强调，但总是不能引起关注，那就是我们愿意削减自己的核武器，减少我们武器的进攻性而扩大其防御性”。[⑥] 2001 年 5 月 1 日，小布什在美国国防大学发表演说时讲到，“当今世界和

---

① 国内也有文章将该计划泛泛地称为“东欧导弹防御计划”。

② George W. Bush, “New Leadership on National Security: National Press Club May 23, 2000,” Renewing America's Purpose: Policy Address of George W. Bush July 1999 - July 2000, Washington DC: Republican National Committee and Bush for President, Inc., 2000, pp. 426 - 428; George W. Bush, “President Bush Speech on Missile Defense,” May 1, 2001. http://www.presidency.ucsb.edu/ws/index.php? pid =45568&st = missile + defense&st1 = #axzz1fMweHwzw.

③ 所谓“有条件部署”指的是克林顿政府强调 NMD 部署要由四大变量决定：导弹威胁的程度、资金、技术可行性和对美国其他政策的影响。

④ 所谓“3 +5 方案”指的是克林顿政府在 NMD 部署问题上执行的时间安排，即一旦决定部署 NMD，那么将花费 5 年的时间来进行研制，再花费 3 年的时间进行部署，也就是说，如果按照该方案来部署 NMD，小布什最早也要等到 2005 年才能实际部署 NMD。

⑤ 有关“新战略框架”的详细内容参见朱锋：《小布什政府的导弹计划与“新战略框架”》，《太平洋学报》，2001 年第 3 期，第 31—39 页。

⑥ Robert Colense, “Bush Quest for Deep Cut in Nuke Arsennal,” *the New York Times*, January 15, 2001.

美国面临着一些最不负责任国家的导弹威胁，当今世界仍然是一个危险的世界，只有较小的确定性和可预测性，目前最迫切的威胁并非像冷战时期一样来自苏联的数千枚导弹，而是那些把恐怖行动和勒索当成家常便饭的国家所持有的少数导弹”。[①] 他进一步谈到，“我们需要一个新的框架来允许我们建立导弹防御来对付今日世界的各种威胁；为了做到这一点，我们必须超越三十年之久的《反导条约》的限制，因为该条约没有认知到现在或将我们指向未来。我们必须越过《反导条约》的限制，它将建立在不信任和相互脆弱基础上的关系固定化，忽视了过去三十年来技术上出现的根本性突破。该条约禁止我们探索各种选择以防卫我们自己和盟友所面临的威胁。这就是我们为什么必须一起努力使用新的框架代替该条约，因为新框架反映了与过去清晰和彻底的决裂，特别是与冷战时代敌对遗产的决裂”。[②] 保守派分子、共和党参议员赫尔姆斯随后也发表讲话对小布什在导弹防御问题上的立场表示支持，声称拥有核武器和生物弹头洲际弹道导弹的“无赖国家”所构成的威胁是实实在在的，并且呈现迅速增加的态势。[③]

2001 年美国国防部发布的《核态势评估报告》指出，美国所处的地理位置已经不能保证其人民、领土、设施不受直接攻击。[④] 以 2001 年“9·11”事件为契机，小布什于当年 12 月 13 日宣布美国退出《反弹道导弹条约》(简称《反导条约》)。2002 年 1 月 29 日，小布什总统在其《国情咨文》中首次将朝鲜、伊朗和伊拉克三个国家称作“邪恶轴心”，认为三国正在寻求大规模杀伤性武器，并对美国

---

① 孙逊、潘远强：《冷战后美国核威慑政策与国际战略稳定》，北京：军事谊文出版社，2009 年版，第 72 页。

② Remarks by the President to Students and Faculty at National Defense University. 转引自朱明权等：《威慑与稳定——中美核关系》，北京：时事出版社，2005 年版，第 273 - 274 页。

③ 朱强国：《美国战略导弹防御计划的动因》，北京：世界知识出版社，2004 年版，第 226—267 页。

④ J. D. Crouch, Special Briefing on the Nuclear Posture Review, http://www.defenselink.mil/news/jan2002/t01092002 - to109npr.html.

构成严重威胁。[①] 2002年12月17日，小布什通过总统国家安全指令第23号文件（NSPD－23）正式启动其全球导弹防御系统的部署，要求相关机构在2004年以前，在阿拉斯加和加利福尼亚部署10部地基拦截弹（GBI）。[②] 2003年初，美国国防部在提交国会的军事预算报告中正式提出了2004—2005年国家导弹防御系统的部署计划：2004年在阿拉斯加格里利堡空军基地部署6枚陆基拦截弹，在加利福尼亚州范登堡空军基地部署4枚陆基拦截弹；2005年在格里利堡空军基地再部署10枚陆基拦截弹，组成陆基弹道导弹防御系统；2005年底前部署5艘宙斯盾舰，在其中三艘上装备20枚"标准－3"海基拦截弹，组成海基导弹防御系统；增加"爱国者"防空导弹的数量，用于防御中近程弹道导弹。[③]

与克林顿时期相比，小布什政府的NMD计划主要做出以下四个方面的调整：一是不再区分"国家"和"战区"，扩大了导弹防御系统可能覆盖的范围。小布什总统通过取消TMD和NMD的界限，实现了为盟国在海外地区提供导弹防御保护的目的，建立起超越美国本土之外的全球战略防御体系。二是将NMD系统从陆基扩展为包括海基和天基在内的三位一体防御系统。2008年8月1日，部署一个包括陆基、海基和天基在内的NMD部署方案被写进了共和党全国代表大会的党纲。[④] 小布什上台后，将海基系统作为研发重点，并恢复了天基动能拦截弹的研究项目。在解除《反导条约》束缚后，海基导弹防御系统也开始进入实战部署阶段。三是积极探索各种助推阶段的防御方案，力图实现对来袭导弹的全程拦截。美国国防部导弹防御局当时在研发陆基移动式多用途拦截弹技术；美国空军则在

---

① Alex Wagner, "Bush Labels North Korea, Iran, Iraqa 'Axis of Evil'," Arms Control Today, March 2002, p. 25.

② Andrew Futter, Ballistic Missile Defence and US National Security Policy: Normalisation and acceptance after the Cold War, London: Routledge, 2013, p. 109.

③ 袁俊：《美国国家导弹防御系统部署计划受挫》，《中国航天》，2005年第6期，第39—40页。

④ 朱锋：《弹道导弹防御计划与国际安全》，上海：上海人民出版社，2001年版，第576页。

研制天基激光器系统，用来将来袭的洲际弹道导弹在助推飞行阶段直接击毁。[①] 四是导弹防御的发展模式由克林顿时期的“按部就班”模式转变为“螺旋式发展”模式。即由过去的方案拟定、演示验证、工程研制、生产与部署和使用与支援五个阶段修改为发展、过渡和采购三个阶段。[②] 这就使得美国在研制和部署导弹防御系统时具有了更大的灵活性和超前性。

在初步完成国内导弹防御系统部署的安排后，小布什开始将目光转向海外。按照他的“一体化分层弹道导弹防御”构想，只有将原战区导弹防御系统与国家导弹防御系统进行整合，对来袭导弹从各个阶段进行拦截才能最大限度地保护美国的安全。但是当时美国在欧洲的原战区导弹拦截系统只有德国和荷兰装备少量的“爱国者”反导系统，以及部署在英国和丹麦的反导预警监视装置，不具备拦截从中东或欧洲发射的洲际导弹的能力。因此，小布什萌生了在美国本土以外的欧洲开辟第三个地基中段反导系统（GMD）的设想。

为筹建部署在欧洲的导弹防御系统，小布什政府在发布了导弹防御系统建设的总统令之后便着手与相关国家进行接触。按照最初构想，美国希望在波兰部署 GBI，在捷克部署反导预警雷达。虽然 2002 年美国就提出了该计划，但是，当时美国在欧洲的大部分北约盟国都反对美国退出《反导条约》，而且担心美国在欧洲部署反导系统会进一步刺激俄罗斯而引发军备竞赛。因此，美国拟在东欧部署 GMD 的想法并没有正式公布。2004 年，小布什在下一年度财政预算案中要求为“阿拉斯加和加利福尼亚以外的一个潜在第三地”建立陆基导弹防御系统的长期计划拨款。[③] 随后，时任美国导弹防御局（MDA）局长的罗纳德·卡迪什发表声明，指出美国将择机在国外

① 袁俊：《美国国家导弹防御系统部署计划受挫》，《中国航天》，2005 年第 6 期，第 39—41 页。

② Steven Hildreth, *Missile Defense*: *The Current Debate*, New York: Nova Science Publishers, 2004, p. 22.

③ 参见“Missile Defense Agency Fiscal Year (FY) 2005 Budget Estimates Press Release, Charge 1,” February 18, 2014, http://www.globalsecurity.org/space/library/budget/fy2005/index.html.

建立第三处导弹防御基地。[①] 时任导弹防御局局长亨利·奥伯林在2006年国会预算听证会上讲到，“为了使我们的导弹防御系统更加强大，我们应该提升盟国的防御能力，并给予那些不确定性更大的关注，对此，我们需要继续与欧洲盟国商讨关于部署雷达和‘第三地计划’拦截器的事宜”。[②] 2007年4月11日，美国国防部负责防御政策的副部长助理布莱恩·格林在国会听证会上讲到，“‘第三地计划’是为了对付来自伊朗日益增强的导弹威胁，是同时覆盖美国和欧洲盟国的最佳计划，而且可以为美国本土提供第二层防御”。[③] 随着小布什政府对通过外交途径解决伊朗发展核问题和导弹威胁逐渐丧失耐心，美国开始加快“第三地计划”的落实。

就在美国政府对欧洲导弹防御部署表现出极大兴趣的同时，俄罗斯方面开始散布有关退出1987年《中导条约》的信号和言论，并提出是否应将其弹道导弹瞄准波兰和捷克的政策讨论。[④] 时任俄罗斯战略导弹部队司令的尼古拉·索洛夫佐夫上将讲到，俄罗斯考虑将载有核弹头的分导式多弹头导弹部署到欧洲。[⑤] 此外，俄罗斯还开始测试“白杨-M”洲际弹道导弹，并将某可分导的多弹头洲际弹道导弹部署在潜艇上。[⑥] 普京将小布什政府的计划称作“挑衅性行为”，并对此发表声明称：“任何美国战略军事力量出现在欧洲，只

---

① Richard Burns, The Missile Defense System of George W. Bush: A Critical Assessment, Santa Barbara CA: Praeger, 2010, p. 82.

② Henry Obering, “Lieutenant Generral Henry Obering USAF Director, Missile Defense Agency Missile Defense Program and Fiscal Year 2007 Budget,” Washingon D. C.: Missle Defense Agency, Spring 2006, http://www.mda.mil/global/documents/pdf/ps-hasc032607.pdf.

③ Brian Green, “Statement before the Subcommittee on Stategic Forces, House Armed Services Committee,” Washington D. C., April 11, 2007, http://www.globalsecurity.org/space/library/congress/2007-h/070411-green.pdf.

④ Philip Coyle and Victoria Samson, “Missile Defense Malfuction: Why the Proposed U. S. Missile Defense Will Not Work,” Ethics and Inernational Affairs, Vol. 21, No. 1, 2008, p. 15.

⑤ Steven Cimbala, “Going Ballistic Over Missile Defenses: What Matters and Why,” *Journal of Slavic Studies*, Vol. 24, No. 4, 2007, p. 451.

⑥ Steven Cimbala, Shield of Dreams: Missile Defense and US-Russian Nuclear Strategy, Annapolis MD: Naval Institute Press, 2008, p. 37.

要我们的军事专家认为其可能会对我国构成安全威胁，我们就不得不采取适当的措施加以回应——在欧洲设定新的打击目标。”①

俄罗斯的威胁并没有使小布什放弃或调整原计划。2006 年 5 月，捷克和波兰政府公开对美国在其境内部署导弹防御系统的提议表示支持。2007 年 1 月，小布什宣布将正式启动与波兰就在瑞兹科沃空军基地部署远程拦截弹的事宜，以及与捷克就在布尔迪军事区部署反导预警雷达的事宜展开协商。② 随后，美国开始与以上两国就部署事宜分别开展双边谈判，并正式对外公布其“第三地计划”。“第三地计划”基本沿袭了小布什政府的最初构想，计划在波兰部署 10 部采用二级助推系统的 GBI；在捷克建设一座以欧洲中段雷达（EMR）为核心的雷达站；在靠近伊朗的高加索地区部署一部 AN/TPY－2 陆基 X 波段雷达，最终形成美国在阿拉斯加格里利堡空军基地和加利福尼亚范登堡空军基地以外的第三个 GMD 部署点。

2006 年 6 月，捷克公民民主党执政后表示，支持美国在欧洲建立 GMD，并于 2008 年 4 月在北约布加勒斯特峰会期间，与美国就预警雷达部署事宜达成一致。同年 7 月 8 日，两国正式签署导弹防御系统的雷达部署合作协议。2008 年 3 月，在波兰总理图斯克访问美国时，两国基本就 GMD 拦截装置部署达成一致，并于同年 8 月 20 日签署了正式合作协议。美国陆续与捷克和波兰就该计划签署协议后，小布什总统在 2008 财年和 2009 财年分别申请拨款 3.1 亿美元和 7.2 亿美元用于相关系统部署建设，并提出在 2008—2013 年总共为东欧导弹防御系统投资 40.3 亿美元。③ 但是由于小布什总统任期即将结束且美国大选临近，随后的相关细节谈判和落实工作实际上被迫暂停。

---

① Steven Cimbala, Shield of Dreams: Missile Defense and US－Russian Nuclear Strategy, Annapolis MD: Naval Institute Press, 2008, p. 52.

② Walter Slocobe, “Europe, Russia and American Missile Defense,” Survival, Vol. 50, No. 2, 2008, p. 19.

③ 张勇：《波兰因素与东欧导弹防御系统》，《国际资料信息》，2008 年第 12 期，第 13—14 页。

从小布什提出并推动“第三地计划”可以看出，他的欧洲地区导弹防御政策具有以下两个突出特点：

第一，在行动逻辑上奉行单边主义。在推进“第三地计划”的过程中，他不顾俄罗斯的警告和北约盟友的反对，利用波兰、捷克两国对于俄罗斯的安全担忧，通过双边谈判完全按照自己的想法，单方面敲定了影响整个欧洲安全战略格局的东欧反导系统布局。虽然小布什曾强调在导弹防御部署问题上要与俄罗斯保持合作，也要“倾听”盟国的声音，与盟国磋商；但他还表示，如果俄罗斯和盟国不同意美国的部署决定，美国也要下决心突破对其导弹防御系统的限制和约束。时任美国国防部长的拉姆斯菲尔德在美国部署导弹防御系统问题上的表态则更加坚决，强调建立反导系统是一个“势不可挡的趋势”。①

小布什的“第三地计划”设计初衷是为了应对伊朗的潜在导弹威胁，但从技术的角度看，该系统客观上严重削弱了俄罗斯的战略威慑能力。② 俄罗斯此后陆续出台的反制措施，反而加剧了欧洲的导弹威胁。此外，“第三地计划”从技术的角度看，实际上并不能完全将整个欧洲置于导弹防御系统的保护之下。这实际上是北约盟国反对小布什推进该计划的主要原因。小布什的欧洲导弹防御政策间接地把北约盟国置于俄罗斯更严峻的导弹威胁之下。他的目的就是通过制造既成事实，将整个欧洲绑架上美国在欧洲地区建设导弹防御系统的国家安全战略轨道。

第二，在反导系统部署过程中缺乏效能论证。小布什为了加快国内外导弹防御系统的部署，抛弃了克林顿政府时期确立的“先飞

① 朱锋：《小布什的导弹防御计划与“新战略框架”》，《太平洋学报》，2001 年第 3 期，第 35 页。

② 小布什拟在波兰部署的 GBI 具有拦截洲际弹道导弹的能力，属于美国原国家导弹防御系统的武器装备。由于波兰和捷克靠近俄罗斯，与美国位于阿拉斯加和加利福尼亚的 GMD 配合使用，将对俄罗斯实现东西夹击式的战略反导包围。具体技术分析参见吴日强：《美国在东欧部署反导系统针对谁?》，《国际政治科学》，2007 年第 11 期，第 97—129 页。

后买”原则，改为执行“螺旋式发展模型”。[①] 小布什计划在波兰部署的 GBI 虽然理论上具备拦截远程和洲际弹道导弹的能力，但事实上该技术在当时还极不成熟。小布什上台之初进行的几次试验成功率较高，促使小布什提出了迅速部署 NMD 的时间表。但是随后进行的试验却陆续失败。据统计，截至小布什正式提出“第三地计划”，美国政府对 GMD 共计进行了 13 次拦截试验，其中 5 次失败，另外 8 次都是在靶弹弹头被阳光直射的情况下进行的。[②] 因此，小布什政府在 GBI 的拦截能力严重存疑的情况下仓促推动欧洲部署该系统，说明其欧洲导弹防御政策制定的初衷，政治考虑大于威胁应对的考虑。

在海基中段拦截系统方面，2003 年 6 月 18 日的拦截试验失败，此后的 2004 年和 2005 年的两次试验也接连失败，损失共计 1.7 亿美元。[③] 这一系列失败促使小布什政府未能在 2005 年底以前完成 2004—2005 年的部署安排，导弹防御局也被迫调整了 2006—2007 财年的计划安排。小布什政府在 2003 年提出的部署计划是在 2005 年底以前，在两个美军基地共部署 20 枚 GBI，组成陆基导弹防御系统（在阿拉斯加的格里利堡空军基地部署 16 枚，在加利福尼亚州的范登堡空军基地部署 4 枚）；部署 5 艘“宙斯盾”舰，装备 20 枚“标准 -3”海基拦截弹，组成海基导弹防御系统。但是由于技术原因，2005 年底美国实际上只部署了 10 枚 GBI（8 枚在阿拉斯加的格里利

---

① “先飞后买”原则（fly before you buy）是克林顿时期由弹道导弹防御组织（BMDO）制定的美国政府反导系统采购的前提。按照该原则，美国政府只有在某武器系统通过多次反导拦截试验证明其可靠性后才会购买并部署。“螺旋式发展模型”是小布什时期 MDA 制定的一种“研制、试验、部署、修正、再研制”的循环式导弹防御能力发展模型。按照该模型，美国政府将在某武器系统尚未完全通过试验检测的情况下即购买部署。有关上述两种模式的细节参见 Steven Hildreth and Gary Pagliano, “Technical Issues and Acquisition Strategy,” Steven Hildreth Ed., Current Debate on Missile Defense, New York: Novinka Books, 2004, pp. 20 - 25.

② 有关 GMD 的历次试验数据可参见“Updated List of Launch Times for GMD Intercept Tests,” Mostly Missile Defense, August 10, 2015, https://mostlymissiledefense.com/2015/08/10/updated-list-of-launch-times-for-gmd-intercept-tests-august-10-2015/.

③ 《美国海基中段防御系统第四次拦截试验失败》，《导弹与航天运载技术》，2003 年第 4 期，第 59 页。

堡空军基地，2枚在加利福尼亚州的范登堡空军基地）、2艘“宙斯盾”舰和9枚“标准-3”拦截弹。此外，小布什还被迫将NMD计划的分量降低，以便于集中资源重点保障和改进已经开始部署的系统；助推阶段防御的经费被削减，其中“机载激光器”计划研制的第二架机载激光飞机的采购推迟两年；天基拦截弹的部署时间也由原计划的2012—2013年推迟到2014—2015年。[①]

除了技术方面的制约，费用问题也对这一时期美国发展和部署导弹防御系统构成制约。由于国内赤字不断上升，在伊拉克的军事行动所需经费也越来越高，2005年国防部不得不大幅度削减弹道导弹部署和研发的预算：2005年削减10亿美元，以后6年共削减50亿美元。[②] 由此可见，小布什总统贸然上马如此多的反导项目，以及未经充分试验就加以部署的消极影响已经初见端倪，美国政府在这一时期的导弹防御政策上开始力不从心。

二 奥巴马的“欧洲分阶段适应性方案”的提出与修改

小布什总统的导弹防御政策具有鲜明的个人特色。他快速、坚决、全面地推进了美国导弹防御系统建设的各项工作，对于美国欧洲导弹防御系统建设的最深远影响就是终止了美国国内关于是否应当强化地区反导能力的争论，迫使整个国际社会接受美国将要在海外拓展反导系统的现实，并使包括欧洲在内的美国地区导弹防御政策成为未来美国国家安全战略制定过程中必须加以考虑的核心问题。但是其欧洲导弹防御政策的实践“第三地计划”却由于单边主义和缺少效能论证而在政治、技术和资金上暴露出诸多弊端。因此，奥巴马在2009年上台后延续了上届政府建设欧洲地区导弹防御系统的政策方向，但基本上否定了小布什的“第三地计划”，并结合新的安

---

① 温德义：《美国部署导弹防御计划新动向》，《国防科技工业》，2006年第4期，第59—60页。

② 《美国导弹防御计划陷入困境》，法新社2005年2月15日报道，人民网2005年2月17日转载，http://www.people.com.cn/GB/junshi/1078/3183051.html。

全形势与技术支撑提出了一套全新的欧洲反导系统建设方案。受小布什“第三地计划”的影响，奥巴马上台后调整欧洲地区导弹防御政策的当务之急是解决以下两个问题：

一是安抚北约盟国和俄罗斯。小布什在2004年重新提出在海外修建第三处导弹防御基地其实是有其政治和外交考虑的。一方面，2003年由美国单方面发动的伊拉克战争暴露了法德等传统北约盟国与美国的利益分歧。小布什政府通过在东欧部署导弹防御系统提升东欧国家在北约安全格局中的地位，既可以进一步拉拢“新欧洲”国家，又可以向“老欧洲”国家施压。另一方面，小布什通过在靠近俄罗斯的东欧部署战略反导系统可以打压俄罗斯，巩固刚刚完成的北约东扩，同时鼓励其他受到俄罗斯安全威胁的东欧国家倒向美国。[①] 但是，小布什的这种借力东欧向欧洲传统大国和俄罗斯两面施压的策略实际上并没有起到预期效果，反而动摇了美国在欧洲联盟体系的内部团结，恶化了美国在欧洲的安全环境。

欧洲盟国方面，在导弹防御问题上出现了“老欧洲”国家与“新欧洲”国家两派截然对立的观点。前者反对美国在北约框架之外讨论欧洲导弹防御问题；后者对小布什的“第三地计划”基本持赞同观点。2007年3月，北约秘书长夏侯雅伯公开警告美国，重启与波兰和捷克的双边反导谈判可能会制造联盟分裂。希腊和土耳其等国的北约代表提出，美国在东欧的导弹防御部署无益于东南欧国家的安全[②]。时任法国总统希拉克呼吁，对于在欧洲建立导弹防御系统这件事必须要十分谨慎，不应该进行任何在欧洲内部可能发生鼓励制造新的分界线或者回归以前的旧秩序的行动。[③] 德国是欧洲大国中反应最强烈的北约“老欧洲”国家。德国总理默克尔呼吁美国在北

---

① 2004年3月，斯洛伐克、保加利亚、罗马尼亚、斯洛文尼亚、爱沙尼亚、拉脱维亚和立陶宛7个东欧国家正式成为北约组织成员国。

② Oliver Meier, “European Split over US Missile Defense Plans,” Arms Control Today, April, 2007, http://www.armscontrol.org/print/2333.

③ Oliver Meier, “European Split over US Missile Defense Plans,” Arms Control Today, April, 2007, http://www.armscontrol.org/print/2333.

约框架下解决欧洲地区的导弹防御系统部署；德国社会民主党主席库尔德·贝克认为，美国和俄罗斯正处于在“欧洲土地上”进行一场军备竞赛的边缘；2007 年 3 月 2 日，德国国防部长弗朗茨·约瑟夫在威斯巴登欧盟国防部长会议结束时对记者说，美国拟议中的东欧反导系统应该成为更广泛的北约军事联盟的一个组成部分；对此，默克尔甚至还于 3 月 16 日到波兰劝说其领导人在北约框架下讨论导弹防御问题，而不是单独与美国达成协议。[①]

英国作为“新欧洲”国家在布莱尔内阁时期已经与美国进行了导弹防御合作。自小布什上台后，布莱尔内阁也表示坚决支持美国的东欧导弹防御计划。荷兰和丹麦也明确表示支持小布什在欧洲部署导弹防御系统。此外，虽然捷克民众多数反对美国在其境内部署导弹防御预警雷达，但是捷克政府对于小布什的提议持积极支持态度。捷克民意研究中心 2007 年 3 月的一份调查表明，63% 的受访者反对美国在捷克建立反导雷达阵地，73% 的公民要求政府对此事进行全民公决。但是 2007 年 6 月，捷克总理表示，“在捷克领土上部署反导雷达符合我国利益，有利于强化捷克的国防能力，提升本国安全，捷克议会将就此问题做出决议，没有必要进行全民公决”；时任捷克外长也表示，美国在捷克部署反导雷达是“对捷克安全的极大贡献”。[②]

俄罗斯方面，2007 年 5 月 29 日，俄罗斯试射了具有更强突防能力的亚尔斯（RS－24）多弹头洲际弹道导弹，并宣称其可以突破现有的和未来的所有反导系统。[③] 2007 年 8 月，俄罗斯空军宣布恢复

---

① 姜振飞：《美国在东欧部署反导系统的动机及影响》，《现代国际关系》，2007 年第 8 期，第 17 页。

② 李巧英：《美国东欧导弹防御计划研究》，华东师范大学硕士论文，2010 年 5 月，第 25 页。

③ “Russia Hits Target in ICBM Debuts Test,” Moscow RIA Novosti, May 29, 2007, https://sputniknews.com/russia/2007052966260249/.

已中断了15年的远程战略轰炸机例行战斗值班制度。[①] 2007年12月12日，俄罗斯暂停执行《欧洲常规力量条约》，并宣布考虑是否退出《中导条约》。[②] 2008年11月，俄罗斯宣布在其位于波兰北部的飞地加里宁格勒部署可携带核弹头的“伊斯坎德尔－M型”战术导弹，并明确将波兰和捷克设定为主要瞄准对象。[③] 与此同时，俄罗斯也开始重视打造自己的反导系统。2006年8月9日，俄罗斯空军总司令弗拉基米尔·米哈伊洛夫大将宣布，第一个装备S－400的地空导弹团开始部署在莫斯科周边地区，并将在2006年底担负战斗值班任务，而且从2006年起，俄罗斯将每年至少部署一个S－400地空导弹团，同时加大对现有35个地空导弹团装备的改进力度，使其与部署在莫斯科周边6个阵地上的A－135导弹防御系统共同构成俄罗斯未来的空中防御体系基础。[④]

2009年4月5日，奥巴马利用在布拉格进行演讲的机会谈到：“只要伊朗的威胁没有消除，我们就会继续在欧洲建设性能可靠且符合成本收益原则的导弹防御系统；如果伊朗的威胁消除，我们将拥有一个更加坚实的安全基础，我们在欧洲建设导弹防御系统的动力将随之消失。”[⑤] 此次演讲的核心内容原本是核扩散问题，奥巴马在这里提及欧洲导弹防御系统无疑是对俄罗斯和北约盟国传递政治信号。奥巴马的讲话实际上是在告诉俄罗斯，美国在欧洲部署反导系统的唯一目的是防范伊朗，如果普京能够与美国合作解决伊朗核问题，那么小布什的东欧反导计划将不会实施。奥巴马在公开场合提

① “Russia Renewing Permanent Strategic Bomber Patrols,” ABC NEWS, August 17, 2007, http://www.abc.net.au/news/2007－08－17/russia－renewing－permanent－strategic－bomber－patrols/643306.

② 刘华平：《美国导弹防御计划及其影响》，《现代国际关系》，2008年第12期，第34页。

③ “Russia to Deploy Missiles in Kaliningrad to Counter US Threat,” Xinhua News Agency, November 6, 2008, http://www.china.org.cn/international/photos/2008－11/06/content_16718295_2.htm.

④ 吴大辉：《从战略妥协到战略反制：普京对美政策的新选择——兼论俄美关系的变化对未来中俄战略协作的影响》，《俄罗斯中亚东欧研究》，2007年第5期，第53页。

⑤ Barack Obama, “A World Without Nuclear Weapon,” http://www.whitehouse.gov/thepress_office/Remarks－By－President－Barack－Obama－In－Prague－As－Delivered.

出导弹防御系统可以不进行部署的条件说明，美国已经将欧洲导弹防御系统的部署原则从小布什政府时期无论在何种条件下都必须落实“第三地计划”，转变为可以通过谈判和协商而重新考虑是否以及如何部署的新政治议题。这种表态为美俄就导弹防御问题达成和解创造了条件。同时，奥巴马将小布什欧洲导弹防御政策中的“第三地计划”从尽快落实转为视情况待定，也是在暗示北约盟友美国在欧洲导弹防御政策上将不同于上一届政府，安抚他们耐心等待其下一步调整。

二是基于成本收益原则削减导弹防御预算。奥巴马早在担任议员期间就表达了自己致力于削减国防预算的目标。2007 年他曾在演讲中提到：“在部署导弹防御系统之前，我们必须要确保这一防御系统的有效性。”① 在奥巴马选举胜利之后，其执政团队曾这样描述其导弹防御政策：“奥巴马和拜登政府将支持美国发展导弹防御系统，但是美国的导弹防御系统发展必须符合实用主义和成本效益原则。”② 小布什政府时期投入了大笔资金用于多种导弹防御技术项目研发，这部分资金在小布什政府时期属于国防预算中的“研究、发展、试验和评估”（RTD&E）项目支出，占据了大量国防部直属经费。③ 其中，GBI 项目研究虽然已经进行了 10 年之久，投入了超过 400 亿美元，但是其可靠性到目前为止依旧饱受质疑。④ 而与之相比，其他的许多项目连充分的试验都没有进行。此外，由于一些项目的技术涉及国家安全，其完成进度始终处于保密状态。因此，奥巴马上台后摆在他面前的，是一大批在可靠性验证和研究进度上处于不同状态

① Richard Burns, *The Missile Defense System of George W. Bush: A Critical Assessment*, Santa Barbara, CA: Praeger, p. 90.

② 封帅：《“双向失衡”结构与欧洲导弹防御议题中的美俄博弈》，《俄罗斯研究》，2012 年第 4 期，第 81 页。

③ 按照美国国防预算制定的规则，导弹防御系统的经费列入国防部直属经费开支。有关奥巴马上台初期美国政府投资运转的全部导弹防御系统项目的研究情况和预算金额见附件 1。

④ Kingston Reif, “U. S. Missile Defense Programs at a Glance,” Arms Control Association, August 17, 2016, https://www.armscontrol.org/factsheets/usmissiledefense.

的导弹防御系统项目。如果继续按照小布什政府时期制定的研究路线图走下去，美国政府每年都要支付大笔研究预算，而且按照小布什的“螺旋式发展模型”，未来奥巴马政府还将不得不为一些新成熟的项目划出大笔采购预算。

因此，奥巴马一上台就抛弃了“螺旋式发展模型”，提出“成本效益”原则（Cost - Effective）。[①] 这一时期，与美国拟在东欧部署的 GMD 相比，“宙斯盾”反导系统（AEGIS）似乎更加符合“成本效益”原则。AEGIS 采用的最新型“标准 - 3”拦截弹（SM - 3），截至 2011 年已经完成了 16 次官方认可的拦截试验，其中 2009 年的 12 次试验中成功率达到 83%，而 SM - 3 的单价不到 GBI 的 1/6。[②] 2009 年初，美国国土安全部科学与技术主管查尔斯·麦克雷（Charles McQueary）公开承认 GBI 的效能存在问题。[③] 同年 2 月，美国国会预算办公室在重新审定欧洲导弹防御系统建设项目的预算时，对“第三地计划”的成本效益提出质疑，并给出了四种潜在的可能性替代方案。[④] 奥巴马以此为契机，要求国防部立即着手对欧洲地区导弹防御政策进行调整，并尽快拿出新的部署方案。

2009 年 9 月 17 日，美国国防部长和参谋长联席会议主席一致向总统建议，修改 2007 年的东欧反导计划。随后，奥巴马公布了名为“欧洲分阶段适应性方案”的新方案。该方案正式以文件的形式出台并转化为一项导弹防御政策，是在 2010 年 2 月奥巴马政府发布的全面阐述其反导政策的《弹道导弹防御评估报告》（BMDR）。BMDR

---

① “成本效益”原则是奥巴马政府时期美国政府评估某项武器系统研究价值时奉行的基本原则。2010 年 BMDR 对导弹防御系统的成本效益原则进行了专门论述，具体来说，评判一项反导系统是否符合该原则主要依据以下 3 个标准：价格比较优势、可负担性和已产生成本与已避免成本之间的关系。

② Tom Collina, “Missile Defense Test a ‘Success’: Pentagon,” *Arms Control Today*, May 2011, https://www.armscontrol.org/act/2011_05/MissileDefense.

③ John Liang and Carlo Munoz, “The Endgame,” Inside Missile Defense, March 11, 2009, https://defensenewsstand.com/search/John%2BLiang%2Band%2BCarlo%2BMunoz%2BThe%2Bendgame.

④ Congressional Budget Office, “Options for Deploying Missile Defense in Europe,” http. www.cbo.gov/publication/41165. 具体方案内容见附件 2。

是美国历史上第一份由政府公开发表的，专门针对导弹防御问题的评估报告，其在美国国家安全战略中的地位和政策影响力可以从开头的介绍中感受："国防部在2009年3月到2010年1月期间组织实施了美国首次弹道导弹防御评估工作。这项工作由国会授权总统直接领导，综合评估了美国政府的弹道导弹防御政策、战略、计划和项目。此次评估由负责政策的副部长，负责采办、技术与后勤的副部长和参谋长联席会议副主席共同牵头，参与部门包括国务院、国土安全部、情报部门、国家安全委员会和管理与预算办公室。"① 在具体阐述其欧洲地区导弹防御政策之前，报告首先提出了此次美国调整地区导弹防御政策的三大指导原则："第一，美国要与盟友和伙伴共同强化地区威慑力量结构，而这必须建立在强有力的合作与适当的责任分担基础之上；第二，美国寻求的是一种应对导弹威胁的阶段性解决方案，使每个地区的导弹防御政策都能与当地的特殊情况相适应；第三，由于全球对导弹防御系统的需求在未来十年里将大大上升，美国发展的导弹防御能力需要具有机动性和重构性。"②

BMDR在第四部分首先列举了美国当前的地区导弹防御能力以及未来美国地区导弹防御能力的短期和长期发展目标，然后全文引用了奥巴马总统2009年公布的欧洲地区导弹防御系统建设路线图。按照计划，未来10年里美国将在欧洲分阶段部署如表2—1所示的导弹防御装备。从新方案可以看出，奥巴马在欧洲地区的导弹防御部署不仅以AEGIS系统取代了小布什计划的GMD系统，而且将反导系统部署地点由靠近俄罗斯的东欧迁至相对远离俄罗斯而更靠近伊朗的南欧。

奥巴马政府公布的新欧洲导弹防御系统部署计划不仅得到俄罗斯的积极回应，而且获得了欧洲盟国的热烈欢迎。2009年9月，俄罗斯宣布放弃在其位于欧洲的飞地加里宁格勒部署伊斯坎德尔战术

① Robert Gates, Ballistic Missile Defense Review Report, Washington DC: Department of Defense, February 2010, p. iii.

② Ibid., p. vi.

导弹的计划安排；2010 年 4 月 8 日，美俄成功签署了新的《第三阶段削减战略武器条约》（START Ⅲ）。2010 年 11 月，在北约里斯本峰会上通过的第三份战略概念文件《积极介入与现代防御》中，北约成员国支持美国扩大欧洲现有的导弹防御系统规模，并将北约的导弹防御力量与美国的导弹防御系统进行整合。[①] 北约成员国的这一态度转变，迎合了奥巴马在 BMDR 中强调的合作与责任分担原则。

表 2—1　EPAA 各阶段的时间划分、能力目标和具体安排[②]

各阶段时间节点	能力建设目标	部署计划安排
第一阶段（2011 年构想）	以现有的反导系统防御短程和中程弹道导弹，保护欧洲南部地区，强化美国本土的导弹防御能力	使用装备 SM－3 Block IA 拦截弹的海基“宙斯盾”系统，增加部署一部前置部署雷达
第二阶段（2015 年构想）	强化防御中程和中远程弹道导弹能力，拓展其对北约盟国的覆盖范围	部署 SM－3 Block IB 拦截弹和额外的传感器，在欧洲南部地区部署 SM－3 拦截弹的陆基型号和海基型号
第三阶段（2018 年构想）	强化防御中程和中远程弹道导弹能力，使欧洲地区导弹防御系统全面覆盖欧洲地区的北约国家	在欧洲北部地区部署第 2 个 SM－3 陆基导弹拦截基地；升级 SM－3 拦截弹的陆基型号和海基型号
第四阶段（2020 年构想）	能够拦截由中东向欧洲发射的洲际弹道导弹	部署 SM－3 Block IIB 型拦截弹并对导弹防御系统的指挥和控制系统进行升级

2011 年 3 月，装备 SM－3 Block IA 拦截弹的“蒙特雷”号宙斯盾舰正式进驻地中海，标志着奥巴马欧洲地区导弹防御政策正式开始落实。与此同时，第一阶段拟增设的前置部署雷达被安排在土耳

① NATO, Active Engagement, Modern Defence: Strategic Concept for the Defence and Security of the Members of the North Atlantic Treaty Organisation, Adopted by Heads of State and Government in Lisbon, November 19－20, 2010, http://www.nato.int/cps/en/natohq/official_texts_68580.htm? selectedLocale = en.

② Robert Gates, Ballistic Missile Defense Review Report, Washington DC: Department of Defense, February 2010, p. 24.

其，型号为 AN/TPY－2；5 月，美国与罗马尼亚达成协议，拟在其境内德维塞卢部署 EPAA 第二阶段构想中的陆基 SM－3 Block IB 拦截弹；9 月，美国与波兰达成新的反导部署协议，预计在 2018 年在其境内的瑞兹科沃建成 EPAA 第三阶段中的第 2 个陆基 SM－3 Block IIA 导弹拦截基地；11 月，位于罗马尼亚的陆基反导系统和一部配套的陆基无源相控阵雷达（AN/SPY－1）开始部署。① 2014 年 2 月，装载 SM－3 Block IB 拦截弹的“唐纳德·库克”号宙斯盾舰进驻西班牙罗塔港。2016 年 5 月，位于波兰的基地开工投建。截至此时，奥巴马的欧洲地区导弹防御计划的前两个阶段的部署基本如期完成，第三阶段也按计划推进。但是，当美国着手考虑第四阶段部署时，矛盾开始出现。而问题的根源再次回到美国的欧洲导弹防御系统可能对俄罗斯的战略威慑力量构成威胁。

由于奥巴马的新计划取消了原定于波兰部署的战略反导系统，出于安抚东欧，也是从能力建设方面考虑，美国决定未来将 EPAA 第四阶段的 SM－3 Block IIB 型拦截弹也部署在第三阶段完工的波兰瑞兹科沃反导阵地。随着 SM－3 Block IIB 型拦截弹的技术数据逐渐公布，俄罗斯开始重新担心其战略威慑力量受到侵害。② 因此，EPAA 第四阶段的具体细节一经披露，俄罗斯政府就开始对其表示不满，要求美国和北约向其提供欧洲地区导弹防御系统不针对俄罗斯的正式法律保证。③ 但是美国方面迟迟拒绝提供。由于俄罗斯此前在与美国签署《第三阶级削减战略武器条约》时坚持在条约序言中将

---

① Kinston Reif, “The European Phased Adaptive Approach at a Glance,” Arms Control Association, May, 2013, https: //www. armscontrol. org/factsheets/Phasedadaptiveapproach.

② 据美国官方给出的数据显示，SM－3 Block IIB 型拦截弹的燃尽速度（Burnout Velocity）达到5. 5km/s。按照俄罗斯学者的测算，如果波兰部署了该型号拦截导弹，北约将有能力拦截俄罗斯的洲际弹道导弹。参见“Russian Warns U. S. Against Deploying Final Phase of Missile Shield,” Nuclear Threat Initiative, October 1, 2012, http: //www. nti. org/gsn/article/russia－warns－us－against－implementing－last－phases－missile－shield/.

③ Robert Bridge, “Moscow Looking for NATO Cooperation, Missile Defense Guarantees,” RT News, February 19, 2013, https: //www. rt. com/politics/russia－missile－defense－nato－security－document－566/.

战略进攻性武器削减与导弹防御武器挂钩，因此俄罗斯此时以拒绝执行新的 START 相威胁。[①] 2012 年 8 月，普京在一份声明中强调，“俄罗斯已经做好了加入新一轮军备控制的准备，而这是建立在国际安全与战略稳定的前提之上……美国在全球不受限制地发展导弹防御系统降低了全球战略稳定性”。[②] 在此期间，美国多次公开表示其导弹防御系统只针对伊朗，但是并不能与俄罗斯达成共识。由于核武器全球削减才是奥巴马政府工作的首要重心，因此美国被迫做出让步。2013 年 3 月 15 日，美国政府宣布对 EPAA 进行调整，原计划中的第四阶段部署安排取消，并在阿拉斯加的格里利堡空军基地增加部署 14 部 GBI。其官方解释是为了将更多资源集中到美国本土防御体系建设，以更好地防范来自朝鲜的导弹威胁。[③]

总的来看，奥巴马政府时期，美国在欧洲地区导弹防御政策的调整极大地改善了小布什政府时期以来的美俄双边关系，两国开始能够以围绕欧洲以及世界范围内的和平安全议题展开协商。对此，封帅在论文《“双向失衡”结构与欧洲导弹防御议题中的美俄博弈》中指出：“欧洲导弹防御议题的谈判内容已经从小布什政府时期的‘如何向俄罗斯和西欧国家施压’转向奥巴马政府时期的‘如何开展北约内部以及北约与俄罗斯之间的合作’。在不放弃核心主张的前提下，美国的战略调整使得作为政治议题的欧洲导弹防御问题的性质出现了根本性的变化，一场可能引发严重冲突的单边施压行动已经被转化为欧洲安全体系重建的契机，这无疑是奥巴马政府在外交

---

① 序言内容参见“Treaty Between the United States of America and the Russian Federation on Measures for the Further Reduction and Limitation of Strategic Offensive Arms,” Prague, April, 2010, www. state. gov/documents/organization/140035. pdf.

② “New Russian Nuke Cuts Will Depend on U. S. Missile Defense Moves: Putin,” Nuclear Threat Initiative, August 24, 2012, http: //www. nti. org/gsn/article/new – russian – nuke – arsenal – cuts – will – depend – us – missile – defense – putin/.

③ Tom Z. Collina, “What Does DOD's Missile Defense Announcement Mean,” Arms Control Now, March 15, 2013, https: //armscontrolnow. org/2013/03/15/what – does – dods – missile – defense – announcement – mean/.

领域的巨大成果。”①

三　奥巴马政府时期美俄关于欧洲导弹防御合作的谈判

美俄在欧洲地区开展导弹防御合作的设想最初由俄方在小布什政府时期提出。2007年6月，正值美俄关于“第三地计划”展开激烈博弈之际，普京在德国召开的八国峰会上向小布什提出了一个试探性解决方案，即将美国拟在波兰和捷克部署的GMD转移到更加靠近伊朗的阿塞拜疆，同时美俄可以共同使用俄罗斯设在那里的加巴拉雷达站。② 小布什当时表示对普京的提议有兴趣，但第二天国务卿赖斯就声明俄罗斯的提议可以作为“第三地计划”的补充而非替代，相当于拒绝了普京的提议。美俄有关导弹防御合作问题的对话就此暂停。③ 小布什之所以拒绝普京的提议，一方面因为阿塞拜疆的雷达站由俄罗斯控制，与俄罗斯在此合作就必然要接受俄罗斯参与美国欧洲导弹防御力量运用的管理，这对于奉行单边主义，同时存在遏俄、防俄心理的小布什总统来说无法接受；另一方面，美国下一届总统大选临近，如果此时接受俄罗斯的提议，双方就反导合作事宜开展的一系列复杂谈判必然在其任期内无法完成，结局可能就是美国在欧洲的反导部署被迫延期。

美俄真正就欧洲反导合作问题展开对话和谈判实际上是从奥巴马政府时期开始的。奥巴马采取较小布什政府更加积极主动的姿态，主要是因为受当时的国家环境压力而不得不选择与俄罗斯达成和解。奥巴马上台之初，美国在欧洲同时面临俄罗斯的反制与传统盟国的反对，以及联盟内部的分裂，局面可谓是复杂而危险。在小布什政府时期，北约组织在俄罗斯坚决抵制的情况下依旧持续推进东扩进

---

① 封帅：《“双向失衡”结构与欧洲导弹防御议题中的美俄博弈》，《俄罗斯研究》，2012年第4期，第84页。

② The Russian Information Agency, “Russia, U. S. Agree on Missile Defense Dialogue,” RIA Novosi, June 7, 2007, http://en. rian. ru/russia/20070607/6686560. html.

③ Matthew Lee, “Russia's Softening on Missile Defense Won't Alter US Plans,” USA Today, June 8, 2007, http://www. deseretnews. com/article/660227958/Russias – softening – on – missile – defense – wont – alter – US – plans. html.

程，最终导致了俄格冲突，并使得俄罗斯在伊核问题和中亚问题上与美国采取更加强硬的不妥协对抗立场。此外，奥巴马政府将面对的另一个十分棘手的难题就是，美国曾在冷战时期与苏联签订的《第一阶段削减战略武器条约》将在2009年12月5日到期，而在美国退出《反导条约》后，《第二阶段削减战略武器条约》就无疾而终。[①] 如果美俄现在无法就新的《削减战略武器条约》展开谈判并达成协议，接下来一段时间，美俄将在战略安全问题上没有任何限制性条约加以约束，最终可能导致两国展开新一轮规模空前的核军备竞赛。因此，与俄罗斯就导弹防御问题展开谈判是当前欧洲安全形势下，奥巴马总统唯一可行和最有可能实现突破的政策选择。

2009年1月，奥巴马刚一上任，MDA就开始尝试与俄罗斯在欧洲地区导弹防御合作问题上的信息交换进行对话。[②] 2月，美国国会预算办公室针对小布什的东欧反导计划提出的四个替代性方案中包括了普京提议的位于阿塞拜疆的雷达站，并建议邀请俄罗斯参与美国在欧洲地区的导弹防御系统建设。[③] 随后，奥巴马写信给时任俄罗斯总统的梅德韦杰夫，提出美国将重新考虑在波兰和捷克部署导弹防御系统的计划，以换取俄罗斯停止对伊朗发展远程导弹计划的支持。[④] 3月6日，美国国务卿希拉里在北约会议上公开表示，美俄两国可以在导弹防御系统建设上展开合作，标志着美俄在这一问题上的谈判正式重启。[⑤]

---

① 封帅：《“双向失衡”结构与欧洲导弹防御议题中的美俄博弈》，《俄罗斯研究》，2012年第4期，第81页。

② Missile Defense Agency, “Ballistic Missile Defense Program Briefing,” January 28, 2009, Approved for Public Release 09 - MDA - 4234, Jan 23, 2009, https://www.carnegiecouncil.org/publications/articles_papers_reports/0026.

③ Congressional Budget Office, Options for Deploying Missile Defense in Europe, February, 2009, pp. 15 - 19. https://www.cbo.gov/sites/default/files/111th - congress - 2009 - 2010/reports/02 - 27 - missiledefense.pdf.

④ 封帅：《“双向失衡”结构与欧洲导弹防御议题中的美俄博弈》，《俄罗斯研究》，2012年第4期，第82页。

⑤ 同上。

2010 年 2 月，奥巴马政府发布的 BMDR 为美俄欧洲导弹防御合作的进一步推进创造了条件。北约秘书长拉斯穆森针对 EPAA 提议，“我们应该在适当时机开始探讨将美国、北约和俄罗斯的导弹防御系统实现贯通的可能性”。[①] 俄罗斯随后通过宣布放弃在加里宁格勒部署伊斯坎德尔导弹回应北约和美国传达的善意信号。此后美国、北约和俄罗斯三方多次接触，并就具体合作方式和合作内容展开沟通。

2010 年 11 月，北约里斯本峰会是美俄就欧洲反导合作谈判的又一个转折点。为了安抚俄罗斯并遏制俄罗斯 2009 年提出的被北约看作是为了“部分遏制北约活动”的新欧安条约建议，在此次北约峰会中，北约组织邀请俄罗斯参与建立北约牵头的“全欧导弹防御系统”。[②] 但是会上梅德韦杰夫提出了俄罗斯的合作方案——“区段性导弹防御系统”（Sectoral Missile Defense）。该系统由北约和俄罗斯共同组建，其中俄罗斯和北约各自负责特定的区域。当导弹从北约的责任区飞向俄罗斯时，北约负责拦截；当导弹从俄罗斯的责任区飞向北约国家时，俄罗斯负责拦截。[③] 在原先的合作设想中，美国打算最多与俄罗斯共享部分有关导弹防御的信息，而此时俄方的提议除分享信息权以外，还要分享指挥权。因此，美国政府以《北约宪章》第五条，即北约框架内的安全责任不能授予非北约国家为由，拒绝了俄罗斯的方案。[④]

梅德韦杰夫的提议实际上是在暗示美国，俄罗斯并不相信美国在欧洲发展地区导弹防御系统完全在针对伊朗，因此除了要分享有关导弹防御系统的信息外，更重要的是掌握其控制权。但是这远远

---

① 《俄表示将继续与美国和北约就导弹防御系统合作进行接触》，新华网，2010 年 10 月 21 日，http://news.xinhuanet.com/world/2010-10/21/c_12682241.htm.

② 张万里：《欧洲反导问题重启与美俄关系“重启”前景》，《俄罗斯学刊》，2012 年第 1 期，第 23 页。

③ 封帅：《“双向失衡”结构与欧洲导弹防御议题中的美俄博弈》，《俄罗斯研究》，2012 年第 4 期，第 85 页。

④ Dmitry Trenin, “A European Missile Defense System to Replace the Great Game: How Russia and the U.S. Could Start Demilitarizing Their Relations,” Russia in Global Affairs, April/June, 2011, p. 76.

超出了美国和北约可以接受的谈判条件，因为在谈判之初两国在导弹防御技术和实力上的差距就没有处在同等的地位，而且当时美国已经开始将“宙斯盾”舰开赴地中海，落实 EPAA 的部署计划，更不可能将自己现成的导弹防御部队与俄罗斯分享。

此后，美俄关于欧洲地区导弹防御合作的谈判陷入僵持，双方由于缺少政治互信，以及美国拒绝给予俄罗斯在欧洲导弹防御系统建设中与其平等的地位而难以就任何新的方案达成共识。2011 年 5 月在法国多维尔召开的八国集团首脑会议和 2011 年 7 月在俄罗斯索契召开的俄罗斯—北约峰会上，有关导弹防御问题的谈判均曾被外界寄予很大的期待，但最终结果并没有取得任何新的突破。[①] 2011 年 11 月 13 日，奥巴马与梅德韦杰夫在亚太经合组织首脑会议上对两国反导合作进行了最后的谈判且无果后，23 日，梅德韦杰夫通过特别电视讲话宣布暂时终止美俄欧洲导弹防御合作谈判并责令国防部采取反制措施。梅德韦杰夫在电视讲话中说，“作为对美国在欧洲建立反导系统的回应，我已下令将加里宁格勒的导弹预警雷达站转入战斗组成部分，如果这些措施还不够的话，俄罗斯将在西部和南部部署先进的武器打击系统，以用来摧毁美国在欧洲部署的导弹防御体系，其中的一个举措就是在加里宁格勒特区部署‘伊斯坎德尔’导弹”。[②] 白宫在梅德韦杰夫发表声明后迅速做出反应，“以硬对硬”地表示“决不改变”美国在欧洲的反导部署方案；北约秘书长拉斯穆森也发表声明，批评俄的做法令北约“深感失望”。[③] 随后，受叙利亚危机和 2013 年乌克兰危机影响，美俄关系逐渐恶化，欧洲安全

---

① Jacop W. Kipp, “NATO – Russian Discussions Fail on Missile Defense: Implications for Negotiations on Non – Strategic Nuclear Weapons,” *Eurasia Daily Monitor*, Vol. 8, Issue. 119, June 21, 2011, http: //www. jamestown. org/single/? no_cache = 1& tx_ttnews ［tt_news］ =38076.

② Dmitry Medvedev, “Medvedev Outlines Measures to Counter Western Missile Defense,” November 23, 2011, https: //www. rt. com/politics/official – word/missile – defense – medvedev – offensive – 051/.

③ 《俄威胁摧毁美反导系统，冷战重回俄美之间?》，人民网，2011 年 11 月 25 日，http: //world. people. com. cn/GB/157578/16392796. html.

形势也逐渐紧张，有关美俄导弹防御合作的谈判彻底告吹，截至目前仍未再次重启。

第二节　奥巴马政府对亚太地区导弹防御政策的调整

美国的亚太地区导弹防御系统前身是克林顿政府时期部署在亚太地区，以“爱国者”反导系统（PAC）为主的TMD。小布什上台后，通过废除《反导条约》和取消NMD与TMD的区分，明显加快了美国在亚太地区各类导弹防御力量部署的速度，大大扩展了美国在亚太地区反导体系的规模。奥巴马上台后，在BMDR中提出将仿照EPAA的模式调整亚太地区的导弹防御力量建设，学界将其命名为“亚太分阶段适应性方案”（APPAA）。[①] 由于美国历届政府都没有明确提出过专门针对亚太地区的导弹防御政策或系统的部署方案，下文将主要结合小布什与奥巴马两届政府在亚太地区导弹防御力量建设的具体实践，总结归纳奥巴马政府对亚太地区导弹防御政策的调整。

一　小布什的亚太地区导弹防御政策

1997年9月26日，美国与俄、白、哈、乌四国签署的关于《反导条约》的备忘录对战略与非战略导弹防御系统进行了区分，并取消了对后者的限制。[②] 此举大大放松了对美国发展TMD的限制，使得美国开始在加紧发展本国TMD的同时，积极寻求与亚太盟友合作

① 2010年出台的BMDR中并没有出现美国在亚太地区的导弹防御政策名称。“亚太分阶段适应性方案”（APPAA）的提法最早见于美国国会研究服务局（CRS）2013年发布的一份研究报告，随后学术界很多文章都借鉴了这一提法。参见Ian E. Rinehart, et al., Ballistic Missile Defense in the Asia - Pacific Region: Cooperation and Opposition, Washing DC: Congressional Research Service Report R43116, June 24, 2013, p. 3.

② 按照新的协议和声明规定，用于拦截速度低于5km/s或射程小于3500千米的弹道导弹靶弹的防御系统属于战区导弹防御系统，不在《反导条约》的限制之列。

打造亚太地区导弹防御体系。① 1999 年 9 月，美国中情局发布的《2015 年以前外国导弹发展和弹道导弹威胁》报告将朝鲜列为对美国头号导弹威胁。② 同年 11 月，美军太平洋司令部司令丹尼斯·布莱尔提出，朝鲜和中国的导弹威胁愈发严重，美国应在亚太地区部署导弹防御系统加以应对，而台湾、日本和韩国都应加入这一系统。③

小布什上台后延续了克林顿政府对全球导弹威胁的评估，因此在其第一任期内将全球导弹防御体系建设的重心放在亚太地区。④ 2001 年 7 月，小布什政府提出在阿拉斯加和加利福尼亚建立 NMD 试验平台。对于原因，美国国防部副部长沃尔夫维茨坚持声称，主要是为了更加逼真地试验在研导弹防御系统，但也承认在全面部署反导系统前，如果美国遭受了来自亚太地区的少量远程导弹攻击，该试验平台可供应急使用。因此，作为初始应急系统，美国还将在两个试验场部署“丹麦眼镜蛇”早期预警雷达，以及在太平洋中部地区部署一部 X 波段雷达。⑤ 2002 年 12 月，小布什宣布在美国本土建设两个 GMD 基地，拉开了美国亚太地区反导体系建设的序幕。

2003 年，MDA 公布了在小布什政府时期美国导弹防御系统部署的总体规划。按照计划，美国将逐步解决以下五个面临的主要威胁

---

① 克林顿政府寻求与亚太地区盟友开展反导合作的事例：1997 年 11 月，美国众议院通过《美台反弹道导弹防御合作法》，并于 1998 年向台湾交付了 200 枚 PAC－2 导弹；1999 年 8 月，美日两国就联合研究反导技术达成谅解备忘录；1999 年 12 月，美韩合作开发的“飞马座”反导系统开始在韩部署。

② 张清敏：《导弹防御体系与 21 世纪亚太格局——一个历史的视角》，《国际论坛》，2000 年第 2 期，第 13 页。

③ 夏立平：《美国发展导弹防御系统及其对亚太安全的影响》，《国际观察》，2000 年第 5 期，第 14—15 页。

④ 2001 年 12 月，中情局发布的新版《2015 年以前外国导弹发展和弹道导弹威胁》报告仍将朝鲜列为头号导弹威胁。报告内容参见：National Intelligence Council, Foreign Missile Developments and Missile Threat Through 2015, December, 2001, https://fas.org/irp/nic/bmthreat－2015.htm.

⑤ Paul Wolfowitz, “Prepared Testimony on Ballistic Missile Defense to the Senate Armed Services Committee”, Washington D. C: Department of Defense, July 17, 2001, http://www.globalsecurity.org/military/library/congress/2001_hr/010717wolf.pdf.

和防御目标：第一，美国政府面临的首要任务是防御朝鲜的远程弹道导弹，因为朝鲜的大规模杀伤性武器发展迅速；第二，朝鲜在亚太地区通过短程和中程弹道导弹给美国在该地区的驻军和盟国造成的威胁；第三，美国需要防御来自伊朗的持续增强的导弹威胁；第四，美国要将其导弹防御系统覆盖整个欧洲；第五，美国要进一步增强其覆盖欧洲和亚太地区的导弹防御系统的性能。① 由此可以看出，亚太地区是当时美国政府关注的首要导弹威胁来源，而发展地区导弹防御系统的主要目标是为了应对来自亚太地区的朝鲜导弹威胁。随后，小布什总统于2003年2月，重新向国会提出了91亿美元的导弹防御计划拨款，这一数目比上一年度该项目拨款增加了13亿美元，比原本通过的2003年度导弹防御预算又增加了15亿美元。②

时任导弹防御局局长的亨利·奥柏林2005年宣布，截至当下，美国已经在亚太地区完成了以下导弹防御建设的具体工作：在阿拉斯加部署了6部GBI；在加利福尼亚部署了2部GBI；对现有的“宙斯盾”舰进行改装，其中7艘具有远程监视和追踪能力，2艘装备了SM-3具有拦截能力；完成了“丹麦眼镜蛇”预警雷达的升级和部署；在阿拉斯加埃达克岛海域完成了海基X波段雷达（SBX）③ 的建造；将亚太地区原本各自独立的反导装置和指挥控制系统进行一体化整合。④

在导弹防御局2003年公布的美国导弹防御系统部署总体规划的基础上，2007年导弹防御局又公布了基于威胁“封锁结构”（Block

---

① Andrew Futter, Ballistic Missile Defence and US National Security Policy: Normalisation and Acceptance after the Cold War, London: Routledge, 2013, p. 110.

② Steven Hildreth, Current Debate on Missile Defense, New York: Novinka Books, 2004, pp. 80.

③ 海基X波段雷达属于GMD的组成部分，可对来袭的远程弹道导弹进行跟踪、识别和评估。

④ Henry A. Obering, Missile Defense Agency Missile Defense Program and Fiscal Year 2006 Budget, Washington DC: Missile Defense Agency, Spring 2005, http://www.mda.mil/global/documents/pdf/ps_spring05.pdf.

Structure）新导弹防御能力发展路线图。Block1：保护美国本土免受朝鲜远程弹道导弹威胁；Block2：保护美国海外驻军和盟国免受某一地区短程和中程弹道导弹威胁；Block3：扩大美国导弹防御系统，使其抵御伊朗有限的远程弹道导弹威胁；Block4：保护美国位于欧洲的盟友和驻军免受伊朗有限的远程和中程弹道导弹威胁；Block5：进一步扩大美国的导弹防御系统，同时保护美国在欧洲和亚太地区盟友与驻军免受短程和中程弹道导弹威胁。①

小布什政府除了在美国本土部署导弹防御系统外，还利用双边同盟关系与亚太地区盟友开展了一系列反导合作，并在他国领土上也部署了美国的导弹防御系统，从而初步打造出美国的亚太地区反导体系。2003 年 12 月，日本借朝鲜退出《不扩散核武器条约》（NPT）的机会宣布加入美国的导弹防御体系，其内阁还公布了名为《关于引进反弹道导弹防御系统和其他措施》的文件，决定在 2007 年内实现包括陆基和海基两大平台末段和中段两个层次的导弹防御体系建设。② 自此，导弹防御系统建设成为日本的防务重点项目。作为回应，美国海军部长次年 3 月宣布，为防范朝鲜，美国将在日本海长期部署一艘 AEGIS 导弹驱逐舰。③ 依据克林顿政府时期达成的反导合作备忘录，日美两国随后开展了大量研发合作，涉及 PAC－3、AEGIS、ABL、SM－3 等多个重要技术项目。截至 2007 年，日本共计部署了 4 艘装备 SM－3 拦截弹的 AEGIS 舰艇、4 部 PAC－3A 拦截系统、4 套 J/FPS－5 型 X 波段反导监控雷达以及新型空中自动警戒管制系统（JADGE）。④ 其中，日本的导弹防御系统装备几乎全部从美国采购。这意味着日美两国的导弹防御系统在战时可以实现通用，

① Michael Mayer, US Missile Defense Strategy: Engaging the Debate, London: First Forum Press, 2015, p. 131.

② 兰子诺：《今年日美导弹防御合作新动向》，《国际资料信息》，2011 年第 8 期，第 34 页。

③ 《美海军在日本海长期部署“宙斯盾”驱逐舰 小泉欢迎》，新华网，http: //news. xinhuanet. com/mil/2004－03/24/content_1381253. htm.

④ The National Institute for Defense Studies, East Asian Strategic Review 2007, The Japan Times Ltd. 2007, pp. 94－111.

进而可以通过有效的配合对目标实施多次拦截。此外，根据日本政府1996年与克林顿政府达成的协议，日本的反导预警雷达数据与美军实施共享，使得小布什在亚太地区部署的导弹拦截装置可以直接使用日本雷达获取的数据。这样一来，尽管小布什政府时期美国在亚太地区部署的导弹防御系统以拦截装置为主，缺乏预警装置，但有了日本在西太平洋地区部署的雷达配合，同样可以对来袭导弹实施拦截。

由于直接受到来自朝鲜的军事威胁，韩国是美国在亚太地区的另一个重要导弹防御合作对象。在过去很长一段时间里，韩国的防空力量主要依赖于驻韩美军。在小布什政府时期，美国在驻韩美军基地部署了8个防空导弹营，共计64套PAC－3系统，其防空导弹旅总部设在距离首尔以南35千米外的乌山空军基地。但这些部队实际上主要用来保护驻韩美军，而非韩国本土。从20世纪90年代开始，随着朝鲜的弹道导弹技术日渐成熟，韩国政府越发觉得有必要建立本国的弹道导弹防御体系。根据克林顿政府时期美韩达成的反导合作协议，从1994年开始，美国陆续向韩国运进PAC－2和PAC－3。2001年两国修改了1979年签署的《美韩导弹框架协定》，将韩国的弹道导弹射程上限由180千米提升到300千米，为韩国建立更大拦截范围的反导系统松绑。2002年7月，韩国决定向美国购买AEGIS作战系统及其配套监视装备以增强其海基反导能力。2002年10月，朝鲜对外承认其正在研发核武器后不久便退出了《不扩散核武器条约》，并于次年2月进行了弹道导弹试验。小布什政府借此要求日韩两国与美国在东北亚地区共建“海上侦查同盟”，联合开发和部署导弹防御系统。受朝鲜2006年7月导弹试射以及10月核试验影响，韩国政府2006年起正式决定建立本国的末段低层防空反导系统，但是韩国并不打算参加美日两国的导弹防御体系。该系统旨在构建一种拦截低空突防的朝鲜导弹的防御体系，主要装备包括PAC－2导弹系统、KDX－3驱逐舰、“绿松”预警雷达和C^4I系统。2006年12月，韩国国防部决定再投入10万美元，交由韩国空军和国防科技研究所使用，作为其预警雷达前期开发费用；到2011年前投入4.9亿美元开发新型中程地对空导弹，以替代老旧的“雷克”导弹。此外，韩国政府还于2006年10月决定，从2008年开始向美国购买反导系统的地面控制装备，从德国购买计划部署的48套PAC-2拦截系统。韩国将其自主导弹防御系统命名为“韩国型导弹防御系统”（KAMD）。与此同时，韩国政府还启动了名为“防空与导弹防御地下指挥所”（AMD-Cell）的项目，用来将对朝鲜的导弹设施进行24小时不间断监视，并对其发射能力进行评估。“防空与导弹防御地下指挥所”是韩国自主导弹防御系统的最高决策与指挥机关，负责对韩国的各类反导设施装备进行一体化整合。

澳大利亚于2004年1月13日与美国签署了关于反导问题的谅解备忘录，正式加入其反导系统。当被问及澳大利亚加入美国导弹防御系统是否会引发本地区军备竞赛时，时任澳大利亚国防部长的罗伯特·希尔表示，“的确存在这种可能性，认为此举将刺激其他国家进一步研发进攻性导弹或使之扩散，但导弹扩散已经是既成事实”。[①] 同年7月，美澳两国政府又决定合作升级澳大利亚现有的JORN天波雷达系统，使其具备导弹预警能力。[②] 2008年3月，时任澳大利亚外长的斯蒂芬·史密斯表示，该国政府正在考虑“有限度地”加入美国的导弹防御系统，以保护澳大利亚的作战部队。[③] 除了安全方面的考虑，巩固与美国的同盟关系以及经济因素才是促使澳大利亚决定加入美国亚太地区导弹防御系统的主要原因。一方面，澳大利亚工党刚刚上台，陆克文政府做出这种表态可以消除美国政府对澳大利亚的顾虑，使小布什政府继续重视美澳关系，巩固澳大利亚作为美国在南太平洋地区最重要军事盟友的地位，从而为澳大

---

① 梁尚刚：《澳大利亚要建导弹防御系统》，《中国国防报》，2004年2月3日。

② 《美国针对中国导弹在澳大利亚建天波雷达预警反导》，http://www.360doc.com/content/16/0920/08/481264_592168583.shtml

③ 倪海宁、李梦洁：《亚太地区导弹防御系统问题综述》，《国际资料信息》，2009年第5期，第26页。

利亚借重美国开展外交，提高国际地位创造条件；另一方面，导弹防御系统的建造是一项庞大的工程，不仅需要投入大量的资金，还需要先进的技术支持。通过与美国在本国境内建设导弹防御系统，澳大利亚的军工企业不仅可以获得部分项目合同，从而带动当地经济发展，还可以获得部分美军技术，提升本国的国防科技水平。[①] 值得注意的一点是，虽然澳大利亚拥有导弹预警能力，但该国始终没有部署拦截装置，在小布什政府时期并不具备任何实战反导能力。这主要是因为澳大利亚本身距离朝鲜较远，与周边国家也无重大安全矛盾，不存在紧迫的现实导弹威胁，因而在加入美国导弹防御系统时是“有限度”的。

美国在亚太地区的另一个比较特殊的导弹防御体系构成位于中国台湾。美国与台湾地区进行的有关导弹防御合作充分证明，美国亚太地区部署导弹防御系统的目标除了朝鲜外，还包括中国。尽管后者从不出现在美国官方对于在亚太地区建设防御力量动因的任何正式表述中，但是这一意图随着美国违反《中美联合公报》陆续向中国台湾地区出售各类反导武器装备而愈发明显。台湾一直试图加入美国的导弹防御体系。1999 年初，李登辉在接受采访时表示，美国的战区导弹防御系统对亚太地区的安全稳定具有正面意义，基于此，台湾当局愿意配合美国建立战区导弹防御系统。1999 年 8 月，台湾“行政院”在李登辉授意下通过了向“立法院”提交关于尽快建立早期预警系统并逐步建成导弹防御系统的“施政报告”。[②]

克林顿政府时期，美国对中国台湾地区加入其亚太地区导弹防御体系的态度比较模糊。时任美国助理国务卿谢淑丽（Susan Shirk）在众议院国际关系委员会作证时表达了以下三方面的意思：第一，《与台湾关系法》已经可以向台湾提供长久安全保证，使其不会因为防御能力不足而处于劣势，因此现在把注意力集中到是否要向中国

① Richard Halloran, “Comeback in the Pacific,” Air Force Magazine, July 2007, pp. 27 – 30.

② 张清敏：《导弹防御体系与 21 世纪亚太格局——一个历史视角》，《国际论坛》，2000 年第 2 期，第 15 页。

台湾地区提供战区导弹防御系统为时过早；第二，美国的战区导弹防御系统还处在研发和完善阶段，暂时不会提供给任何人；第三，今后美国向中国台湾地区提供任何类型导弹防御系统的决定都将依据对台湾海峡的安全局势和中国台湾地区的合法防御需求的评估结果而定。[①] 1998 年克林顿政府向台湾出售了 200 枚 PAC－2 和 SM－2 导弹，但 1999 年在新通过的《加强台湾安全法案》中没有满足台湾购买 PAC－3 导弹和 AEGIS 驱逐舰的愿望。2001 年在小布什上台后，美国海军建议政府向其出售这些反导系统，但考虑到中国政府的态度，小布什当时没有批准。[②] 2005 年 6 月，美国对台湾地区出售了一部“铺路爪”预警雷达（AN/FPS－115）；2006 年，美台达成军售协议，后者将出资 35 亿新台币将现有 PAC－2 逐步升级为 PAC－3；2007 年 9 月，美国同意向台湾地区出售 144 枚 SM－2 拦截弹，用于装备此前向其出售的“基德级”导弹驱逐舰；2008 年 10 月，小布什政府同意向台湾地区出售 PAC－3 导弹。[③]

综合上文以及小布什政府时期美国在亚太地区的导弹防御系统建设情况可以发现，小布什政府的亚太地区导弹防御政策具有以下特点：[④]

第一，按照装备部署地点的性质可以分为三类：第一类位于美国本土或海外属地，如阿拉斯加的格里利堡空军基地、位于加利福尼亚的范登堡空军基地、位于关岛的安德森空军基地和位于夏威夷考艾岛的太平洋导弹靶场。第二类位于美国在该地区盟国境内设立的军事基地，如日本、韩国、澳大利亚均部署有预警监视设备或拦

① 《苏珊·舍克在美国众议院国际关系委员会上谈美国对两岸的关系》，《参考消息》，1999 年 4 月 28 日。

② 张清敏：《从布什政府对台军售看美台军事关系变化》，《美国研究》，2004 年第 4 期，第 21 页。

③ 《1979 年—2015 年美国对台详细军售清单》，参见 https：//en. wikipedia. org/wiki/List_of_US_arms_sales_to_Taiwan。

④ 上述装备除 SM－2 外，其余装备在小布什政府时期均没有实现部署。美国在亚太地区的导弹防御部署的详细情况参见附件 4。

截装置。第三类是位于美国的盟国境内，但属于所在国，通过加入或合作的方式成为美国地区导弹防御体系的一部分。美国与亚太地区盟国开展反导合作是在双边框架下进行的。美国分别与这些国家通过出售和直接运进的方式在其境内部署相关反导设备，除韩国外各盟国均加入了美国的反导系统，但各盟国之间的反导系统彼此独立，无合作关系。

第二，按照时间顺序大致可以划分为两个阶段：第一阶段是小布什的第一个总统任期。这一时期小布什总统在亚太各地区全面、快速落实了多项反导系统部署。这主要得益于这一时期美国国内共和党同时控制参众两院，在各项有关议题通过过程中不会受到太大的阻碍，加之“9·11”事件后民众的普遍恐慌情绪为小布什发展导弹防御系统打下了较为坚实的民意基础。第二阶段是小布什的第二个任期。这一时期美国在亚太地区的反导部署受多方因素影响难以继续推进，仅在对日本部署上取得部分进展。这主要是因为在2006年11月中期选举时，民主党同时占据众议院和参议院两院的多数席位，无疑要对小布什政府在防务预算支出过高问题上展开反击。首先，民主党将对导弹防御系统持怀疑态度的参议员凯尔·雷凌（Carl Levin）安排在参议院军事委员会主席的职位上。他明确表示：“在我们了解各种导弹防御系统是如何运行之前就对其进行采购是十分错误的，而国防部还没有进行可以使我信服反导系统可靠性的试验。”[①] 因此，小布什在其第二任期暂时放下了亚太地区的反导部署，开始把注意力向欧洲地区的导弹防御系统建设集中。

第三，小布什在亚太地区的导弹防御建设同样存在单边主义和忽视成本效益的弊病。安德鲁·富特指出，“在小布什的第二任期，尽管美国的导弹防御技术逐渐成熟，但是在部署问题上，政治与技术仍旧存在严重的不同步”。[②] 也就是说，以当时的美国导弹防御系统实验结果来看，相关设备依然未达到实际部署的可靠性要求，但

---

① Wade Boese, “Missile Defense Under Scrutiny,” *Arms Control Today*, January 2007.

② Andrew Futter, Ballistic Missile Defence and US National Security Policy: Normalisation and Acceptance after the Cold War, London: Routledge, 2013, p. 131.

是当时美国政府内部的反对意见却并未能阻止这些装备的采购和部署。这一点在阿拉斯加增加部署 GBI 项目上表现得尤为突出。对于小布什政府为何无视各种不利因素，匆忙推进反导部署的状态，理查德·伯恩斯在《乔治·布什的导弹防御系统》一书中曾进行了如下描述："在布什总统的任期快要结束的时候，政府内部几乎没有关于各种导弹防御系统项目可靠性、研发经费和部署的公开讨论。然而事实是，几乎没有任何导弹防御系统项目可以声称通过了充分的可靠性试验才进行了部署。"①

二　奥巴马政府的亚太地区导弹防御政策

小布什政府时期，美国与亚太盟国及中国台湾地区曾经达成了大量有关反导装备的部署协议，但是从小布什任期到期前美国在亚太地区的最终部署情况可以看出，其中很多装备并没有按计划落实，如美国拟向韩国和澳大利亚出售的 SM－2 导弹和计划 2009 年前在台湾建成的"铺路爪"雷达等。在小布什的第二任期，美国在亚太地区的导弹防御部署相较于第一任期明显放缓，特别是在美国直接部署和盟国采购方面，其中的原因主要有以下三点：

第一，资金不足。从图 2—1 和图 2—2 可以看出，受 2001 年阿富汗战争和 2003 年伊拉克战争的影响，在小布什第一任期内，美国国防预算总额不仅在绝对值上以惊人的速度增加，而且占 GDP 比重也实现了冷战后首次连续四年上升。② 在美国政府需要支付巨额军费维持海外战争的情况下，小布什第一任期的导弹防御预算依然维持在年均 85 亿美元左右。③ 由于美国国内关于是否应当发展导弹防御

① Richard Burns, The Missile Defense Systems of George W. Bush, Santa Barbara CA: Praeger Security International, 2011, p. 130.

② Dinah Walker, "Trends in U. S. Military Spending," Council on Foreign Relations, July 15, 2014, http://www.cfr.org/defense－budget/trends－us－military－spending/p28855.

③ 2001 年至 2005 年美国导弹防御预算分别为 84 亿美元、81 亿美元、76 亿美元、91 亿美元、97 亿美元。数据来源林木：《美国导弹防御系统"门虽设而常关"》，《解放军报》，2005 年 1 月 10 日。

系统的争论在这一时期依然激烈，受国防开支造成的巨额财政赤字影响，小布什不得不同时面对来自民众和民主党的巨大压力。在这种情况下，小布什被迫做出让步，将2006财年的导弹防御预算削减11亿美元，并要求MDA在今后6年的时间里将减少预算60亿美元。① 由附件1可知，小布什政府在这一时期执行了大量导弹防御技术研发项目，随着项目逐渐进入技术攻坚期，所需投入也逐渐增加。在这部分经费无法削减的情况下，美国只能放缓部署以节省采购支出。

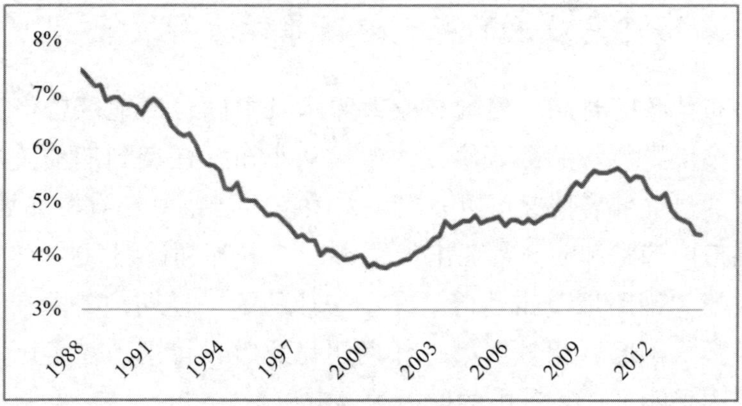

图2—1　美国国防预算占其GDP比重变化情况

第二，盟国参与热情不高。在小布什执政期间，除日本始终积极寻求加入美国导弹防御系统，并投入大笔预算进行技术研发和落实装备部署外，韩国和澳大利亚两个重要地区盟友对待美国的亚太地区导弹防御系统态度并不积极。韩国作为面临朝鲜导弹威胁最紧迫的国家，却一直拒绝加入美国的导弹防御系统，当时主要出于以下三方面考虑：其一，韩国认为朝鲜对它的威胁主要来自短程弹道导弹和“谷山”大炮，而非远程和洲际弹道导弹，因而低层末端拦

① 魏俊峰：《前瞻2006财年美国国防预算》，《现代军事》，2005年第4期，第27页。

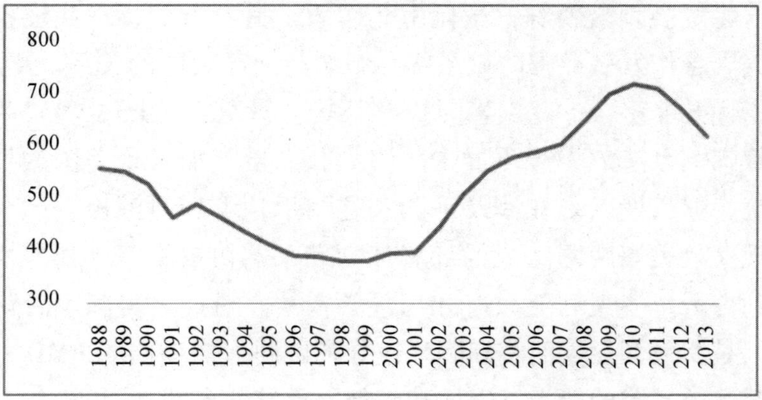

图 2—2　美国国防预算数额变化情况（单位：10 亿美元）

截系统便已足够。[1] 加入小布什的一体化分层反导系统将使韩国为部署其非必需的反导装置承担更多军费开支，而这部分支出的作用更多地是为了保护美国和日本的安全。其二，韩国希望维持本国导弹防御力量的自主性。2003 年卢武铉上台后提出了“国防自主”的口号，希望逐渐弱化本国对驻韩美军的依赖；2005 年 9 月，韩国正式向美国提出收回战时作战指挥权。[2] 如果将本国的 KAMD 并入美国的 BMD，韩国在使用本国反导武器时将不得不依赖美国的反导指控系统（C2BMC）。而一旦加入美国的反导系统，两国的导弹防御设备将具备“互操性”。但这种“互操性”很可能是单方面的，即美国能操控韩国的反导装置而韩国无法操控美国的反导装置。其三，韩国担心加入美国的导弹防御系统会恶化其地缘政治环境。一方面，在小布什执政期间，韩国领导人卢武铉的对朝政策是通过加强互信

① Ian E. Rinehart, et al., Ballistic Missile Defense in the Asia – Pacific Region: Cooperation and Opposition, Washing ton D. C.: Congressional Research Service, June 24, 2013, p. 8.

② 李家成、朱续朋：《试析韩国再次要求延迟战时作战指挥权移交的动因》，《国际论坛》，2015 年第 2 期，第 75 页。

互惠实现“和平繁荣”。[①] 韩国如果与美国合作加强本国的导弹防御能力，无疑会刺激朝鲜，激化南北矛盾。另一方面，卢武铉担心韩国与美国合作发展导弹防御系统会影响与地区大国的关系。事实上，这种担忧并非多余，此次韩国执意部署“萨德”（THAAD）就对中韩和俄韩关系造成了严重冲击。澳大利亚虽然加入了美国的导弹防御系统，但长期以来在涉及采购和费用承担上相对消极，一个重要的表现就是美澳两国达成的部署计划和采购协议常常不能落实，以至于到今天，澳大利亚只有几部预警雷达。对此，美国学者认为主要原因是澳大利亚仅面临洲际弹道导弹威胁，而美国的 BMD 并不具备拦截此类导弹的能力，因而缺乏部署反导装备的动力。[②]

第三，地区大国反对。与在欧洲地区建立导弹防御系统面对俄罗斯的质疑和反对相似，小布什在亚太地区发展导弹防御系统同样遭到地区大国的反对。以小布什政府拟在中国台湾地区部署反导系统为例。朱镕基在会见中外记者时曾明确表达了中方立场：中国反对美国在亚太地区部署反导武器，更反对把中国台湾地区拉进美国的导弹防御系统。[③] 2000 年小布什刚上台时曾多次指责克林顿对华态度软弱，在其共和党大会通过的一份文件中明确写到，“美国应给予台湾坚强的支持，包括及时向其出售防御性武器”。[④] 台湾当局因此寄希望于小布什政府能够向其出售更为先进的导弹防御武器，并进行了大量游说工作；此外，美国军方也不断敦促小布什加强中国台湾地区的反导部署。[⑤] 在此情况下，为阻止美国对台军售，中国政

---

① 程玉洁：《卢武铉对朝政策“变化”的影响分析》，《现代国际关系》，2003 年第 6 期，第 34 页。

② Ian E. Rinehart, et al., Ballistic Missile Defense in the Asia - Pacific Region: Cooperation and Opposition, Washington D. C.: Congressional Research Service, June 24, 2013, p. 10.

③ 张清敏：《导弹防御体系与 21 世纪亚太格局：一个历史的视角》，《国际论坛》，2000 年第 2 期，第 14 页。

④ Peter T. Brooks, Strategic Surprise: U. S. - China Relations in the Early 21st Century, Newport Rhode Island: Naval War College Press, 2003, p. 201.

⑤ 详细情况参见张清敏：《从布什政府对台军售看美台军事关系变化》，《美国研究》，2004 年第 4 期，第 15—38 页。

府紧急派出外交和军方代表向美国进行交涉。① 随后，美国政府在对台军售问题上的强硬立场开始松动。白宫发言人弗莱舍在例行记者会上表示，小布什总统还未作出任何对台军售决定。② 最终，小布什在当年的对台军售清单中剔除了 AEGIS 系统和 PAC－3 导弹。总的来看，小布什政府在对台反导武器出售上没有表现出明显的单边主义色彩，在中国政府的抵制下表现得较为克制，不仅很多反导武器没有向台湾出售，而且很多已经达成的军售协议也出于担心中国的反应而没有落实。

奥巴马相较于小布什更加重视美国在亚太地区的军事影响力。在战略重心东移和“亚太再平衡”的大背景下，美国重新启动了在小布什第二任期明显放缓的亚太地区导弹防御力量建设。奥巴马政府一方面全盘继承了小布什政府的一体化分层反导系统构想以及在亚太地区的全部导弹防御力量建设成果；③ 另一方面，针对小布什在推进亚太地区导弹防御部署中遇到的困难，按照“分阶段适应性”的导弹防御系统建设原则，分别进行了以下政策上的调整加以应对。

首先，在应对资金不足的问题上，奥巴马果断中止了大量导弹防御技术项目研究，将更多经费投入到亚太地区的装备采购和实际部署上。BMDR 中对美国导弹防御能力建设的目标要求是“能够灵活应对各种威胁的变化”，在采购项目选择上“只部署经过充分试验论证可行以及长期来看可以负担的装备”；为了加强导弹防御项目的管控，国防部决定强化导弹防御执行委员会（MDEB）在“弹道导弹防御系统生命周期管理过程”中对项目申请、资源分配和预算控

① 2001 年 3 月，钱其琛副总理专程就对台军售问题访问美国，并在多个重要公开场合表示，一国向另一主权国家领土的一部分出售武器，无论是进攻性的还是防御性的都不能接受。同一时间，中国人民解放军总参谋长傅全有敦促正在北京访问的美军太平洋舰队司令布莱尔告知美国政府从大局出发，立即停止对台军售。

② “Congress Pressing US on Taiwan Arms,” Associated Press, April 13, 2001, http: //taiwansecurity. org/AP/2001/AP－041301. htm.

③ 奥巴马上台后没有撤出任何小布什已经在亚太地区部署的任何导弹防御系统，也没有否决小布什与亚太盟国达成的任何导弹防御系统部署计划。

制上的监督职责。①

基于成本效益原则，2010 年奥巴马在 BMDR 中宣布终止多杀伤器拦截系统（MKV）和动能拦截弹（KEI）两个研究项目。其中，多杀伤器项目从2004 年开始启动，原计划在 GBI 和 SM－3 拦截弹中运用。但是，该项目运行了五年多来，已经累计投入资金 7 亿多美元，但是相关核心技术却始终没有突破。奥巴马终止该项目是为了将更多资金投入到可以尽快实现部署的较成熟或已成熟导弹防御项目之中。动能拦截弹项目是小布什政府 2003 年启动的项目，目标是设计一种飞行速度超过 6km/s 的无爆炸装置、完全靠碰撞击毁目标的弹头。这种拦截弹由于速度高，可以对中程、中远程弹道导弹在其助推阶段、上升阶段实施拦截，因此将成为美国导弹防御系统早期拦截的重要武器装备。但是，奥巴马在该项目已经投入 17 亿美元的情况下依然决定终止该项目，最重要的原因就是该系统不符合“分阶段适应性”原则。动能拦截弹与其拦截弹头不同，其操控系统与美国当前的海基导弹防御系统无法兼容，而部署在陆基拦截系统上又由于距离地方导弹发射阵地太远，其射程无法达到地方导弹的助推段和上升段。而让美国为部署该拦截弹专门设计一套海基操控系统并替换当前的反导驱逐舰的“宙斯盾”系统，显然在技术上和资金上不太现实，所以奥巴马不得不关停该项目。2012 年 2 月和 2013 年 4 月，奥巴马政府又分别终止了机载激光武器（ABL）和精确跟踪空间系统（PTSS）两个项目。② 奥巴马关停机载激光器项目的原因是美国军方认为，当前的机载激光器搭载在波音 747 飞机上，在战场上无异于成为地方防空导弹的“活靶子”，其生存能力太弱使奥巴马政府看不到投资其的价值。值得注意的一点是，机载激光器项目从 1996 年克林顿政府时期就已启动，16 年间美国政府已经为其投入超过 53 亿美元。精确跟踪空间系统是 2009 年小布什结束任期

① Robert Gates, Ballistic Missile Defense Review Report, Washington D. C.: Department of Defense, February 2010, pp. vi－vii.

② 有关这些项目的具体情况参见附件 1。

前启动的项目，截至目前美国仅为其投入了2.3亿美元。奥巴马政府决定关停该项目既不是因为其在技术上遇到瓶颈，也不是因为其实用性不强，而是因为美国的相关技术专家估计，为了能够对来袭导弹实施连续追踪，今后美国至少需要新增部署24枚卫星，累计耗资将达到240亿美元，远超导弹防御局最初批准该项目时设定的100亿美元预算。所以，奥巴马认为，既然美国无力最终支付如此高昂的预算，不如尽早结束该项目，减少不必要的投资浪费。

虽然奥巴马2009年一上台就将MDA的预算总额削减了14亿美元。[①] 但他并不想削减亚太地区的导弹防御经费。2011年11月，奥巴马在访问澳大利亚时承诺，美国未来削减国防预算不会以牺牲在亚太地区存在的军事力量为代价。[②] 2012年1月，美国国防部发布的防务战略指南《保持美国的全球领导地位：21世纪的国防预算优先选项》中明确提出，美国政府致力于削减国防开支，在减少美军全球行动的情况下，将战略重心和国防预算的重心向亚太地区倾斜。[③] 在导弹防御经费有限的情况下，一方面，奥巴马主张将更多的经费用于生产和部署。从图2—3、图2—4、图2—5可以看出，奥巴马执政期间，美国的导弹防御预算虽然相较于小布什政府减少，但用于采购的资金明显增加，被削减的经费主要来自RDT&E部分。[④] 2011年7月，美国政府决定向THAAD项目投入12亿美元，其中8.3亿美

---

① Robert Gates, "Defense Budget Recommendation Statement," April 6, 2009, http://www.defense.gov/speeches/speech.aspx?speechid=1341.

② Barack Obama, "Remarks Delivered to the Australian Parliament," November 19, 2011.

③ Leon Panetta, Sustaining US Global Leadership: Priorities for 21st Century Defense, Washington DC: Department of Defense, January 3, 2012, p.2, http://www.documentcloud.org/documents/282223-defense-strategic-guidance.html.

④ Jacob Cohn and Jesse Sloman, FY2016 Weapon Systems Factbook, Center for Strategic and Budget Assessment, February 24, 2016, pp.28-32, http://csbaonline.org/research/publications/fy2016-weapon-systems-factbook.

元用于采购。[①] 2013 年，美军又以临时驻防的方式在关岛部署“萨德”（THAAD）系统，随后又于 2015 年宣布将临时驻防改为永久部署。[②] 这是美国首次在本土以外部署该系统。2010 年至 2016 年，美国政府平均每年投入 28 亿美元用于“阿利·伯克”级“宙斯盾”驱逐舰的采购。[③] 截至 2016 年底，美国总共采购了 33 艘“宙斯盾”舰，其中 16 艘部署在亚太。[④]

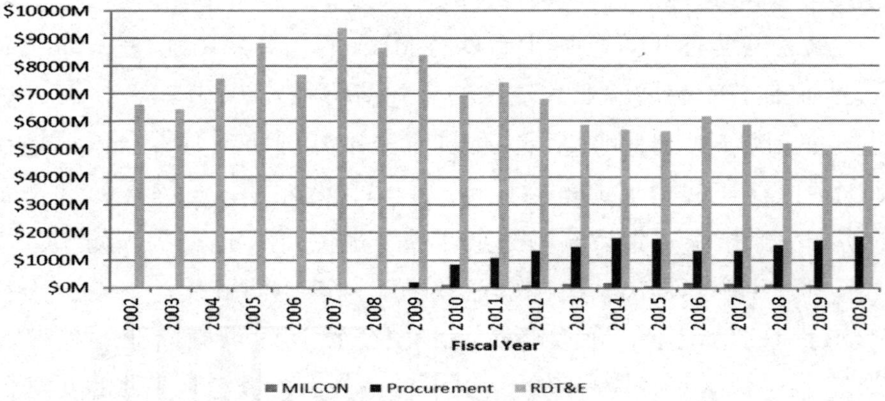

图 2—3　美国弹道导弹防御系统项目经费统计图（单位：百万美元）

其次，在应对盟友缺乏参与热情的问题上，奥巴马一方面通过发布各类政府报告渲染地区导弹威胁，鼓励盟友部署性能更强的反导武器装备；另一方面，通过强化军事同盟关系，主动推进地区导

① Todd Harrison, *Analysis of the FY2012 Defense Budget*, Center for Strategic and Budget Assessment, July 16, 2011, p. 56, http: //csbaonline. org/research/publications/analysis – of – the – fy2012 – defense – budget.

② 祁昊天:《“萨德”入韩与美国亚太反导布局的战术与战略考量》,《现代国际关系》, 2016 年第 7 期, 第 17 页。

③ Jacob Cohn and Jesse Sloman, FY2016 Weapon Systems Factbook, Center for Strategic and Budget Assessment, February 24, 2016, pp. 65, http: //csbaonline. org/research/publications/fy2016 – weapon – systems – factbook.

④ Michael Green, etc. , Asia – Pacific 2025: Capabilities, Presence, and Partnerships, Center for Strategic International Studies, January, 2016, p. 138, https: //csis – prod. s3. amazonaws. com/s3fs – public/legacy_files/files/publication/160119_Green_AsiaPacificRebalance2025_Web_0. pdf.

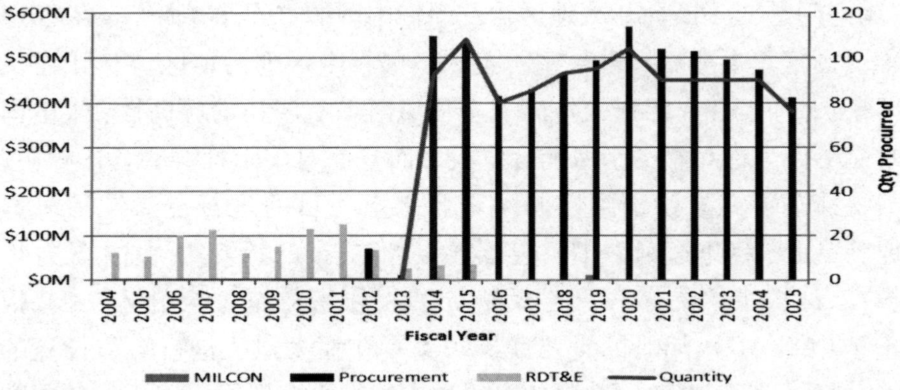

图 2—4　美国 PAC－3MSE 项目经费统计图（单位：百万美元）

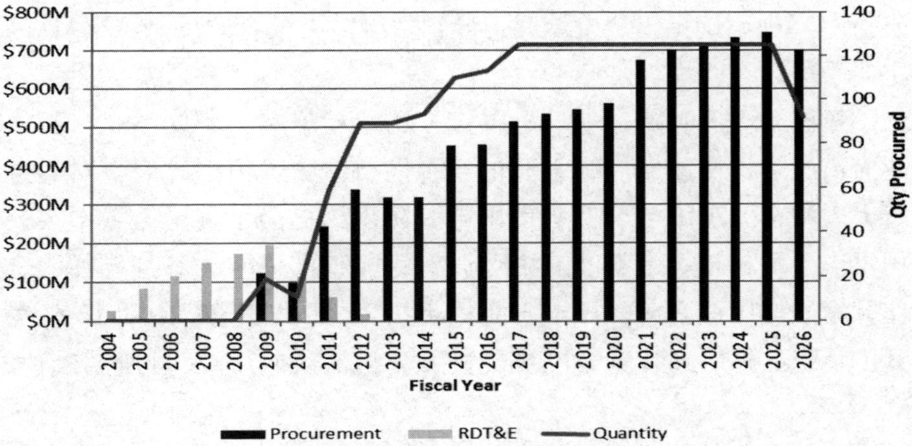

图 2—5　美国 SM－6 项目经费统计图（单位：百万美元）

弹防御合作深化。在奥巴马政府看来，亚太地区的导弹威胁一是来自中国；二是来自朝鲜。前者可以促使日本、中国台湾地区和东南亚国家和地区部署导弹防御武器，后者可以推动韩国和日本在进一步增强本国导弹防御能力的同时实现多边合作。

宣传“中国威胁论”是美国政府拉拢亚太盟友的一贯伎俩，奥巴马上台后，更是不遗余力地借“钓鱼岛问题”“台湾问题”和“南海问题”不断向亚太地区盟友灌输中国的“军事威胁”。在2015年《国家军事战略报告》中，美国不仅将中国列为地区“修正主义国家”，而且在介绍亚太地区安全环境时带有明显的倾向性：“中国政府不仅声称对整个南海拥有主权，而且面对国际社会的合作呼声，却将其军事力量投送到以国际重要水道为目的进行侵略性围海造地。”[①] 从2009—2016年，美国国防部发布的历年《中国军力报告》，都将中国的多种型号反舰导弹视作解放军“反介入/区域拒止”（A2/AD）战略的重要武器和美军在亚太地区进行军力投送的最大威胁。[②] 按照美国政府的逻辑，中国的军事现代化使亚太各国的主权受到威胁，而受中国A2/AD武器系统的限制，美军将无法及时向盟友投送军事力量对其进行保护。因此，只有建立起完善的导弹防御系统，美军才能有效维护地区安全秩序。2012年美国《防务战略指南》中明确提出，发展弹道导弹防御能力是有效反制A2/AD的主要手段之一。[③]

奥巴马政府时期，中日矛盾受“钓鱼岛争端”不断激化，日本政府借此契机快速发展自卫队的导弹防御能力。美国政府也对其进行大力配合。2010年9月，美国导弹防御局提出了美国著名军火公司雷声公司与日本三菱重工共同研发最新型的SM-3系列导弹的合作方案。按照该方案，日本方面将负担27亿研发经费中的12亿美元，负责红外制导装置与二级推进发动机的研制。[④] 一旦研制成功，

---

① Joint Chiefs of Staff, The National Military Strategy of the United States of America 2015: The United States Military's Contribution To National Security, Washington DC: Department of Defense, June 2015, p. 2.

② Office of the Secretary of Defense, Annual Report to Congress: Military and Security Developments Involving the People's Republic of China, 2009-2016. 历年报告原文均可登陆美国国防部网站下载。https: //www. defense. gov/.

③ Leon Panetta, Sustaining US Global Leadership: Priorities for 21st Century Defense, Washington D. C.: Department of Defense, January 3, 2012, p. 4, http: //www. documentcloud. org/documents/282223-defense-strategic-guidance. html.

④ 兰子诺：《近年日美导弹防御合作新动向》，《国际资料信息》，2011年第8期，第35页。

日美两国的 AEGIS 系统将同步配属该型号拦截弹，从而将使日本拥有世界上最先进的导弹防御武器之一。2010 年 10 月，为了检测日本 AEGIS 系统的性能，日舰“雾岛”号前往夏威夷美国导弹靶场进行拦截试验。这是美国首次允许日本使用美国的导弹靶场试验海基和中程导弹拦截试验，最终试验结果成功。这说明日本的 AEGIS 系统与 SM－3 拦截弹匹配度较高，拦截导弹所需各项技术已经基本成熟。此前，日本曾经于 2008 年和 2009 年在美国的新墨西哥州白沙导弹靶场，对日本利用美国技术自行生产的陆基 PAC－3 系统进行拦截试验，实验同样取得成功。综合这几次试验可以看出，日本的导弹防御系统在美国的帮助下已经具备初步的实战能力。2011 年 2 月，美国和日本联合出动 8 艘“宙斯盾”导弹驱逐舰在日本的横须贺军港进行了接近实战水平的联网导弹实弹拦截演习。此次演习以美国海军研制的模拟系统为基础，通过日美一体化导弹防御系统对目标导弹完成发现、追踪、计算、拦截和评估的导弹防御作战全过程。此次训练检验了日美两国的导弹威胁情报共享以及快速交换的能力，双方均取得了满意的结果。2012 年 10 月，日本在小布什政府时期部署的 28 个 J/FPS－3 雷达站的基础上又增加了 4 部探测范围超过 1200 千米的 J/FPS－5 雷达，进一步强化了美日在亚太地区的对华导弹预警和探测能力。2014 年日美两国达成协议，计划在京丹后市部署第二部 AN/TPY－2 监视雷达。

美国通过帮助日本逐步加强导弹防御自主化，看似是在减轻美国的负担而加重日本的防御负担和责任，实际上这对于日美两国是一个双赢的结果。因为日本一直在追求大国地位和试图插手干预亚太地区的安全事务，且自身与中国又存在领土争端，也就是说，中国是日本在军事上扩大地区影响力的最大障碍和威胁。日本作为一个岛国，军事影响力的拓展将主要依靠海军，而日本由于地理位置靠近中国大陆，处在中国导弹打击范围之内，因此，建立导弹防御系统既是从本国安全角度出发防范中国导弹威胁，也是从政治角度出发向亚太地区其他国家显示自身实力资本，从而更好地与中国争夺安全合作伙伴，在中国周边塑造“亲日遏华”的安全态势。

奥巴马上台后提出了“亚太再平衡”战略，虽然从来没有公开将中国台湾地区纳入其中，但是美台关系相较于小布什政府时期，在军事情报和安全侦查方面的合作明显加强。美方保守派自奥巴马上台后开始极力呼吁美国新一届政府重视中国台湾地区，加强中国台湾地区在美国亚太地区安全战略中的地位，其目标所指无疑是为了遏制中国。马克·斯多克提出，美国政府可以使中国台湾地区充当检验中国政府对其他国家和地区安全行为模式的“试验床”，通过美国对台关系，测试中国政府“承受压力”的限度。[①] 奥巴马基本上沿用了保守派的对台关系思路，上台后以两岸军力失衡为由掀起了新一轮对台反导军售的高潮。2010 年一次性向台湾出售了 114 枚 PAC－3 拦截弹和 3 台 AN/MPQ－65 雷达。2013 年又交付了小布什政府没有落实的“铺路爪”雷达。从奥巴马对台反导军售武器类别以雷达为主可以看出，美国希望利用台湾地区靠近大陆的地理优势加强对华导弹探测能力，使台湾地区在美国未来的亚太地区导弹防御体系中扮演情报搜集而非实际作战的角色。对此，台湾当局也是积极配合和乐见其成。一方面，台湾当局仅靠自己的拦截装置根本无力“武力拒统”；另一方面，通过向美国输送对华情报可以提升中国台湾地区在美国军事安全中的战略价值，从而始终获得美国非正式的安全庇护。台湾地区“行政院大陆委员会”前副主任黄介任指出，美国“重返亚太”不仅有助于自身利益的维护，也为台美关系提升创造了条件。[②] 2012 年，“美国在台协会”主席薄瑞光在演讲时说：“现在美台之间很多事情还不能说，所以给外界留下了美国要‘放弃台湾’的错觉。”[③]

---

① Mark Stokes and Russel Hsiao, “Why U. S. Military Needs Taiwan,” April 13, 2012, http://thediplomat. com/2012/04/why－u－s－military－needs－taiwan/? allpages = yes.

② Alexander Chieh－cheng Huang, “Taiwan Is in an Asian Game of Thrones,” Asia Policy, January, No. 15, 2013, p. 18.

③ 黄日涵：《台湾在美国“亚太再平衡”战略中的角色及影响》，《美国研究》，2015 年第 4 期，第 137 页。

此外，奥巴马政府还曾设想利用“南海问题”向越南、菲律宾等东南亚国家以及南亚国家印度出售美式导弹防御系统。2015 年 2 月，越南总理阮晋勇在会见美国驻越南大使特德·奥修斯表示，美国应该尽快取消不能向越南出售和转让杀伤性武器的禁令；奥修斯则表示，美国拥护越南在地区安全问题上的立场和观点，奥巴马总统正在努力促进全面取消对越武器出售禁令。如果禁令取消，据悉越南将购买美国的防空反导系统和海岸雷达和海上巡逻机。[①] 2014 年 4 月，美国和菲律宾依据美菲“2 +2 会议”达成的草案签署了《加强防务合作协议》。该协议主要内容就是允许美军以轮换方式在菲律宾驻军，使用菲律宾的军事基地并对基地设施进行改建或扩建，还可以在菲律宾预置武器装备。[②] 据悉，美国当时选定的基地是菲律宾巴拉望地区的包蒂塔空军基地。如果美军将本国战机或部队向该地区配属，无疑会向该地区部署防空反导系统加以保护。

美国和印度于 2003 年启动战略对话之后，曾将印度向美方购买或与美国联合研制导弹防御系统作为议题之一，但是该议题于 2008 年暂停。在奥巴马上台后，美印两国再次重启相关谈判。2012 年 1 月，美国国防部部长副助理罗伯特·谢尔公开表示，如果印度方面还有兴趣在导弹防御问题上与美国进行对话，美国也愿意同印度进行合作，以应对共同的挑战威胁。[③] 从美国军方高层的话中可以看出，美印共同面对的挑战威胁同样暗指中国，美国希望利用中国对印度造成的安全压力拉印度加入美国的亚太地区导弹防御体系，从而完成对中国导弹防御封锁范围在南亚方向的扩展。印度对于美国的提议表现出很大的兴趣。因为印度相较于中国在导弹技术和反导技术水平上相对落后，所以印度军工领域对美国的导弹防御系统十

---

① 《越南“万国武器”隐患大 与美军事合作针对中国》，华夏网，2015 年 2 月 3 日，http：//www.huaxia.com/thjq/jswz/2015/02/4260404.html.

② 刘琳：《美菲加强防务合作若针对第三方则产生负面影响》，《解放军报》，2016 年 1 月 21 日。

③ 侯世科：《美国图谋打造亚太反导网》，《中国国防报》，2012 年 2 月 7 日，第 5 版。

分感兴趣，其军事专家和战略专家也支持印度政府采购美国的导弹防御系统。据印度媒体称，美国政府未来可能向印度出售“宙斯盾”作战系统（AEGIS）和战区高空区域防御（THAAD）系统。[①]

来自朝鲜的威胁一直是日韩两国不断增强本国导弹防御力量的主要动力，而朝鲜近几年频繁进行核试验和导弹试验，也为奥巴马在上述地区加速部署导弹防御系统提供了充足的借口和理由。2010年4月，美国国防部发布了冷战后的第三份《核态势评估报告》。报告指出，朝鲜作为当前核扩散风险的主要源头之一，在其具备导弹投送能力的情况下，对地区安全稳定构成严重威胁。[②] 奥巴马政府在《弹道导弹防御评估报告》中将朝鲜列为头号地区威胁，明确指出2006年7月和2009年7月的两次弹道导弹试射已经证明了朝鲜具备打击美国、韩国和日本的能力，并强调朝鲜始终在发展其短程和洲际弹道导弹。[③] 在此背景下，与小布什时期美日和美韩同盟要么同时弱化，要么一强一弱不同，奥巴马上台后同时强化了与日本和韩国的同盟关系。[④]

受“天安舰事件”和“延坪岛炮击”的影响，2010年美韩安全协商会议上，美国承诺向韩国提供核保护伞、常规武器和弹道导弹防御三重延伸威慑保护。韩国发展本国KAMD的态度也变得更加积极。2010年5月，韩国向美国购买了84枚SM-2拦截弹装备“世宗大王”驱逐舰，结束了韩国AEGIS系统只有雷达，没有拦截弹的状况；2012年12月，韩国从以色列购买了两部“绿松”雷达并完成部署；2016年朝鲜接连进行核试验和卫星发射后，美韩发表共同声明，正式确认在韩部署THAAD系统；2016年8月，韩国开始着

---

① 侯世科：《美国图谋打造亚太反导网》，《中国国防报》，2012年2月7日，第5版。

② Robert Gates, Nuclear Posture Review Report, Washington D. C.: Department of Defense, April, 2010, p. 3.

③ Robert Gates, Ballistic Missile Defense Review Report, Washington DC: Department of Defense, February 2010, p. 5.

④ 张茗：《奥巴马政府亚太军事“再平衡”剖析》，《现代国际关系》，2013年第4期，第39页。

手引进美国的 SM－3 拦截弹。

随着朝鲜弹道导弹威胁的不断升级，奥巴马政府开始着手突破亚太地区的双边反导合作关系。2012 年 3 月，美国助理国防部长克里登宣布将重点通过美日澳和美日韩两个三边同盟关系推进亚太地区导弹防御系统建设。① 2012 年 6 月，由于国内反日情绪高涨，韩国总统李明博不得不放弃与日本达成的《军事情报综合共享协定》。2013 年 4 月，美国参联会主席邓普希向日韩两国呼吁“建立一个三边导弹防御合作框架”，使三国的导弹防御系统实现一体化融合。②美国参议院军事委员会在 2015 财年《国防授权法案》中要求美日韩应该制定三边反导体系的协作加强方案，并认为美日韩三国之间在导弹防御方面的合作有利于加强美国在东北亚地区的同盟安保，也有利于增强在区域内部署的美军和美国本土的防卫能力。③ 2014 年 4 月，奥巴马访日期间再次提出这一建议，得到日本积极回应；同年 5 月，美日韩三国外长就这一提议进行讨论并达成共识；同年 12 月，三国正式签署《关于朝鲜核武器和导弹威胁的情报交流协议》，明确韩日两国将通过美国交流有关朝鲜的导弹发射情报。④ 美日澳三边反导合作的推进相对顺利。2012 年 9 月，三国外长同意在其三边安全对话机制中成立弹道导弹防御合作工作组。⑤

最后，在应对地区大国反对的问题上，奥巴马强调与中国进行沟通的重要性，但顶住了来自中方的施压，拒绝在导弹防御部署上

---

① 吴日强：《美国亚太反导系统对中国安全的影响及中国的对策》，《中国国际战略评论 2014》，王缉思主编，北京：世界知识出版社，2014 年 7 月版，第 331 页。

② Karen Parrish, “Leaving Asia, Dempsey Discuss Combined Defense, China Engagement,” American Forces Press Service, April 27, 2013, http://www.globalsecurity.org/military/library/news/2013/04/mil－130427－afps01.htm.

③ 朴钟仁、李庆四：《韩国在反导系统上的困境与战略选择》，《东北亚学刊》，2015 年 7 月第 4 期，第 46 页。

④ 刘冲：《美国酝酿在韩部署“萨德”系统问题辨析》，《现代国际关系》，2015 年第 2 期，第 20 页。

⑤ Ian E. Rinehart, et al., Ballistic Missile Defense in the Asia－Pacific Region: Cooperation and Opposition, Washing ton D. C.: Congressional Research Service, June 24, 2013, p. 11.

做出任何妥协。BMDR 在有关强化国际合作部分的最后谈到了如何处理与中国政府的关系："中国是世界上对美国发展弹道导弹防御系统反对最为强烈的国家之一，与中国探讨美国的导弹防御计划是我们的一项重要国际任务。虽然与中国保持战略稳定关系与同其他大国保持战略稳定关系一样重要，但是必须要让中国明白我们将会努力确保本国在东亚地区的军事力量、盟友和伙伴免受各种地区弹道导弹的威胁。因此，政府将会与中国开展并保持实质性对话来消除中国在战略安全问题上的误解。"①

从这一段话可以看出，奥巴马政府认为中国的反对源于误解，进行谈判的唯一目的是使中国接受美国单方面提出的部署安排，而非商量出一个双方可以共同接受的方案。在这一政策基调下，奥巴马执政期间，美国在亚太地区部署导弹防御力量从未顾及中国政府的感受，不仅从未因中方的反对和警告取消或放缓某一部署安排，反而加速向某些具有政治敏感性的地区部署某些具有技术敏感性的反导装备，并在部署位置上不断向中国抵近。虽然美国政府一直声称其亚太地区导弹防御建设不针对中国，但在美国各大智库看来，美国在亚太地区建设反导系统是为了遏制中国的 A2/AD 战略已是公开事实。2017 年美国战略与预算评估中心发布研究报告《强化前线力量：美国的防御战略与中国的崛起》。报告指出，在中国军事力量现代化对美国的安全构成威胁的情况下，在亚太地区坚守"前沿防御"是最佳策略选择。②

小布什政府时期，美国在对台反导军售上保持了基本的克制，部署的装备以 PAC－2 为主，即使后期与台湾达成了 PAC－3 和"铺路爪"雷达的军售协议，也因中国政府的反对而推迟交付。但中国

---

① Robert Gates, Ballistic Missile Defense Review Report, Washington DC: Department of Defense, February 2010, pp. 34－35.

② Evan B. Montgomery, Reinforcing the Front Line: U. S. Defense Strategy and the Rise of China, Center for Strategic and Budgetary Assessment, 2017, http://csbaonline.org/research/publications/reinforcing－the－front－line－u. s. －defense－strategy－and－the－rise－of－china.

政府的态度在奥巴政府时期却没有起到什么作用。奥巴马一上台便着手向中国台湾地区部署更多的导弹防御武器。2009 年底，美国不顾中方一再严正交涉，决定向台出售小布什政府时期与台湾当局达成的包括 PAC－3 和 E－2T 预警机在内的反导武器装备。随后中国出台了四项针对美国的强硬反制措施[①]，但奥巴马政府非但没有调整对台军售计划，反而在 2010 年对台军售清单中又一次性增加了 114 枚 PAC－3 和 3 台 AN/MPQ－65 雷达。

美国在韩部署 THAAD 系统是在奥巴马政府时期，美国又一次不顾中方感受和强烈反对，执意推进亚太地区导弹防御系统建设的典型案例。THAAD 系统使用的 AN/TPY－2 雷达属于 X 波段雷达，该型号雷达部署在更加靠近中国的韩国，将使美国的亚太反导系统具备监测中国在内陆进行的战略导弹试验和潜射导弹试验的能力。因此，自 2014 年 5 月有媒体爆出美国拟在韩部署 THAAD 系统之后，中国政府多次在各种场合给美韩两国做工作，希望其放弃该部署计划。[②] 但是美韩两国非但没有理会中国的不满，反而针锋相对地加以回应。2015 年 2 月 5 日，中国国防部长常万全访韩并向韩国政府表达了中方的担忧；一个星期后的 2 月 11 日，美国国防部发言人柯比表示，美韩两国十分清楚部署 THAAD 的重要性；2015 年 3 月 16 日，中国外长助理刘建超访韩时表示，希望美韩能够就部署 THAAD 系统作出合适的决定；3 月 19 日，美方表示参联会主席邓普希将于本月底访韩并商讨 THAAD 部署问题。[③] 此后，美韩两国加快了

---

① 这四项反制措施分别是：暂停两军计划内有关互访安排；推迟中美两军部分交往项目；推迟双方拟于近期举行的中美副部长级战略安全、军控与防扩散磋商；对参与售台武器的美国公司实施制裁。

② 最早披露美国拟在韩部署 THAAD 的消息出自《华尔街日报》，参见 "Washington Considers Missile－Defense System in South Korea," The Wall Street Journal, May 27, 2014；2014 年 11 月，中国驻韩大使邱国洪出席韩国议员恳谈会时表示，在韩国部署 "萨德" 系统超越了防御朝鲜导弹的范围，让人感到其目的不在朝鲜而在中国。2014 年 7 月，习近平在与朴槿惠进行首脑会谈时呼吁韩国慎重与美国就 "萨德" 系统进行合作。

③ 以上新闻摘录并整理自论文，刘冲：《美国酝酿在韩部署 "萨德" 系统问题辨析》，《现代国际关系》，2015 年第 5 期，第 13—22 页。

THAAD 部署的相关工作。2016 年 3 月，美韩签署了设立 THAAD 筹建联合工作组的有关文件；同年 7 月，两国正式宣布将在韩国部署 THAAD 系统。

总的来看，奥巴马在亚太地区的导弹防御政策基本上全盘继承了小布什政府时期的导弹防御部署，而调整主要体现在按照“分阶段适应性原则”推动美国在亚太地区的反导体系由双边合作的模式向多边信息共享的模式转化，并结合最新的导弹防御技术成果升级、替换，以及增加美国在亚太地区的导弹防御装备，使美国在亚太地区的导弹防御能力投送平台由陆基向海基进一步拓展，防御范围由通过末段拦截短程弹道导弹向一体化分层拦截各种射程的弹道导弹扩张。奥巴马政府的亚太地区导弹防御政策，概括起来就是：只增不减，只进不退，只谈不让，注重部署，深化合作。

第三节　奥巴马政府欧亚地区导弹防御政策调整的异同点

通过前两节对奥巴马政府对欧洲和亚太两个地区的导弹防御政策进行调整的背景、过程和具体举措的详细梳理可以发现，奥巴马是美国历史上第一个在地区导弹防御系统建设上提出明确指导原则和具体实施计划，并在任期内成功地加以落实的总统。奥巴马政府之前，美国在地区导弹防御系统建设上既没有一个用以指导美国在各地区如何部署导弹防御系统、部署什么样的导弹防御系统的总体性政策指导原则，也没有一个针对不同地区的导弹威胁特点制定的、能够长期稳定执行的计划安排。美国之所以在奥巴马政府时期才开始逐渐形成较为清晰和连贯的欧亚地区导弹防御政策，主要得益于小布什政府在政策上扫清了障碍，在技术上打下了基础。在国内外已经无法阻止美国政府在欧洲和亚太地区建设导弹防御系统和多项导弹防御武器技术逐渐成熟的前提下，奥巴马才能够一上台就提出“分阶段适应性”原则，并在执政 8 年期间对小布什政府时期缺乏全面统筹和长远规划的欧亚地区导弹防御系统建设进行有针对性的、具体的、连贯的调整。

奥巴马政府时期，美国的欧亚地区导弹防御政策既有宏观安排上的共同点，也有具体实施过程中的差异性。下文将通过对美国欧亚地区导弹防御政策中的共同点的梳理，介绍当前美国地区导弹防御系统的构成和运作方式，结合美国在欧亚地区部署导弹防御系统的装备类别、地理位置、部署节奏和政策灵活性，总结美国在两个地区的导弹防御政策的差异性，从而为下一章对差异性成因的比较分析奠定基础。

一、奥巴马政府时期美国在欧亚地区导弹防御政策上的共同点

首先，从系统构成上看，奥巴马的欧亚地区导弹防御政策都继承了小布什政府“一体化分层”的结构设想。小布什政府时期，美国政府取消了对 TMD 和 NMD 的区分，将其整合为一体化分层弹道导弹防御系统。奥巴马虽然在 BMDR 中使用了“地区导弹防御”（Regional Missile Defense）的提法，但强调其既要保护美国本土，也要保护相应地区的盟友和伙伴安全，符合小布什提出的“一体化”反导能力要求。而从其在欧洲和亚太地区部署的导弹防御武器的性能上看，也都符合小布什设想的，对各种射程的来袭导弹在各个阶段进行拦截的“分层化”反导能力要求。

奥巴马政府时期，美国在欧洲和亚太地区的一体化分层导弹防御系统建设构想是这样的：一枚来袭导弹从发射到命中目标共经历四个飞行阶段，从点火发射到发动机关闭的助推段（Boost）、利用惯性继续上升的上升段（Ascent）、从最高点下降至大气层的中段（Midcourse）和重返大气层后的末段（Terminal）。也有人将助推段和末段之间利用惯性在大气层外飞行的阶段统称为中段。为了能够在各个阶段对来袭导弹进行发现和拦截，美国的弹道导弹防御系统目前由三部分构成，分别是预警探测系统、拦截系统和指挥控制、

作战管理和通信系统（C2BMC）。其运行原理是：首先由天基红外预警系统（SBIRS）通过助推火箭的尾焰发现来袭导弹，然后交由无人机载传感器、空间跟踪与监视系统（STSS）、海基预警雷达和陆基预警雷达识别并全程跟踪来袭导弹，最后由陆基和海基武器拦截系统尝试对来袭导弹在其各个飞行阶段进行击毁。整个过程中各装备间的信息传递和交换由 C2BMC 完成。[①]

其次，从建设方式上看，奥巴马的欧亚地区导弹防御政策都强调合作与责任分担。奥巴马上台后，对小布什的地区导弹防御政策从装备部署到技术研发都进行了调整，其背后的一个重要动因就是控制预算。小布什在欧洲和亚太地区推行地区导弹防御系统的初期，不但在国内受到民主党的质疑和批判，在国际上也得不到盟友的支持。[②] 小布什政府时期在多数盟国对发展导弹防御系统缺乏积极性的情况下，美国在欧洲和亚太地区建设导弹防御系统以直接向美军在欧亚的军事基地部署反导装备为主要方式。由于盟国的顾虑进展缓慢，这就造成美国政府承担了绝大多数的经费，小布什执政的第二阶段，美国发展导弹防御系统的国内外环境开始转变。一方面，国内民主党和共和党在将导弹防御政策写入美国国家安全政策上达成共识；另一方面，随着国际安全形势的变化，美国的盟友开始主动寻求美国的导弹防御保护。在此背景下，奥巴马在 BMDR 中提出的第一条调整原则就是“强有力的合作关系和适当的责任分担”。[③]

奥巴马在 EPAA 中提出要将美国在欧洲部署的导弹防御系统与欧洲盟国所属的导弹防御系统进行整合，共同保护美国本土及北约

① 奥巴马政府基于“成本收益原则”取消了 ABL 和 KEI 项目后，目前美国导弹防御系统尚无可投入使用的在助推段拦截的武器；无人机载传感器目前还处在试验阶段，只在部分拦截试验中使用，没有在任何地区正式部署。

② Andrew Futter, Ballistic Missile Defence and US National Security Policy: Normalisation and Acceptance after the Cold War, London: Routledge, 2013, pp. 118 – 121.

③ Robert Gates, Ballistic Missile Defense Review Report, Washington D. C.: Department of Defense, February 2010, p. V.

盟国的安全。[1] 这就使美国在欧洲地区建设导弹防御系统的工作，由小布什政府时期的国家行为转化为北约联盟的集体行为，从而在政治和财政上获得盟国的支持。EPAA 施行 7 年以来，各阶段部署计划进展顺利，欧洲盟国还同意为美国分担大约 2 亿欧元的部署经费。[2] 此外，波兰、捷克等国为进一步完善本国导弹防御系统，与美国签署了价值几十亿美元的军购订单。在亚太地区，奥巴马上台后，美国的亚太地区导弹防御体系无论在部署装备的性能上还是数量上都有了一个明显的提升，其中新增的反导武器装备主要来自日韩两国政府以及台湾当局自行出资采购，而美国政府主要出资进行技术研发、保障美军基地的日常运行和完成以试验为目的的部署。美国在亚太地区的导弹防御合作以美日合作最为成熟，两国不仅合作开发了 SM－3 Block IIA、PAC－3MSE、ABL，而且进行了多次接近实战水平的联网实弹反导演习。此外，奥巴马政府时期，美国还与亚太各盟国分别实现了导弹预警情报共享。

最后，从目标能力上看，奥巴马的欧亚地区导弹防御政策都声称以地区核扩散国家为导弹防御目标，但在客观上都对地区核大国的威慑力量构成威胁，BMDR 明确将朝鲜和伊朗努力发展洲际弹道导弹的行为视作对美国本土的导弹威胁，并将朝鲜视作对东北亚的地区导弹威胁，将伊朗视作对中东和欧洲的地区导弹威胁。[3]

在欧洲，奥巴马政府提出的 EPAA 无疑是专门针对伊朗的弹道导弹威胁打造的。2009 年 10 月，美国国防部长盖茨在介绍美国将提出新的欧洲导弹防御计划时表示："情报部门提供的最新评估报告显示，伊朗的中程弹道导弹，如'流星－3'导弹的发展速度远快于预期，而其洲际弹道导弹的发展速度却比 2006 年时情报部门预测的慢

---

① Robert Gates, Ballistic Missile Defense Review Report, Washington D. C.: Department of Defense, February 2010, p. 24.

② 殷亮：《拉斯穆森称北约盟国就导弹防御系统达成广泛一致》，国际在线专稿，2010 年 10 月 5 日，http://gb. cri. cn/27824/2010/10/15/2225s3021832. htm.

③ Robert Gates, Ballistic Missile Defense Review Report, Washington D. C.: Department of Defense, February 2010, pp. 4－6.

很多。”[①] 基于这一判断，EPAA 在前三个阶段的能力建设以拦截伊朗的短程、中程和中远程弹道导弹为目标。但是从 EPAA 提出至今，俄罗斯一直在谴责美国的欧洲导弹防御系统对其战略核威慑力量构成威胁。美国政府对此始终否认。2015 年兰德公司发布了一份关于 EPAA 的研究报告《防御伊朗的威胁而不削弱俄罗斯的威慑力量》。此报告使用定量分析的方法论证了美国的欧洲导弹防御系统不具备拦截俄罗斯洲际弹道导弹的能力。但是该报告过于狭隘的前提假设，反而说明美国的欧洲导弹防御系统可能会对俄罗斯的其他威慑力量构成威胁：一是仅以俄罗斯西北部的维波尔佐沃第 7 导弹近卫师发射的“白杨”洲际弹道导弹为假想目标，而没有将其他相对靠南和靠西的导弹基地以及其他飞行速度相对较慢的战役战术导弹考虑在内。二是仅以 AEGIS 搭载的 AN/SPY－1 雷达为预警装置，而没有将美国在挪威瓦尔德建造的“格罗巴斯 2 型”雷达考虑在内。后者不仅距离俄罗斯更近，而且探测距离达到 5000 千米以上，远远超过 AN/SPY－1 雷达 4500 千米的最大探测距离。[②] 三是仅以攻击华盛顿的洲际弹道导弹为假想目标，而故意忽略了俄罗斯通过打击欧洲国家对美国实施战略威慑的情形。因此，美国一直在否认并试图掩盖的事实就是其欧洲地区导弹防御系统实际上具备拦截俄罗斯部分导弹的能力。

在亚太，奥巴马同样坚称其导弹防御系统的拦截目标是来自朝鲜而非中国的弹道导弹。虽然在 BMDR 中美国明确将中国排除在其导弹防御系统针对目标之外，但是相比于 BMDR 对美俄关系完全积极的阐释，报告对中美关系的展望却相对模糊：“我们将继续关注中方包括导弹能力在内的军事力量建设，确保在这一地区能够保护我们的利益；我们相信中美之间的对抗关系并非无法避免，双方可以

---

① Cole Harvey, “Obama Shifts Gears on Missile Defense,” Arms Control Today, October 5, 2009, https: //www. armscontrol. org/act/2009_10/missiledefense.

② “格罗巴斯 2 型”雷达属于 X 波段蝶形雷达，代号 AN/FPS－129，有关该雷达的详细性能和部署情况参见 http: //www. globalsecurity. org/space/systems/havestare. htm.

维持一种积极合作的关系。”① 美国政府的言外之意其实就是，只有在中国不对美国的利益构成威胁时，美国的导弹防御系统才不会针对中国。这本身就存在逻辑上的矛盾，因为中国对美国的战略威慑能力就是具备打击美国及其盟友的能力，这无可避免地对其核心利益构成威胁。奥巴马政府期间，美国在多份政府报告中提到中国的A2/AD 威胁，虽然并没有因此公开提出利用亚太地区导弹防御系统加以遏制，但实际上美国正在通过扩大针对朝鲜的导弹防御系统的防御范围，逐渐形成抵消中国战略威慑能力的反导包围圈。2016年，美韩以加强应对朝鲜导弹威胁为由宣布在韩国部署 THAAD 系统，但事实上，该系统在拦截中方导弹上的作用远远大于防御朝鲜导弹威胁的作用。一方面，韩国现有的“绿松”雷达已经能够完全覆盖整个朝鲜半岛，装备最大探测距离达到2000 千米的 AN/TPY－2雷达没有太大意义；另一方面，对韩国构成威胁的主要是朝鲜的短程、中短程导弹和“谷山”大炮，最佳拦截系统为低层点防御系统PAC－3，而 THAAD 属于末段高层区域拦截系统，反倒可能无法完全覆盖首尔。② 然而对于中方导弹的拦截，美国利用部署在韩国的AN/TPY－2 雷达将比利用部署在日本的该型号雷达缩短 76 秒预警时间，并极大提高美国对中方导弹预警的地理纵深。而且 THAAD 系统的拦截高度在大气层边缘附近，这个高度正好就是远程和洲际弹道导弹的飞行末段。因而部署在韩国的 THAAD 理论上可以拦截中国的战略导弹。

① Robert Gates, Ballistic Missile Defense Review Report, Washington D. C.: Department of Defense, February 2010, p. 5.

② 拦截弹从发射到击毁靶弹需要一定的飞行距离，如果拦截弹所需的这段飞行距离大于靶弹的攻击距离，反导系统将无法实施拦截。参见刘冲：《美国酝酿在韩部署“萨德”系统问题辨析》，《现代国际关系》，2015 年第 2 期，第 18 页。

二、奥巴马政府时期美国在欧亚地区导弹防御政策上的差异性

虽然奥巴马在BMDR中提出要仿照EPAA的指导原则来调整亚太地区的导弹防御政策，但由于两个地区的客观安全环境和美国政府对待两个地区的主观态度不同，导致奥巴马政府时期美国虽然在欧亚地区导弹防御政策的宏观指导原则上具有共同点，但在具体落实过程中却表现出以下重要并且较为显著的差异性。[①] 下面将分别从装备类别、地理位置、部署节奏和政策弹性四个方面比较奥巴马政府时期美国在欧亚地区导弹防御政策上的差异。

第一，从装备类别上看，奥巴马在欧洲部署的导弹防御系统只具备战术反导能力，而其在亚太地区部署的导弹防御系统却兼顾了战术和战略反导能力。

奥巴马上台后抛弃了小布什政府以GMD系统为核心的“第三地计划”，提出以AEGIS系统为核心的EPAA。奥巴马在欧洲地区部署的AEGIS系统无论是海基还是陆基都只使用SM-3系列拦截弹。由表2—2可知，在欧洲部署的该系列前三种型号拦截弹的关机速度最快只有4.5km/s。而美国目前使用的AEGIS系统版本（3.6X、4.0、5.0和5.0CU）均不具备发射SM-3 Block IIA的能力，具有该型号导弹发射能力的AEGIS-5.1按照MDA公布的最新计划要等到2020年才开始进行作战试验。[②] 根据物理学家的测算，如果要在当前部署位置拦截俄罗斯的洲际弹道导弹，所使用的拦截弹的关机速度至少

---

① BMDR中提出“Tailoring Adaptive Approach to Other Regions”，即将EPAA的指导原则运用于其他地区导弹防御政策制定。参见Robert Gates, Ballistic Missile Defense Review Report, Washington DC: Department of Defense, February 2010, p. 23；美国政府只在BMDR中指出其地区导弹防御政策的具体制定视客观威胁而认定，实际上影响美国地区导弹防御政策的因素既有客观因素也有主观因素，具体介绍和详细分析见本书第二章。

② 贾晨阳：《“标准-3”2A导弹成功完成首次飞行试验》，《现代军事》，2015年第8期，第71页。

需要4.6km/s以上。[①] 而要拦截由伊朗发射的中远程弹道导弹也需要拦截弹达到3.5km/s左右的关机速度，即SM-3 Block IB也难以确保对其进行拦截，更不用说要拦截速度更快、弹道更高的洲际弹道导弹。[②] 因此，奥巴马政府时期美国的欧洲导弹防御系统不具备战略反导能力。

表2—2　SM-3系列导弹各型号关机速度[③]

SM-3导弹型号	SM-3导弹关机速度
SM-3 Block IA	3.0km/s
SM-3 Block IB	3.5km/s
SM-3 Block IIA	4.5km/s
SM-3 Block IIB	5.5km/s

由于奥巴马继承了小布什政府时期在阿拉斯加和加利福尼亚部署的GMD，而且在2013年宣布取消EPAA第四阶段部署SM-3 Block IIB拦截弹的计划后决定在阿拉斯加再增加部署14部GBI，因此美国的亚太地区导弹防御系统在小布什政府时期就具备了战略反导能力，在奥巴马政府时期得到进一步强化。GBI原属于NMD的拦截弹，关机速度7km/s—8km/s，而洲际弹道导弹的关机速度只有

① Jaganath Sankaran, The United State's European Phased Adaptive Approach Missile Defense System: Defending Against Iranian Threats Without Diluting the Russian Deterrent, Sana Monica California: RAND Corporation, 2015, p. 47.

② 由于伊朗目前还没有研制出远程和洲际弹道导弹，因此美国学者只能根据其现有的中程弹道导弹进行测算。伊朗的中程弹道导弹的关机速度大约3.8km/s，所需拦截弹的关机速度为3.5km/s左右（视伊朗的攻击目标而定）。而美国学者估计伊朗的远程和洲际弹道导弹的关机速度将分别达到5.5km/s和7.6km/s，显然以现有的SM-3 Block IB的3.5km/s的关机速度来看，无法再对其进行拦截。Jaganath Sankaran, The United State's European Phased Adaptive Approach Missile Defense System: Defending Against Iranian Threats Without Diluting the Russian Deterrent, Sana Monica California: RAND Corporation, 2015, p. 11和p. 49。

③ 数据来源：Kinston Reif, "The European Phased Adaptive Approach at a Glance," Arms Control Association, May 1, 2013, https://www.armscontrol.org/factsheets/Phasedadaptiveapproach.

7km/s 左右，因此 GBI 完全具备拦截洲际弹道导弹的速度要求。[①] 奥巴马政府时期，美国在亚太地区部署了目前世界上最先进的 SBX 雷达与 GBI 配合使用，专门对远程和洲际弹道导弹进行跟踪、识别和评估。此外，从奥巴马对 EPAA 第四阶段的构想来看，SM－3 Block IIB 具备拦截洲际弹道导弹的能力。2013 年，白宫调整 SM－3 Block IIB 的研究方向，以加强美国本土防御朝鲜战略导弹威胁能力为由关停了该项目，但随后于 2014 年 9 月重启了该项目。如果 SM－3 Block IIB 不在欧洲部署，那么未来必将用来装备亚太地区的 AEGIS 系统。由此可见，奥巴马在亚太地区不但通过部署陆基的 PAC 系统、THAAD 系统以及海基的 AEGIS 系统建立起战术反导能力，而且通过增加部署 GBI 和开发新型 SM－3 Block IIB 导弹谋求战略反导能力。

第二，从地理位置上看，奥巴马在欧洲地区的导弹防御系统建设相较于前任政府向南，即远离俄罗斯的方向后撤，而其在亚太地区的导弹防御系统建设却在前任政府的基础上向北向西，即靠近中国的方向前进。

克林顿政府时期，美国已经在荷兰和德国部署了少量 PAC－2 拦截系统。小布什政府时期除在挪威的瓦尔德、英国的菲林戴尔斯、格陵兰岛的图勒部署了战略预警雷达外，还准备按照“第三地计划”在波兰部署拦截装置、在捷克和高加索地区部署反导预警雷达。可以看出，这一时期美国的欧洲地区导弹防御系统部署主要集中在欧洲的北部，而俄罗斯的导弹基地主要集中在西北部地区。因此，小布什的欧洲地区导弹防御系统针对俄罗斯的意图比较明显。奥巴马政府的导弹防御系统部署从地理上看明显向南转移，尤其是将导弹拦截装置由波兰迁至罗马尼亚和地中海，使其在加强对伊朗防御能力的同时弱化了针对俄罗斯的意图。

小布什政府时期美国在亚太地区部署的反导拦截装置集中在阿拉斯加、日本、夏威夷和加利福尼亚，在韩国和中国台湾地区只部

---

① 韦涛、赵新国：《美国地基拦截弹作战运用及对策》，《飞航导弹》，2012 年第 6 期，第 61 页。

署了数量有限的PAC－2和SM－2；在预警雷达方面，除在日本部署的一部AN/TPY－2雷达和多个FPS－3/5雷达站外，其余性能较强的战略预警雷达均部署在美国本土。奥巴马上台后，美国在关岛部署了THAAD系统，与韩国达成了THAAD部署协议，向中国台湾地区、韩国和日本出售了大量PAC－3，给韩国的AEGIS系统配备了SM－2拦截弹，给日本的AEGIS系统配备了SM－3拦截弹，在阿拉斯加增加了GBI数量；在预警雷达部署上，美国在日本部署了第二部AN/TPY－2雷达（在关岛和韩国部署THAAD系统的同时也部署了该型号雷达），在中国台湾地区部署了“铺路爪”雷达，在阿拉斯加投入使用了SBX海基战略预警雷达，并在朝核危机紧张时将其调入朝鲜附近海域。由此可见，奥巴马政府时期，美国的导弹防御系统部署整体上向东北亚方向集中，呈现出由第三岛链（阿拉斯加—夏威夷—澳大利亚）向第二岛链（日本—关岛）和第一岛链（韩国—中国台湾地区）逐渐抵近的态势。

第三，从部署节奏上看，奥巴马在欧洲地区的导弹防御系统部署缓慢平稳推进，而其在亚太地区的导弹防御系统部署却表现得急功近利。

在欧洲，小布什为了避免其反导系统部署受北约组织内部分歧的限制，在欧洲选择与对待导弹防御态度更加积极的“新欧洲”国家，利用双边联盟展开谈判。此举虽然能够尽快达成部署协议，但无疑会引起其他传统欧洲盟友的批评和抵制。奥巴马上台后终止了美国政府在欧洲单方面进行的所有双边反导谈判，使欧洲地区的导弹防御系统建设重新回归北约组织的多边框架下讨论执行。此举虽然使美国在欧洲地区达成实质性部署协议的节奏明显放缓，但照顾了联盟内更多国家的感受，取得了更大范围的支持和认可，因而基本上都按照既定时间表得到落实。有学者批评小布什的地区导弹防御政策建立在一种不可能长期维持的国防财政政策基础之上。[①] 也有

① Michael Mayer, US Missile Defense Strategy: Engaging the Debate, London: First Forum Press, 2015, p. 112.

很多人质疑小布什“螺旋式发展模式”的可靠性。[①] 因此，与小布什同时计划多处导弹防御部署和多个不同层次的武器技术研发项目并要求在短期内完成不同，奥巴马的 EPAA 将美国在欧洲地区导弹防御系统建设分成四个阶段，时间跨度延长至 10 年，从而能够为每一阶段的武器装备升级和部署提供充足的时间和预算。此外，奥巴马坚持的“有效才部署”原则虽然使很多最新的武器技术不能尽快投入使用，但保证了每一次部署装备的可靠性，而且节省了大笔采购成本。

与对欧洲部署节奏的调整相比，奥巴马的亚太地区导弹防御政策依然带有明显的小布什政府时期的特征：不设定能力建设目标，不受可靠性和成本管控限制，尽可能缩短论证和部署时间，向亚太地区部署更多数量、更强性能的导弹防御武器；如果不能劝说盟友购买或同意在其领土上部署，美国就在本国的亚太属地单方面部署。奥巴马政府虽然从来没有在 BMDR 中提出一个类似于 EPAA 的 APPAA 时间表，但在其执政的 8 年里向亚太地区密集部署了大量各种性能的，其中不乏还处于试验阶段、并未正式通过“有效性”测试或并不符合“成本效益原则”的反导拦截装置和预警装置。如奥巴马在阿拉斯加斥资 10 亿美元增加部署的 GBI 实际上至今也没有通过 MDA 的可行性评估。[②] 而奥巴马在位期间曾三次将 SBX 移至朝鲜附

---

① 2004 年美国国会总审计室（GAO）发布报告强烈反对小布什的部署未经充分试验的导弹防御系统，参见 Robert E. Levin, Missile Defense: Actions Needed to Enhance Testing and Accountability, Washington DC: US General Accounting Office, April 23, 2004, http://www.gao.gov/products/GAO-04-409；非政府组织美国忧思科学家联盟（UCS）也多次批判小布什的导弹防御系统无法在实战条件下发挥作用，参见 Daryl G. Kimball etc.,“《反导条约》Treaty Withdrawal: Neither Necessary Nor Prudent,” An ACA Press Conference, January 2, 2002, https://www.armscontrol.org/act/2002_01-02/pressconjanfeb02.

② Michael Mayer, “US Missile Defense Strategy: Engaging the Debate,” London: First Forum Press, 2015, p. 176.

近海域，但该型号雷达在多次试验中性能并不达标。[①] 此外，奥巴马在亚太地区的导弹防御部署是在双边同盟框架下进行的，对于尽快游说同盟按照美国的想法部署导弹防御系统发挥了很大作用。美韩两国从着手商讨部署 THAAD 到正式宣布部署只用了两年时间，而美日在导弹防御部署问题上的合作更加顺利，从美国打算在日本部署第二部 AN/TPY－2 雷达到最终完成部署只用了三年时间。由于在部署方式上无法达成共识，日韩两国在奥巴马上台初期都拒绝了美国在其领土部署 THAAD 系统的建议。[②] 但奥巴马政府并未就此放弃，于 2013 年以朝鲜核试验为由向其属地关岛部署了亚太地区的首套 THAAD 系统。

第四，从政策灵活性上看，奥巴马在欧洲地区的导弹防御系统建设方案会受北约和俄罗斯态度的影响进行调整，而其在亚太地区的部署计划和建设目标一经形成就不会因盟国和中国的反对而暂缓或放弃。这一差异性从前文关于美国 EPAA 政策的出台过程和调整过程，以及奥巴马政府在应对亚太地区大国反对时的措施表现可以清楚得知，此处不再重复论述。

---

① SBX 在奥巴马政府间的两次试验都以失败为结果，而且耗费了大量资金，其单价高达 9 亿美元，每年的维护费用也十分高昂。具体情况参见初守艳、兰天鸽：《美国海基 X 波段雷达现状研究》，《飞航导弹》，2016 年第 7 期，第 76 页。

② 美国在海外部署 THAAD 系统时有以下几点要求：第一，部署地点必须为美军基地；第二，THAAD 系统的使用权完全由美方掌握；第三，THAAD 系统捕获的情报只能由美国向盟国转达，盟国不能直接通过 THAAD 系统获取情报。

第三章　美国欧亚地区导弹防御政策差异性成因分析

影响美国政府导弹防御政策制定的因素有很多，不同学者从多个视角尝试对历届美国政府的导弹防御政策成因进行阐释。迈克尔·梅耶在其专著《美国导弹防御战略：一场正在进行的辩论》中，逐一分析了大战略（Grand Strategy）、军事因素、经济因素和外交因素对克林顿、小布什和奥巴马三届政府的导弹防御政策的影响；安德鲁·富特在其专著《弹道导弹防御和美国的国家安全政策》中指出，是国际政治环境、技术条件和国内政治力量三方面因素，主导了战后美国历届政府（1945—2012 年）的导弹防御政策制定；迪恩·威尔金在《弹道导弹防御与战略稳定性》中，从战略稳定性的视角研究了小布什政府以前美国导弹防御政策；吴莼思在其专著《威慑理论与导弹防御》中，结合威慑理论研究了核时代下美国导弹防御计划的演变；朱强国在其博士论文《冷战后美国发展国家导弹防御的动因研究》中认为，老布什政府和克林顿政府时期，美国发展国家导弹防御系统的动因是威胁、战略、技术、军控和费用 5 个因素相互作用的共同结果。①

但是，这些研究并未注意到美国导弹防御政策在地区间的差异

---

① 参见 Michael Mayer，“US Missile Defense Strategy：Engaging the Debate，” London：First Forum Press，2015；Andrew Futter，Ballistic Missile Defence and US National Security Policy：Normalisation and Acceptance after the Cold War，London：Routledge，2013；Dean A. Wilkening，“Ballistic－Missile Defence and Strategic Stability，” Adelphi Paper 334，New York：Oxford University Press for The International Institute for Strategic Studies，May，2000；吴莼思：《威慑理论与导弹防御》，北京：长征出版社，2001 年 11 月版；朱强国：《冷战后美国发展国家导弹防御的动因研究》，外交学院国际关系专业博士学位论文，2002 年 5 月。

性，更没有尝试对其进行解释。由图 3—1 所示，奥巴马政府时期，欧洲和亚太地区在美国导弹防御问题上的地缘政治环境结构具有较高的相似性。一方面，美国在欧洲和亚太地区的导弹防御政策都涉及四个主要对象：一是作为政策制定者和处于政策核心地位的美国；二是一个被美国视作地区核扩散风险主要来源的敌对国家；三是一个与美国存在战略竞争关系的地区核大国；四是与美国建立军事同盟的国家。另一方面，在这两个地区中，上述四方之间的联系也具有相似性：一是无论美国还是其地区盟国都将地区核大国视作战略对手，并将地区核扩散国家视作最为紧迫和现实的导弹威胁来源；二是美国对两个地区的盟国均承诺提供延伸威慑保护；三是地区核扩散国家对于相应地区的核大国都具有重要的地缘战略价值，后者不同意前者拥有核武器，但也不同意美国及其盟友对前者使用军事手段。

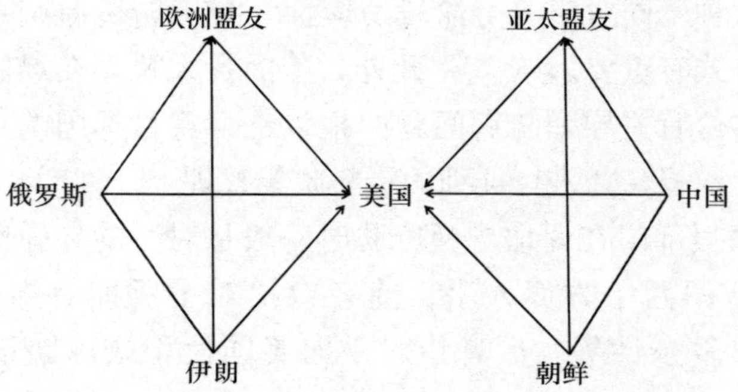

图 3—1　美国欧亚地区导弹防御政策中的地缘政治关系

而同一时期，美国政府在各地区导弹防御政策上所面对的国内政治环境和技术条件又是一定的。因此，美国的欧亚地区导弹防御政策本该在调整趋势上趋同，但事实上却表现出了较为明显的差异性。现有的研究视角和结论不能对其给出较为完善的解释，而通过比较美国导弹防御政策制定过程中美国政府对某一影响因素在两个地区的具体认知和安排的差异，则可以更加深刻地理解奥巴马政府欧亚地区导弹防御政策的差异性成因。本章采用比较分析的方法，通过对比美国在欧洲和亚太地区导弹防御系统部署的具体过程及其特定政策背后的依据可以发现，美国政府对于两个地区的导弹威胁程度、战略稳定性和国家战略有不同的认知和安排。而这三个方面的不同，直接导致奥巴马政府在欧洲和亚太的导弹防御政策表现出第一章所阐述的四个地区性差异。

第一节　美国对欧亚地区导弹威胁程度评估的比较

地区导弹威胁是美国发展地区导弹防御系统最直接的动因和最根本的依据。威胁评估是美国政府制定各项国家战略和防御政策的基础。美国面临的威胁发生变化，或美国对其所面临威胁的认知发生变化，都会造成美国政府对其各项战略和政策做出调整。[①] BMDR强调："不同地区现存和潜在的导弹威胁在射程、威力和精度上都是不同的，这种不同对于'分阶段适应性'导弹防御原则在各地区的具体实施方式有重要影响。"[②] 此外，美国各大智库在奥巴马政府时期发布的多份有关导弹防御问题的报告也都将目标国的导弹威胁评估作为研究前提，并进行详细的资料收集整理。[③]

美国情报部门在评估导弹威胁时一般从对手的导弹威胁能力和导弹威胁意图两个方面入手，前者包括对手所拥有导弹的数量、性质和技术复杂性等，后者指对手向美国使用或威胁使用导弹的

---

① 朱强国：《冷战后美国发展国家导弹防御的动因研究》，外交学院国际关系专业博士学位论文，2002 年，第 9 页。

② Robert Gates, "Ballistic Missile Defense Review Report," Washington D. C.: Department of Defense, February 2010, p. 25.

③ 有关美国对中国和伊朗的导弹威胁评估可参见 Jacob L. Heim, "The Iranian Missile Threat to Air Base: A Distant Second to China's Conventional Deterrence," Air & Space Power Journal, July – August 2015, pp. 27 – 50；有关朝鲜的导弹威胁评估可参见 Markus Schillerr, "Characterizing the North Korean Nuclear Missile Threat," RAND Corporation Technical Report, 2012.

可能性。[1] 小布什政府时期，美国在导弹威胁评估上偏重能力。一国导弹只要能够威胁美国及其盟友的安全，就会被视作对手加以防范和遏制。奥巴马上台后开始反思小布什政府的防务思维。从 2012 年《美国国防指南》可以看出，奥巴马政府对于军事威胁的判断和应对措施的选择表现出基于"能力"和"意图"并重的特点。[2] 奥巴马政府通过对欧亚两个地区导弹威胁程度大小的比较，在两个地区分别采取了不同的导弹防御政策调整方式，也是基于"能力"和"意图"两个方面综合评估的结果。

在美国看来，欧洲地区的导弹威胁主要来自伊朗和俄罗斯。前者被美国公开列为导弹防御对象，后者虽然没有在 BMDR 中被列入导弹防御对象，但从美俄之间的战略博弈、欧洲地区存在的俄欧安全困境以及俄罗斯将大量弹道导弹部署在其领土的欧洲部分可知，俄罗斯不仅有对美国及其欧洲盟友发动导弹袭击的主观动力，而且拥有绝对可信的客观能力。亚太地区的导弹威胁主要来自朝鲜和中国。前者反复出现在美国各类安全报告的主要威胁名单中，后者虽然没有被 BMDR 明确列入导弹防御目标，但从奥巴马政府发布的其他国家战略报告多次涉及中国 A2/AD 能力以及美国当前与中国在东亚地区海权上的明争暗斗可知，美国对于中国的国防现代化，尤其是中国导弹技术的提升，感受到巨大的威胁和压力。因此，上述四国构成了美国在欧洲和亚太地区导弹威胁的主要来源。在一定情况下，它们都具有对美国及其盟友发动导弹袭击的能力和意图，但其威胁程度在美国看来是不同的。

---

① David Mcnierney, "NMD Deployment Readiness Program Review," National Missile Defense Joint Program Office, September, 1996, p. 2.

② Leon Panetta, "Sustaining US Global Leadership: Priorities for 21st Century Defense," Washington D. C.: Department of Defense, January 3, 2012, pp. 1 – 6, http: //www. documentcloud. org/documents/282223 – defense – strategic – guidance. html.

一、欧亚地区导弹对美国威胁能力的比较

毫无疑问，中国和俄罗斯的导弹无论在数量上还是技术上均远远领先于朝鲜和伊朗，也就是说中俄的导弹威胁能力要远胜于朝鲜和伊朗。因此，要比较欧洲和亚太地区导弹威胁能力的大小，可以分别从美国对中俄之间和对朝伊之间的导弹威胁能力大小比较的认知着手。在比较两国导弹威胁能力时，本章将从该国导弹的射程、弹头重量、精度、数量、性质（核武器或常规武器）和技术复杂性（突防能力和助推方式）等方面进行综合考量。在数据选取上，本章主要采用2009—2012年，即奥巴马上台初期美国对上述四国导弹威胁能力的认知，因为这一时期的数据直接影响了美国对未来几年欧亚地区导弹防御政策的制定，而四国近两三年在导弹技术上的突破，从时间上看对奥巴马政府的政策影响力有限。

首先，在奥巴马政府的认知中，中国的导弹威胁能力强于俄罗斯。

2009年10月，美国太平洋地区司令罗伯特·弗拉德将军指出，中国的军事技术和能力在过去十年中，每年都超过我们情报部门的估计，尤其是在非对称军事技术领域，其反介入能力令人担忧。[①] 2008年美国国防部发布的《中国军力年度报告》指出，“中国已经将超过1000枚CSS－6和CSS－7短程弹道导弹对准台湾，而这一数量还在以每年超过100枚的速度增长，并且这些导弹在弹头重量、射程和精度上也在不断更新升级”。[②] 2010年版报告指出，“中国导弹的技术研究和能力建设在世界上最为积极，其巡航导弹和弹道导

① Thomas Mahnken, “China's Anti－Access Strategy in Historical and Theoretical Perspective,” Journal of Strategic Studies, Vol. 34, No. 3, 2011, p. 300.

② Office of the Secretary of Defense, “Annual Report to Congress: Military and Security Developments Involving the People's Republic of China 2008,” Washington D. C.: Office of the Secretary of Defense, 2008, p. 2.

弹比其他任何国家都令人印象深刻”。[①] 2009 年，美国国家航空与空间情报中心（NASIC）发布的一份针对国外弹道导弹和巡航导弹的评估报告强调，“中国正在研发和测试进攻性导弹、组建新的导弹部队、升级导弹指控系统以及探索对抗导弹防御系统的战术方法，虽然中国很少透露相关的详细信息，但是从中国军方和媒体的有限宣传中可以感受到，中国人正在对其导弹性能变得越发自信”。[②] 2010 年兰德公司在向美国国防部长办公室（OSD）提交的一份针对美军 9 项作战行动概念的评估中认为，美军除了在靠近中国附近的地区无法获得制空权和制海权外，在其他方面依然保持了领先优势。[③]

美国意识到中国的短程弹道导弹（SRBM）已经可以覆盖整个台湾岛、朝鲜半岛和日本的冲绳地区。对此，兰德公司在 2009 年时就警告美国政府：“随着中国精确打击能力的增长，美军将无法直接介入并‘保护’台湾岛内军队和平民免受大陆导弹的‘侵害’，而且美军用于支援台湾的其他军事部署，包括日本冲绳嘉手纳空军基地和韩国群山空军基地也处于危险之中，迫使美军不得不依靠位于关岛的安德森基地。”[④] 在中程弹道导弹（MRBM）方面，被美国称作“航母杀手”的中国 DF－21 系列导弹从射程上看已经覆盖日本全境，数量虽不及 SRBM，但 100 多枚的数量足以对美驻日及其附近海域的重要军事目标构成威慑。随着 DF－4 退役，美军专家曾认为中国暂时没有射程覆盖关岛的中远程弹道导弹（IRBM），但是他们

---

① Office of the Secretary of Defense, “Annual Report to Congress: Military and Security Developments Involving the People’s Republic of China 2010,” Washington D. C.: Office of the Secretary of Defense, 2010, p. 1.

② NASIC, Ballistic and Cruise Missile Threat, NASIC－1031－0985－09, April 2009, p. 3.

③ 在评估作战行动概念“Achieving air supremacy”时，报告的结论是“Nonproblem in most domains, but not close to Chinese mainland,”在评估“Broad naval supremacy”时，报告的结论是“Challenges exist but not much less when not in close－in regional waters,”参见 Paul K. Davis, Peter A. Wilson, Looming Discontinuities in U. S. Military Strategy and Defense Planning: Colliding RMAs Necessitate a New Strategy, RAND National Defense Research Institute, 2011, Table S. 2.

④ David A. Shlapak, Dire Strait? Military Aspects of the China－Taiwan Confrontation and Options for U. S. Policy, RAND Corporation, 2009, pp. 128－129.

相信中国正在研制新一代 IRBM，并声称不久之后整个西太平洋的美军基地都将面对中国导弹精确打击的威胁。① 事实上，不久之后中国就在 2015 年 9 月 3 日阅兵时展示了最新一代 IRBM 的 DF－26，其最大射程达到 5000 千米，覆盖了包括关岛在内的“第二岛链”。美军专家特别指出，中国的各类导弹精确度很高，据测算平均 1—3 枚就可以确保命中一个目标。② 美军还认为中国的陆基巡航导弹（LBCM）DH－10 和空射巡航导弹（ALCM）DH－20 精度达到 5 米，几乎是百分之百的命中率。此外，中国的导弹多数具有较高的机动性，并使用固体燃料，使得其生存能力得到极大增强。

美国政府对中国导弹的忌惮不仅源于中国对美国亚太地区军事基地的潜在威胁，实际上更加令美国政府和军方担忧的是随着中国导弹精确度和海上侦查能力的提升，未来中国将不再满足于打击美国的亚太军事基地，而是寻求通过反舰弹道导弹（ASBM）对美国部署在太平洋的军舰和航母的可靠打击能力夺取美国的海上霸权。舰艇与基地相比，不仅目标小而且具有便于机动和隐蔽的特点，因此使用弹道导弹打击固定的军事基地和打击移动的舰艇，尤其是在后者还具备导弹防御能力的情况下，技术难度差别很大。美国海军情报部门的一份评估报告指出，中国正在加大对 C^4ISR 技术的投资，并对其弹道导弹加装红外探测器和机动再入分导弹头（MaRVs）以提高精确度和突防能力，从而便于打击海上移动舰艇。③ 2009 年 11 月，美国海军情报部门负责中国军事力量的高级分析员斯科特·布雷指出，“中国的反舰导弹技术正在以惊人的速度发展，大概十年后

---

① Jacob L. Heim, “The Iranian Missile Threat to Air Base: A Distant Second to China's Conventional Deterrence,” Air & Space Power Journal, July－August 2015, p. 32.

② Jacob L. Heim, “The Iranian Missile Threat to Air Base: A Distant Second to China's Conventional Deterrence,” Air & Space Power Journal, July－August 2015, p. 33.

③ Thomas Mahnken, “China's Anti－Access Strategy in Historical and Theoretical Perspective,” Journal of Strategic Studies, Vol. 34, No. 3, 2011, p. 315.

就会从作战概念阶段进入实战部署阶段”。①

与中国相比，俄罗斯的导弹技术和数量虽然也处于世界领先地位，但由于受到《中导条约》的限制，其导弹力量结构在射程上相较于中国存在巨大的能力空白。这也是奥巴马政府时期，无论是在美国政府的战略报告还是在学者的研究文章中均未见有关俄罗斯导弹威胁评估和技术统计的重要原因。②

《中导条约》全称《苏联和美国消除两国中程和中短程导弹条约》(INF)。时任美国总统里根和苏联总书记戈尔巴乔夫在 1987 年 12 月 8 日签署了这一被誉为“冷战时期最成功的军控协议”。这一条约的签署源于 20 世纪 80 年代初期，美国在位于欧洲的部分北约盟国境内部署射程达到 1800 千米的“潘兴Ⅱ型”中程弹道导弹和可携带核弹头的射程达到 2500 千米的陆基巡航导弹。美国当时的部署理由是苏联从 70 年代末期开始就已经部署中程弹道导弹。但是，苏联当时的导弹射程尚无法攻击美国本土，只有从楚科奇和堪察加半岛发射才能勉强达到美国的阿拉斯加，而美国的中程导弹却可以直接达到莫斯科。这种军事力量的失衡使苏联对通过条约禁止中程导弹的部署产生兴趣。美国最初并不想与苏联签署这类条约，因为这是在单方面削弱己方战略优势，但是受到来自美国社会和欧洲盟国对美苏核军备竞赛和核对抗态势升级担忧的内外施压，美国不得不与苏联进行谈判。最终美苏两国通过该条约销毁了超过 1000 枚中程弹道导弹。其中，苏联销毁了部署在欧洲和亚洲的 441 枚 SS－20 导弹和 112 枚 SS－4 导弹，以及 130 枚部署在东欧的 SS－12 和 SS－23 导弹；美国销毁了部署在西欧的 332 枚“潘兴Ⅱ型”导弹和“战斧

① Andrew Erickson, “Ballistic Trajectory: China Develops New Anti－Ship Missile,” Jane's Intelligence Review, Feb. 2010, p. 2.

② 笔者统计了 2009—2016 年美国政府发布的《弹道导弹防御评估报告》《国家安全战略》《国家军事战略》《四年防务评估报告》，以及具有官方背景的重要智库兰德公司、战略与预算评估中心、美国国会研究所等发布的与导弹威胁有关的研究报告，未发现关于俄罗斯导弹威胁能力的评估性内容。

式”巡航导弹，并停止生产和部署原计划增加的240枚巡航导弹。[①]

苏联解体后俄罗斯基本上继承了该条约的义务，按规定也应彻底销毁并不再研制和部署射程在500千米—5500千米的弹道导弹和巡航导弹。也就是说，理论上俄罗斯目前只拥有射程小于500千米的SRBM和射程大于5500千米的洲际弹道导弹（ICBM）。据统计，截至2015年，俄罗斯拥有311枚射程在10000千米以上的ICBM。这一数量虽然比中国多很多，一方面中国的ICBM数量虽然不多，但技术复杂性，也就是突防能力并不比俄罗斯差，而且均具有分导技术，可一次投放多枚弹头；另一方面，ICBM搭载的是核弹头，攻击目标是美国本土，而美国建立地区导弹防御系统的初衷也并非拦截中俄的战略核导弹，而是为了拦截对手射向欧洲和亚太地区的战役战术导弹。因此，在美国看来，真正能对欧洲地区构成威胁的就是俄罗斯的短程导弹，其中比较有代表性的就是“伊斯坎德尔-M”战术导弹。该型号导弹最大射程500千米，弹头重量380千克，精度高，机动性好，突防能力极强，2011年时只部署了约30枚，截至目前装备了5个导弹旅。但从俄罗斯每次以该型号导弹威慑北约都需要将其部署到位于加里宁格勒的飞地可知，俄罗斯的SRBM要想威胁欧洲地区，在部署位置上存在极大限制。因此，俄罗斯长期将其各类型短程导弹与核武器挂钩，即使用战术核导弹对欧美形成威慑。但是目前大国间爆发核战争可能性极低，俄罗斯对欧洲地区的导弹威胁能力显然大打折扣。

值得注意的是，美俄两国自冷战后至今曾多次相互指责对方违反《中导条约》，而俄罗斯更是多次提出在当今国际政治和军事条件下，《中导条约》存在着适用性问题，尤其有损于俄罗斯的国家安全。2013年，俄罗斯总统办公厅主任谢尔盖·伊万诺夫表示，美俄对《中导条约》产生了严重分歧，继续履行该条约的难度在不断加大。对于主张俄罗斯应当退出《中导条约》的具体原因，俄罗斯学

---

① 有关《中导条约》销毁的美苏导弹型号具体参数和信息参见附件7。

者总结了以下几点：第一，华沙条约组织解散后，俄罗斯对北约在常规力量上处于劣势，同时，俄罗斯也不具备苏联的军事潜力。第二，《中导条约》签署之际，世界上拥有中程和中短程导弹的国家只有美、苏、法、中4国，而现在已接近30个，其中，大部分为俄罗斯邻国，对此，俄罗斯必须采取应对措施。第三，欧洲导弹防御系统拦截弹由Mk-41多用途发射装置发射，这种发射装置在美国海军导弹巡洋舰和导弹驱逐舰上也有，还可搭载和发射射程超过2000千米的海基"战斧"巡航导弹。《中导条约》对海基"战斧"巡航导弹不存在任何限制，搭载这类导弹的美国海军导弹驱逐舰、导弹巡洋舰、核动力潜艇常态化巡逻于俄罗斯周边的巴伦支海、波罗的海和黑海。第四，美国可不受限制地部署空射巡航导弹。俄罗斯周边的北约国家领土上，分布有大量美国和北约空军基地，美国可以使用这些基地对俄罗斯发动打击。第五，美国在近年来的局部战争中大量使用战斗型无人机，而俄罗斯在战斗型无人机的研发和部署上落后于美国。①

如果俄罗斯真的退出《中导条约》，美国对于俄罗斯导弹威胁能力的评估无疑会大大增加，甚至会在短期内超过中国。但是美国战略学界的主流观点是保留该条约对美国利大于弊，美国不应当鼓励俄罗斯退出也不应该自行退出该条约，甚至在某些情况下应该为维持当前两国在导弹射程上的军控限制而对俄罗斯进行一定的妥协。2012年，美国圣约翰大学教授戴维·科恩为兰德公司组织撰写的研究报告《直面导弹威胁——美国的战略和〈中导条约〉的未来》通过综合分析当前的世界导弹技术发展水平和军控裁军局面得出结论，一旦美国退出《中导条约》，其在安全和政治上付出的代价将是深远和重大的。因为随着俄罗斯退出该条约，一方面俄罗斯会大量增加部署中程导弹从而与美国相抗衡，这必然会极大地加剧北约在欧洲地区所面临的军事压力；另一方面，俄罗斯退出《中导条约》后，

① 《美俄相互指责违反〈中导条约〉，俄方或将退出》，中新网，2014年9月12日，http://www.chinanews.com/mil/2014/09-12/6583910.shtml.

随着该国加大制造和生产这一类型的导弹，必然会通过对外军售的方式缓解其面临的经济上的困难，而这将造成新一轮的导弹技术扩散，严重削弱“导弹及其技术控制制度”（MTCR），使美国今后不得不面临更多、更危险以及更加不确定的导弹威胁。[①] 报告同时指出，虽然《中导条约》制约了美国的导弹军备发展，但是这种制约同样约束了俄罗斯，而且后者可能对本国不能发展中程导弹的限制更加不满。这种不满主要源于俄罗斯周边国家中程导弹技术的快速发展。因此，美国政府一方面要安抚俄罗斯，避免其首先退出该条约；另一方面要尝试与俄罗斯就修改而非废除该条约进行谈判，使两国在不削弱战略稳定性的前提下，通过放松部分军控条件，使自身免于在该武器装备领域由于自我限制而相较于其他不受该军控条约限制的国家陷入不利局面；或者通过扩大《中导条约》，最好是通过吸收中国加入的方式化解当前该条约面临的困境。[②] 因此，在奥巴马政府的认知中，短期内《中导条约》仍将发挥效力，俄罗斯的导弹力量不会发生较大调整。也就是说，中国的导弹威胁将在一段时间内高于俄罗斯。

其次，在奥巴马政府的认知中，朝鲜的导弹威胁能力强于伊朗。

一方面，朝鲜的导弹技术领先于伊朗。20 世纪 80 年代，朝鲜从埃及获得了苏联的 R－17，也就是“飞毛腿－B”型导弹（Scud－B）的技术后经过仿制生产出了“火星－5”（Hwasong－5）导弹，随后又通过仿制 Scud－C 制造了 Hwasong－6，通过仿制 Scud－D 制造了 Hwasong－7。[③] 从 1987 年开始，朝鲜向伊朗出口 Hwasong－5 和 Hwasong－6，后者在此基础上进一步仿制，分别生产出“流星－1”（Shahab－1）和“流星－2”（Shahab－2）导弹。1991 年，朝鲜独

① David Kearn, Facing the Missile Challenge: US Strategy and the Future of the INT Treaty, RAND Corporation, 2012, pp. 93－112.

② David Kearn, Facing the Missile Challenge: US Strategy and the Future of the INT Treaty, RAND Corporation, 2012, pp. 115－122.

③ Joseph S. Bermudez, A History of Ballistic Missile Development in the DPRK, Monterey California: Center for Nonproliferation Studies, November, 1999, p. 10.

立研制出“芦洞”（Nodong－A）中程弹道导弹后不久将其出口到伊朗，后者经仿制生产出Shahab－3导弹。由附件6可知，核心技术由朝鲜提供的Shahab－3系列导弹是目前伊朗射程最远的弹道导弹（最大射程2500千米）。朝鲜之后研制出的射程更远的“大浦洞”（Taepodong）系列导弹和“舞水端”导弹（Musudan）没有再向伊朗提供。经兰德公司评估，美军将伊朗正在研制的MRBM“阿舒拉/泥石”（Ashura/Sejil）导弹视作近期威胁，将其试图利用“使者－2”（Safir－2）型火箭研制IRBM视作远期威胁。[①] 也就是说美国政府认为，伊朗的MRBM在可预见的未来，最多在弹头载重量上有所增加并使用固体燃料，而拥有射程达到5200千米的IRBM并不现实。而由附件5可知，朝鲜不仅拥有射程超过3000千米的IRBM，还拥有射程超过5000千米的ICBM，其弹头重量也达到1000千克，超过了伊朗导弹的最大弹头重量。在导弹精确度方面，美国科学家认为伊朗导弹的精确度极低，10枚导弹同时攻击命中率仍低于10%。[②] 而朝鲜根据俄罗斯“圣甲虫B”战术导弹仿制出了KN－02/Toksa超精确弹道导弹，在导弹精确度上也领先于伊朗。

另一方面，朝鲜导弹对亚太地区的威胁范围远远超过伊朗对欧洲地区的威胁范围。由附件5和附件6可知，朝鲜和伊朗的导弹数量都在1000枚左右，且多数射程不足1000千米。但与伊朗不同的是，从地理位置上看，朝鲜对美国构成足够威胁并不需要太远射程的导弹。Hwasong－5可以覆盖韩国2/3地区，Hwasong－6可以覆盖韩国全境，Nodong可以覆盖日本绝大部分领土，Musudan不仅可以覆盖日本全境，甚至可以打到美国关岛。而伊朗由于距离欧洲还有一定距离，SRBM对欧洲够不成任何威胁，Shahab－3只能覆盖土耳

① Jaganath Sankaran, The United State's European Phased Adaptive Approach Missile Defense System: Defending Against Iranian Threats Without Diluting the Russian Deterrent, Sana Monica California: RAND Corporation, 2015, p. 11.

② Jacob L. Heim, "The Iranian Missile Threat to Air Base: A Distant Second to China's Conventional Deterrence," Air & Space Power Journal, July－August 2015, p. 33.

其部分地区，而射程最远的 Shahab－3B 也只能勉强覆盖部分东欧和小部分南欧国家。由于伊朗 Shahab－3 系列导弹各型号的总数不过 36 枚且精度极低，因而在奥巴马政府看来其现实威胁能力要大大低于朝鲜。

二、欧亚地区导弹对美国威胁意图的比较

对于美国政府眼中的他国导弹威胁意图大小的比较，我们无法像处理美国对他国导弹威胁能力的认知那样，通过量化数据得到一个客观的大小排序。但是我们可以通过联系当时的国际安全环境，分析美国政府在涉及安全和军事战略的报告中对当前主要威胁来源的判断，以及美军对他国导弹政策的理解，对美国政府眼中各国导弹威胁意图的大小进行一个主观上的定性排序。奥巴马执政时期，由于国际安全形势不断变化，美国对于伊朗、朝鲜、俄罗斯和中国四个国家导弹威胁意图大小的认知经历了一个调整的过程。

在奥巴马第一任期内，美国政府对于四国导弹威胁意图大小的认知，由大到小分别是朝鲜、伊朗、中国和俄罗斯。

首先，在美国看来，朝鲜和伊朗的威胁意图大于中国和俄罗斯。2010 年在 BMDR 中美国明确将朝鲜和伊朗列为本土导弹威胁和地区导弹威胁，并在政策阐述部分基本围绕朝鲜对亚太、伊朗对欧洲的威胁展开。而对于中国和俄罗斯，报告在威胁判断部分指出，“中国和俄罗斯是未来的重要伙伴，美国寻求与它们建立协调合作的关系”，并将两国与其在欧洲、亚太和中东地区的盟友伙伴一并列入报告的“加强国际合作”部分进行讨论。[①] 2010 年《核态势评估报告》（NPR）中，美国认为与核大国爆发全面核战争的危险已经远去，但美国遭受核打击的风险却在上升；美国遭受核打击风险的两个主要

① Robert Gates, Ballistic Missile Defense Review Report, Washington D. C.: Department of Defense, February 2010, pp. 4－35.

来源分别是核恐怖主义和朝鲜与伊朗的核扩散。[①] 此外，在2010年《四年防务评估》、2010年《国家安全战略》和2011年《国家军事战略》的安全环境评估中，美国都将源自伊朗和朝鲜的大规模杀伤性武器扩散视作最紧迫的现实威胁，而淡化与大国之间的矛盾。

在奥巴马第一任期内，美国对大国的安全威胁评估下调，主要原因是美国自身与中俄两国存在主动和解与开展合作的意愿和动机。中美之间虽然在地区主导权问题、周边领土主权等问题上仍不时相互批判，但在军事安全领域总体上氛围相对和谐。2009年2月，希拉里首次以国务卿的身份出访亚洲之前表示，美国政府不会让人权等话题干扰此次中美之间的战略会谈，并使用“同舟共济”描述她对两国关系的期盼。[②] 奥巴马上台初期，美国国内对华友好派在国务院相对占上风。2009年9月，美国常务副国务卿斯坦伯格在题为“中国到来：通往全球强国之路”的主题演讲中提出，中美之间应实现“战略再保证”，即美国欢迎中国成为繁荣和成功的强国，而中国要保证自身的崛起不会牺牲美国和其他国家的安全与福利。[③] 这一概念的提出反映美国并非不能接受中国的崛起，奥巴马政府也在积极寻求与中国避开“修昔底德陷阱”的途径。在美俄关系方面，两国在军控与裁军、中东地区的反恐与维稳等领域既存在合作的可行性也存在合作的必要性，因而奥巴马上台初期，美国主动向俄罗斯释放和解信号，而俄罗斯也希望抓住这个机会尽快融入西方，走出经济困境。因此，在奥巴马第一任期内，美俄两国的战略关系相较于小布什政府时期明显改善，朝着合作而非对抗的趋势发展。

其次，在美国看来，朝鲜的威胁意图大于伊朗。在奥巴马第一任期内，美国政府发布的报告几乎总是将朝鲜与伊朗放在一起进行

---

① Robert Gates, Nuclear Posture Review Report, Washington D. C.: Department of Defense, April 2010, p. iv.

② David Emier, “Hillary Clinton China Visit Blamed for the Detention of Activists,” The Telegraph, February 21, 2009.

③ 余万里、肖河：《奥巴马第一任期的中美关系》，《国际经济评论》，2014年第5期，第49页。

讨论。从表面上看，两者在美国眼中威胁意图相当，实际上，当时的国际形势是美朝关系逐渐恶化，而美伊关系逐渐缓和。奥巴马一上台即从中东地区撤军，表明美国实际上已经无意通过军事手段解决伊朗问题。在消除了步阿富汗和伊拉克后尘的担忧后，伊朗对于美国的军事敌意也相应减弱，更加不会主动军事挑衅美国及其欧洲盟友。2011 年“阿拉伯之春”带来的地区形势变化，使美国和伊朗都开始担心逊尼派极端势力的崛起。叙利亚内战爆发后，对伊朗国家政权构成直接威胁的是“伊斯兰国”而非美国，而美国也将打击恐怖主义作为当务之急。共同的敌人使美伊由对抗走向合作。以 2013 年鲁哈尼当选伊朗总统为契机，奥巴马在联大发表讲话时破天荒宣布美国不谋求改变伊朗政权，并尊重伊朗和平利用核能的权利。[①] 这一表态说明美国已将伊朗导弹威胁意图的判断调低。然而这一时期的朝鲜却一方面密集进行核实验、导弹试射和卫星发射以展示力量；另一方面不断释放对美国及其亚太盟国发动军事打击的威胁言论，制造地区紧张局势。2010 年的“延坪岛事件”和“天安舰事件”后，美国大大提高了朝鲜发动先发制人打击可能性的预判，并与日韩分别通过双边会谈制定应对方案。此外，在美国专家看来，朝鲜国内经济极为困难，其政权十分脆弱而面临崩溃的风险，刚上台的金正恩很有可能为了巩固政权合法性采取冒险行动。[②]

最后，在美国看来，中国的威胁意图大于俄罗斯。这一点在 2010 年发布的 BMDR 中其实已见端倪。在 BMDR 中美国虽然同是强调与中俄两国就导弹防御开展合作，但是态度和诚意却存在差别。对于俄罗斯，“美国政府寻求使美俄两国恢复到冷战前的军事战略关系——不再是敌人且没有开战的征兆，彼此间开展互惠合作”。[③] 从

---

① 华黎明：《伊朗核协议的来龙去脉及影响》，中华人民共和国国防部网站，2015 年 12 月 21 日，http://www.mod.gov.cn/opinion/2015－12/21/content_4633468.htm.

② Bruce W. Bennett, Preparing for the Possibility of a North Korean Collapse, RAND Corporation, 2013, p. 69.

③ Robert Gates, Ballistic Missile Defense Review Report, Washington D. C.: Department of Defense, February 2010, p. 5.

奥巴马上台初期与俄罗斯就导弹防御合作的谈判可以看出，美国政府这一时期确实没有将俄罗斯视作欧洲的主要导弹威胁。而对于中国，“美国政府意识到与中国维持战略稳定关系的重要性，但中国也必须清楚美国会保护美国在东亚地区的驻军和盟友免受任何导弹威胁”。[①] 从表面上看，美国这是在向中国解释其为了防御朝鲜不得不在亚太地区发展导弹防御系统；但如果联系奥巴马政府在第一任期内每年发布的《中国军力报告》都大篇幅介绍中国导弹力量，以及在随后发布的 NPR 中表达了对中国国防现代化速度的关注和对中国核力量不透明的担忧，[②] 我们可以看出，美国实际上从来没有放松过对中国导弹威胁的警惕。在 BMDR 中的态度不仅是一种安抚，而且还是一种警告。

奥巴马第二任期开始重新关注大国威胁，美国对四国导弹威胁意图大小的认知也发生调整。从这一时期美国发布的各类政府报告和现实中的国际政治环境来看，朝鲜依旧是最有可能向美国发动导弹袭击的国家。奥巴马政府第二任期军事战略的一个重大转折是将中俄由合作伙伴调整为威胁和对手。中俄的导弹威胁意图在美国看来也相应地急遽上升。在 2015 年奥巴马政府的第二份《国家军事战略》报告中，美国认为自身面临着来自“修正主义国家”和“极端暴力组织”的双重威胁，并将中国、俄罗斯列入“修正主义国家”名单加以指责：俄罗斯侵害邻国主权，通过军事手段谋求国家利益；中国违反国际法将南海占为己有，以侵略性填海活动在国际重要水道扩张影响力。[③] 这与奥巴马政府在第一任期内对中俄两国的定位和评价相比明显更充满敌意。这种转变与国际政治格局的调整和美国对中俄两国导弹政策的理解存在着密切的联系。乌克兰危机极大地

---

① Robert Gates, Ballistic Missile Defense Review Report, Washington D. C.: Department of Defense, February 2010, p. 35.

② Robert Gates, Nuclear Posture Review Report, Washington D. C.: Department of Defense, April 2010, p. v.

③ Martin Dempsey, The National Military Strategy of the United States of America 2015, Joint Chiefs of Staff, June, 2015, p. 2.

冲击了美国在这一地区的影响力并使美俄两国关系骤降。奥巴马政府不仅彻底终止了与俄罗斯的导弹防御合作谈判，而且开始考虑沿波罗的海国家波兰和罗马尼亚东部边界重建一条针对俄罗斯的“防御底线”。[①] 俄罗斯在2014年版《军事学说》中首次提出“非核遏制”概念，即使用地对地导弹、空射巡航导弹、潜射巡航导弹等高精度常规武器实施“战略威慑”，客观上使俄罗斯的导弹脱离了核禁忌限制而增加了使用的可能性。因此，在美国的认知中，俄罗斯的导弹威胁意图大大增加。美国判断中国导弹威胁意图的增加主要源于中国政府在捍卫国家主权和军事安全时愈加强硬的态度转变。面对日本和部分东南亚国家在东海和南海地区的挑衅、美军在中国附近海域的抵近侦察，以及韩国不顾中国反对执意推进THAAD系统的部署，中国没有屈服于这些事件背后的美国霸权，而是一方面通过填海造岛的方式声明并巩固主权，另一方面通过大力发展海军和战略火箭军威慑所有来犯之敌。

随着伊朗核问题谈判取得进展，奥巴马政府在2014年《四年防务评估》报告中虽然依旧将伊朗追求核武器和导弹力量的做法视作地区安全威胁，但相较于2010年版的报告批评的调门有所降低。[②] 2015年《伊核全面协议》的签署标志着美伊关系和解实现了重大突破。2016年3月，奥巴马在接受采访时破天荒地呼吁沙特等国与伊朗“共享”中东，不仅拒绝与盟国沙特联手抵制什叶派阵营崛起，反而站到了伊朗一边批评沙特向其他伊斯兰国家输出“瓦哈比”思想。[③] 奥巴马政府与伊朗关系的逐渐缓和表明，美国判断伊朗使用导弹攻击欧美国家的意图正在不断下降，实际上已经低于中俄两国。值得注意的一点是，奥巴马政府期间，伊朗

---

① 《乌克兰危机改写美俄关系，开启双方高度对抗时期》，中国新闻网，2014年9月10日，http://www.chinanews.com/gj/2014/09-10/6576323.shtml.

② 储召锋：《解读美国2014年〈四年防务评估报告〉》，《现代国际关系》，2014年第5期，第26页。

③ 马晓霖：《奥巴马时代美国与沙特关系缘何渐行渐远》，《西亚非洲》，2016年第6期，第7页。

从没有声称要使用导弹攻击欧洲，其报复欧洲的手段主要是威胁断供石油，其威胁意图主要针对的是中东的以色列和美国的阿拉伯盟友。关于伊朗使用导弹攻击欧洲的意图，很大程度上是以色列和美国制裁、限制伊朗的借口。综上所述，奥巴马政府第二任期内对上述四国导弹威胁意图大小的判断，由大到小依次是朝鲜、俄罗斯、中国和伊朗。

三、结论

综合美国对朝鲜、伊朗、中国、俄罗斯四国导弹威胁能力和意图大小的认知排序，我们可以按照最高得4分、第二得3分、第三得2分、第四得1分的方式分别给上述四国的威胁程度赋值，进而比较欧亚地区导弹威胁程度的大小。按照上述规则，四国的导弹威胁程度得分如表3—1所示。

表3—1　四国对美导弹威胁程度综合比较

	奥巴马第一任期				奥巴马第二任期			
	威胁能力	威胁意图	国家威胁程度	地区威胁程度	威胁能力	威胁意图	国家威胁程度	地区威胁程度
中国	4	2	6	12	4	2	6	12
朝鲜	2	4	6		2	4	6	
俄罗斯	3	1	4	8	3	3	6	8
伊朗	1	3	4		1	1	2	

首先，从表中地区威胁程度得分可以看出，由中国和朝鲜构成的亚太地区的导弹威胁无论在奥巴马执政的第一任期还是第二任期里程度都要高于由俄罗斯和伊朗构成的欧洲地区导弹威胁。这一认知上的差异是奥巴马政府对欧亚地区导弹防御政策调整表现出差异性的直接原因。也就是说，正是由于亚太地区导弹威胁程度总体上高于欧洲，使得奥巴马政府时期美国的欧洲地区导弹防御政策表现

出更大的灵活性，即在一定程度上可以放缓甚至废除既定的部署计划，因为该地区的导弹威胁程度并不是很高；相反，即使是在中俄两国联合施压的情况下，奥巴马政府仍拒绝在亚太地区的部署上做出任何让步，很大程度上源于美国确实认为该地区的导弹威胁程度较大。

其次，从表中地区威胁程度得分可以看出，亚太地区的导弹威胁能力总体上高于欧洲地区。因此，奥巴马政府在欧洲地区导弹防御系统建设上以战术反导能力为主，而在亚太地区却发展战略与战术防御能力兼顾的反导系统。从国家导弹威胁能力上看，中国的导弹威胁能力一直最高，这就使得美国在加强亚太地区导弹防御系统建设的过程中有意向靠近中国的方向抵近，从而为未来防御中国的导弹攻击奠定基础。此外，虽然美国常常在各类报告中提及伊朗导弹威胁，但从表中可以看出该国的导弹威胁能力一直很低，这也是美国能够放弃 EPAA 第四阶段部署计划的重要原因。因为在美国专家看来，一方面短期内伊朗不会拥有 IRBM 和 ICBM，也就是原计划中 SM－3 Block IIB 的拦截对象；另一方面，美国专家认为现有的三阶段 EPAA 从能力上足已防御伊朗的各种导弹。[①]

最后，从表中地区威胁程度得分可以看出，亚太地区的导弹威胁意图总体上也高于欧洲地区。这就说明在奥巴马政府看来，亚太地区的导弹威胁要比欧洲地区紧迫。因此，在部署节奏上，奥巴马政府在欧洲坚持稳步推进，甚至推迟了第三阶段的完成进度，而在亚太地区却表现得急于求成，一方面尽可能缩短部署时间，另一方面尽可能多地部署性能先进，甚至未经充分验证的预警和拦截装置。

① Jaganath Sankaran, The United State's European Phased Adaptive Approach Missile Defense System: Defending Against Iranian Threats Without Diluting the Russian Deterrent, Sana Monica California: RAND Corporation, 2015, pp. 9－36.

第二节　美国对欧亚地区战略稳定性评估的比较

奥巴马政府在 BMDR 中指出，“美国寻求对朝鲜和伊朗的各种破坏地区战略稳定的行为进行威慑，但是仅有强大的攻击能力并不足以在军事危机中威慑这些国家，因为这些国家的领导人倾向于通过冒险证明其导弹能够造成更严重的损害来讹诈美国；因此，导弹防御能力对于强化地区威慑来维护稳定至关重要”。[①] 对于中国，奥巴马政府意识到其在亚太地区发展导弹防御系统的做法可能破坏中美在亚太地区达成的战略稳定性，因此在该报告中专门对此做出解释。[②] 美国政府在 2011 年《国家军事战略》中声明，“美国将做好准备来威慑和击败任何针对美国及其盟友的削弱国际稳定性的进攻”。[③] 在军事准备和应对措施上，报告特别提到要“通过我国的核力量和海外导弹防御力量来提供威慑对手攻击的能力并确保盟友和伙伴的安全”。[④] 由此可见，通过确保威慑对手的导弹攻击来实现战略稳定性是美国地区导弹防御政策制定过程中考虑的另一个重要因素。

导弹防御、战略稳定性和威慑三者之间存在紧密的联系。[⑤] 战略稳定性这一概念产生于冷战时期美苏之间为避免战争、维持力量平衡而提出的威慑战略和相互确保摧毁战略等“核安全”战略，是经

---

① Robert Gates, Ballistic Missile Defense Review Report, Washington D. C.: Department of Defense, February 2010, pp. 6 – 7.

② Robert Gates, Ballistic Missile Defense Review Report, Washington D. C.: Department of Defense, February 2010, p. 34.

③ Martin Dempsey, The National Military Strategy of the United States of America 2015, Joint Chiefs of Staff, June, 2015, pp. 1 – 2.

④ Martin Dempsey, The National Military Strategy of the United States of America 2015, Joint Chiefs of Staff, June, 2015, p. 7.

⑤ 有关三者之间的具体联系和相互作用参见吴莼思：《中美核关系的走向》第二节“导弹防御与战略稳定”，载朱明权主编《威慑与稳定——中美核关系》，北京：时事出版社，2005 年版，第 281—292 页。

典军备控制理论的核心内容。战略稳定性包含危机稳定性和军备竞赛稳定性两个方面。前者指减少危机中爆发核战争的可能性，后者指对峙各方都不感到自己在军备发展中处于劣势，从而都不发展削弱对方威慑力量有效性和破坏危机稳定性的武器。① 经典军控理论的一般性结论是，导弹防御系统会降低战略稳定性。② 但冷战结束以后，随着国家间关系和战争模式的调整，战略稳定性这一概念的适用范围开始扩大，美国政府对战略稳定性的评判标准以及对提升战略稳定性途径的认知也开始发生转变。

首先，随着大国之间爆发全面核战争的可能性变得极低，地区强国与美国之间、地区强国与美国的盟友之间爆发的核战争、常规战争、全面战争、局部战争以至于军事冲突都被美国纳入地区战略稳定性的考量范围。这一方面是由于美国对于盟友的延伸威慑承诺要求其将他国对盟友的攻击视作对本国的攻击，另一方面是由于战争存在逐步升级的危险，即使是局部的常规战争也可能造成严重后果，因此同样需要加以威慑。其次，随着美国成为世界上唯一的超级大国，美国不再满足于与他国维持“相互确保摧毁”式的军事平衡，而是寻求将地区的战略稳定性建立在自身的“绝对安全”和“绝对优势”的基础之上。其中最主要的表现就是小布什政府时期美国“新三位一体”威慑战略的提出，将导弹防御在国家安全战略中的地位提升到与进攻性核力量同等的高度。③ 此外，条件威慑理论（Conditional Deterrence）正逐渐取代经典威慑理论（Classic Deter-

---

① 刘华秋：《军备控制与裁军手册》，北京：国防工业出版社，2000 年第 1 版，第 2—3 页。

② 导弹防御系统与战略稳定性之间的关系实际上十分复杂，不同性质和规模的导弹防御系统对战略稳定性的影响不同，但是根据李彬对各种情况的分析，只要导弹防御系统不能做到完全抵消对手的导弹攻击，其存在的影响就会同时降低危机稳定性和军备竞赛稳定性。详细分析过程参见李彬：《军备控制理论与分析》，北京：国防工业出版社，2006 年第 1 版，第 95—103 页。

③ 冷战时期美国的“三位一体”核威慑力量由洲际弹道导弹、潜射导弹和战略轰炸机构成；冷战后的“新三位一体”威慑力量由非核与核打击能力、导弹防御能力和反应的基础设施构成，其中冷战时期的“三位一体”只是“新三位一体”中非核与核打击能力的一部分。

rence）成为目前影响美国防务政策制定的主要军控与安全理论。[①] 其中前者的一个重要结论就是：由一个对现状满意的大国（这里指美国）掌握核优势比核均等更安全，该大国部署可靠的反导装置可以增加战略稳定性，因为一个有限的导弹防御系统能通过降低对手弹道导弹威胁来增强威慑，从而降低对现状不满的地区秩序挑战者发动战争的可能性；此外，有效的导弹防御能力还可以通过增加对手的研发费用和技术困难阻止导弹和大规模杀伤性武器的扩散。[②]

因此，如果美国认为某一地区的战略稳定性较低，美国政府就倾向于在该地区加强导弹防御系统来提升其战略稳定性；也就是说，奥巴马政府对欧洲和亚太地区战略稳定性的判断会影响其对这两个地区的导弹防御政策的调整方式，即在评估结果较低地区的导弹防御系统部署会具有更大的规模、更强的性能、更快的节奏、更强硬的态度等特点。

一、美国对欧亚地区危机稳定性的比较

对于危机稳定性高低的评判标准，李彬在《军备控制理论与分析》一书中指出，“如果两个国家核武器数量满足最低威慑的标准，我们就称它们达到相互确保摧毁状态（MAD），在这样一种状态下，即使两国关系因冲突陷入危机，它们也不大愿意向对手发动先发制人的核打击，也不大担心对手会发动这种核打击，这样的状态被称

---

① 有关经典威慑理论的研究参见 Kenneth N. Waltz, “The Spread of Nuclear Weapons: More May be Better,” Adelphi Papers, No. 171, 1981; Bruce Mesquita and William H. Riker, “An Assessment of the Merits of Selective Nuclear Proliferation,” Journal of Conflict Resolution, Vol. 29, No. 2, June 1982, pp. 283 – 306; Jacek Kugler and Frank C. Zagare, Exploring the Stability of Deterrence, Denver, CO: University of Denver Press, 1987, pp. 13 – 39; 有关条件威慑理论的研究参见 A. F. K. Organski and Jacek Kugler, The War Ledger, Chicago: University of Chicago Press, 1980, pp. 470 – 506; Jacek Kugler and Frank C. Zagare, “The Long Term Stability of Deterrence,” International Interactions, Vol. 15, No. 3 – 4, 1987, pp. 255 – 278.

② John Gibilterra, “Conditional Deterrence and Missile Defense,” Comparative Strategy, Vol. 34, No. 1, September 2016, pp. 64 – 66.

作危机稳定性高”。[①] 反之，如果它们既有向对手发动先发制人打击的意愿，也担心对手会向自己发动此类攻击，则处于危机稳定性低的状态。也就是说无论哪一方有首先发动攻击的意愿，都是该地区危机稳定性低的表现。因此，比较欧洲和亚太地区的危机稳定性就是比较两个地区爆发军事冲突和战争的可能性，这种可能性在美国看来，既包括对手为了“打破地区秩序”而发动的先发制人式袭击，也包括美国为了消除安全隐患而“被迫”发动的先发制人式打击。

对于前者，美国需要通过导弹防御系统威慑或抵消对手导弹的第一次打击；对于后者，美国需要通过导弹防御系统拦截对手存活导弹的报复性第二次打击。因此，对地区危机稳定性的评估直接关系到奥巴马政府对地区导弹防御政策调整的方向选择。从公开资料来看，美国政府及智库对欧洲和亚太地区爆发战争的可能性缺少专门的详细评估和研究报告，但美国政府总体上的判断是亚太地区爆发战争的可能性高于欧洲地区。[②] 由于美国政府并没有提供具体的评判标准、分析过程或证据支撑，本节将从学理的角度，依据美国战略学界主流的安全理论，探寻支撑美国政府作出这一判断背后的逻辑和依据。

战略稳定性理论的核心是通过调整相关各方的军备格局来调整发动战争的收益和成本，由此降低各方发动战争的意愿。[③] 所谓“军备格局”这里指一国军备构成中进攻性武器装备与防御性武器装备所占比重。基于进攻与防御对比关系的国际政治理论的代表是“进

---

① 李彬：《军备控制理论与分析》，北京：国防工业出版社，2006 年第 1 版，第 83 页。

② 笔者主要通过研读奥巴马政府时期美国政府各类战略报告的环境评估部分中关于美国与相关地区国家间关系的措辞，进行综合后得出这一结论。例如在谈及亚太地区时，美国政府会经常提到“先发制人”“侵略”“冒险”“危机”等危险性措辞，在谈及欧洲时更多地使用“战略威慑”“安全共识”“挑战”“矛盾”等对抗性较低的措辞。

③ 李彬：《军备控制理论与分析》，北京：国防工业出版社，2006 年第 1 版，第 89 页。

攻—防御理论”。[①] 该理论的基本结论就是，进攻占主导的地区安全模式更容易爆发战争。其中，进攻占主导的安全模式指的是在攻防对比中攻占比防守容易，而衡量攻防对比关系的测量指标就是在战争中进攻方为达成目标而必须投入的武装力量成本与防御方投入的武装力量成本之比，比值越小，进攻越有利，地区安全模式越倾向于进攻占主导。[②] 斯蒂芬·埃弗拉论证了进攻占主导的地区安全模式更容易引发战争的十个原因，这十个原因由于可定性观测，将作为下文比较欧洲和亚太地区危机稳定性的次级指标，即分析在美国政府看来，在欧洲和亚太地区是否与中、俄、朝、伊之间具备上述十种由攻防对比关系引发的战争预期。（参见表3—2）

表3—2　攻防对比关系影响战争爆发可能性的十个原因[③]

原因1：在进攻容易的情况下，国家会出现机会主义扩张	原因6：进攻容易使决策者更加愿意用战争制造对自己有利的既成事实，由此导致更多的战争
原因2：防御困难会迫使国家进行预防性扩张，抢先建立防御纵深	原因7：进攻容易使决策者不愿意谈判，使得避免战争的谈判难以成功

① “进攻—防御理论”又称一般性攻防理论。该理论由罗伯特·杰维斯在1987年首次提出，随后众多美国战略学家对此展开研究。1998年，以查尔斯·格拉兹和斯蒂芬·埃弗拉分别在《国际安全》上发表的论文为标志，有关攻防关系的一般性理论正式确立。其中前者给出了关于进攻和防御的可操作化定义，后者具体论证了攻防对比关系对危机稳定性的影响机制。在此之后，美国兰德公司的大量军事战略和武器装备的评估与研究报告都基于该理论的基本假设和分析方法，成为美国军事和安全战略学界的主流分析理论。使用该理论的研究报告可以参见 Forrest E. Morgan, Crisis Stability and Long – Range Strike: A Comparative Analysis of Fighters, Bombers, and Missiles, RAND Corporation, 2013; David W. Kearn, Facing the Missile Challenge: U. S. Strategy and the Future of the INF Treaty, RAND Corporation, 2012.

② Charles L. Glaser and Chaim Kaufmann, “What Is the Offense – Defense Balance and Can We Measure It?,” International Security, Vol. 22, No. 4, 1998, pp. 44 – 83.

③ Stephen Van Evera, “Offense Defense, and the Cause of War,” International Security, Vol. 22, No. 4, 1998, pp. 5 – 44. 斯蒂芬·范·埃弗拉在文章中着重强调了不仅事实上的攻防对比关系会对国家的行为产生影响，国家在观念上对攻防对比状态的认识甚至会起到更大的作用。因此，在分析过程中应该依据美国政府对各国攻防实力的认知来看待欧亚地区的危机稳定性。

续表

原因3：防御困难所导致的不安全感会迫使一个国家对其他国家的扩张行为进行强烈反应	原因8：进攻容易迫使决策者将外交与国防置于高度机密的状态，从而增加双方误判的可能性
原因4：先发制人越有利，在这种情况下发动战争的可能性越大	原因9：军备竞赛难以控制，增加了预防性战争和盲目乐观性战争的可能性
原因5：如果一国发动战争所需的时间长，对手发动预防性战争的可能性大，即一国利用对手漫长成长过程中的脆弱状态，预防性地摧毁对手的成长	原因10：进攻占主导是一种自我促进现象，也就是说，当国家感到进攻容易时会采取进攻性军事战略强化这种现象，并由此放大前面九种情况引发战争的可能性

第一，在进攻容易的情况下，国家会出现机会主义扩张。这是因为战争的代价越是高昂，一国政府就越会谨慎地避免战争的发生。① 而廉价战争的认知会使一国领导者更加大胆地介入军事危机，并不计后果地行事，因为他们更加愿意冒险进行一场由危机引发的战争。这些国家也会错误地希望另一方让步而更加积极地介入到危机中去，以此为自己带来一场和平的、没有代价的胜利。进攻容易使决策者拒绝向对手做出任何让步，目标就是最大化自己的利益。他们将对手的任何威胁都视作虚张声势，即使这种威胁是真实存在的。而对手即使在本国实力确实不如对方的情况下也不会完全放弃谈判的余地，他们难以接受完全任人处置的结果。因此，在进攻容易的情况下，危机双方时常难以对彼此之间的实力对比和战争结果达成一致共识，结果就是危机最终导致战争。

对于原因，在奥巴马政府看来，俄罗斯在欧洲地区相对于任何一个国家都拥有绝对的进攻力量优势，但只有东欧和高加索等俄罗斯传统势力范围处于进攻占主导的地区安全模式。这是因为俄罗斯

① 对此观点提供事实论证的文献参见 Jack S. Levy and Clifton Morgan，"The Frequency and Seiousness of War：An Inverse Relationship?" Journal of Conflict Resolution，December28，1984，pp. 731 –749；Greg Cashman，What Causes War? An Introduction to Theories of Internainal Conflict，New York：Lexinton Books，1993，p. 67.

如果想攻占任何一个北约成员国都将面对包括美国在内的整个军事集团，因而并无进攻优势。但是对于俄罗斯势力范围内的非北约成员国，美国难以直接介入并武力阻止俄罗斯，使得后者的攻占较为容易。此外，俄罗斯对于其传统势力范围内的国家有较为明显的扩张企图。在2008年俄格战争和2013年乌克兰危机中，俄罗斯就趁南奥塞梯和克里米亚独立控制了这两个地区。对此，奥巴马政府在2015年《美国国家军事战略》中批评俄罗斯不尊重邻国主权，倾向于通过军事手段达成目标。[①] 由此可见，北约东扩波及到俄罗斯传统势力范围的地区处于俄罗斯进攻占主导的安全模式，且容易引起俄罗斯采取先发制人的军事行动。

而朝鲜和伊朗相比于美国的亚太和欧洲盟国，它们并没有明显的军事优势，无法通过先发制人式打击攻占他国，因此不具备机会主义扩张的前提条件。

第二，防御困难会迫使国家进行预防性扩张，抢先建立防御纵深。因为当一国面对他国的进攻显得防御困难时，更期望将其边界扩张到更加具有防御能力的地方，并使其强大的邻国被削弱。

对于原因2，中国政府执行的是积极防御战略，防御范围主要在内陆和附近海域。一方面，中国在防御上并不存在客观条件上的困难和天然的劣势。中国幅员辽阔，拥有较大的战略纵深，凭借短程和中程弹道导弹与巡航导弹就可以有效实施“反介入/区域拒止”战略，将自东面海上威胁降至最低；凭借数量可观的陆军、空军和战略火箭军就可以在各种层次和规模的军事冲突中有效击退来自南面、北面和西面的陆上威胁。另一方面，中国的海军力量相较于美国明显处于下风，因此更不会以谋求战略纵深为目的向西太平洋扩张；而中国与其他周边陆上邻国的边界基本明确，并通过双边条约加以确认，在当前国际法和互不侵犯领土主权完整的国际共识制约下，中国自然不会也没有必要以战争的代价侵略他国领土。虽然2015年

---

① Martin Dempsey, The National Military Strategy of the United States of America 2015, Joint Chiefs of Staff, June, 2015, p. 2.

版《美国国家军事战略》中，奥巴马政府认为中国在南海实施“填海造岛”的行动属于防御性扩张，是为拓展军事纵深打基础。[①] 但是美国政府十分清楚，中国积极拓展海外利益的动因并非受防御上的困难所驱使，相反，是中国对自身军事防御力量十分自信的表现。

朝鲜和伊朗的军事力量相较于美国及其盟友明显处于弱势一方，确实在防御上存在巨大的困难。但是，朝鲜和伊朗周边已经没有可供其拓展防御纵深的空间，在当前处于国际社会集体制裁、防范和打压的情况下一般不会冒险进行防御性扩张，因为这将使它们可能不仅无法取得战略纵深，反而面临着被美军彻底摧毁或占领的风险。一般来说，防御上的困难是由客观因素如领土的形状和面积、战略资源和人口造成的。当一国相较于周边国家在军事实力上还未处于明显弱势，或还未被多国集体防范的情况下，也就是说周边总体安全形势有利于自己时，以战争或威胁的方式通过防御性扩张建立防御性纵深是可行的。但是，当本国已经由于客观条件陷入被动或处于消极安全环境的情况下，则不宜再采取通过建立防御性纵深的方式改变自身的不利局面，因为形势已经迫使该国转入“守势”，或者说已经错过了所谓的“抢先”时机。美国政府长期以来认为朝鲜和伊朗发动对周边邻国的军事进攻的可能性高。但是美国政府认为两国挑起战争的动机并非是为了建立防御纵深，而是为了通过展示强硬姿态谋求更高国际地位以及通过先发制人的打击消除对本国政权的安全威胁。前面一种情况决定了两国不会真的对他国发动战争，而在后面的一种情况中，两国即使先发制人成功，也没有能力对攻击地区实现占领，也就谈不上防御纵深的建立。

俄罗斯虽然具有世界上最广阔的领土，但在历史上一直存在着“不安全”的危机意识。俄罗斯在防御上的困难并非源于客观条件上的不足，而是主观心理上的安全担忧。虽然这种担忧在其他国家看来完全没有必要，但俄罗斯独特的安全战略观促使其延续了自近代

① Martin Dempsey, The National Military Strategy of the United States of America 2015, Joint Chiefs of Staff, June, 2015, p. 2.

以来的实施防御性扩张的历史传统。尤其是在冷战结束后，随着苏联的解体，俄罗斯的领土明显缩水，且地缘政治环境恶化，加上面对北约东扩持续推进却束手无策，这就更加激起了俄罗斯的安全危机感并加深了对自身处于防御困难境地的战略认知。美国当代著名战略理论家兹比格纽·布热津斯基在其著作《大棋局》中对于俄罗斯高层对本国安全环境认知有如下描述："过去俄国虽然落后于欧洲，但却自认为比亚洲先进，但是自那以后，亚洲的发展速度要快得多，我们发现自己不再处于现代化的欧洲和落后的亚洲之间，而是处于两个欧洲之间的一个奇怪的中间地带。"[①] 事实上，冷战结束后俄罗斯在这种安全危机的推动下，已经通过发动局部战争和对外派兵，试图重新拓展其防御纵深，如 2008 年的俄格冲突和 2014 年乌克兰危机期间俄罗斯出兵克里米亚。因此，在奥巴马政府看来，俄罗斯在当前攻防对比关系下仍然会不断尝试拓展防御纵深，而这很可能引发与周边国家的军事冲突，甚至和北约或美国发生直接对抗。

第三，防御困难所导致的不安全感会迫使一个国家对其他国家的扩张行为进行强烈反应。与进攻容易一方会产生错误的乐观主义相对应，处于防御困难的一方有时会产生错误的悲观主义，而这也是引发战争或升级战争的推动因素。这是因为预料到战争失败的政府在对抗他国扩张行为时由于是为了捍卫领土主权，会仅仅将战斗的价值视作其维护本国的荣誉和可信度。[②] 此外，处于防御困难境地的一方还会相信，即使战争失败，也可以通过将公众仇恨转移到外部的方式来巩固国内的政权。[③] 最后，促使任何一国都会强烈抵抗他国扩张的原因就是，当征服变得容易时，资源会具有更高的累积性，

① 兹比格纽·布热津斯基：《大棋局——美国的首要地位及其地缘战略》，上海：上海世纪出版集团，2007 年版，第 79 页。

② Robert Jervis, "War and Misperception," in Robert I. Rotberg and Theodore Rabb, eds., The Origins and Perception of Major Wars, New York: Cambridge University Press, 1989, pp. 101 – 126.

③ 斯蒂芬·范·埃弗拉：《战争的原因》，上海：上海世纪出版集团，2007 年版，第 18 页。

即对手会充分利用所获得的微小利益，使其积累增值为征服行为。因此，为了防止他国获得这种累积性利益，采用更加强烈的抵抗手段就显得更加恰当。[①]

对于原因3，上述四国除中国外，在面对美国或北约巨大的军事力量优势面前，或者由于客观实力对比，或者由于主观危机意识影响，都处于或自认为处于防御困难的境地。但与原因2不同的是，各国虽然可能不会都通过防御性扩张来加以应对，但都不会容忍美国利用这种优势侵害本国的国家主权或安全利益，必然会强烈反应加以对抗。俄罗斯、朝鲜和伊朗三国面对美国及其盟国所采取的强硬政策，虽然起到了一定的威慑作用，但不能确保每次都能成功慑止对手。当时机和实力对比明显有利于美国及其盟国时，上述三国的强烈反应恰好给了对手趁机挑起战争和实施先发制人军事行动的借口。而这三个国家由于国内政治制度的因素，战败的结果有可能比主动投降对执政者更加不利，因此，一旦美国挑起战争，这三个国家很有可能会积极应战，并孤注一掷，致使危机或军事冲突存在不断升级的风险。

俄罗斯在应对美国发展导弹防御和北约东扩问题上立场强硬。小布什宣布“第三地计划”在波兰部署GMD后，俄罗斯针锋相对地宣布其部署到加里宁格勒的核导弹将对准波兰及其他部署美国导弹防御系统的国家。对于北约东扩日益挤压其战略空间，2014年乌克兰危机期间出兵克里米亚则再次重申了俄罗斯对其势力范围不容挑战的立场。此外，俄罗斯历史上就有强人政治的传统，民众对当权者存在权威崇拜的心理，因为苏联解体后俄罗斯联邦的力量受到了极大的削弱，导致民众之间产生了一种恐慌心理和对稳定与发展的强烈现实需求，并由此形成了一种鲜明的人格主义倾向，即希望有“铁腕”和“强权人物”来保护他们。因此，对于俄罗斯领导人来说，如果面对外部威胁选择妥协，表现出畏战，将使该国政府失

① 斯蒂芬·范·埃弗拉：《战争的原因》，上海：上海世纪出版集团，2007年版，第146—147页。

信于民而被迫下台。但是，如果俄罗斯选择积极迎战，一战和二战的历史表明，即使在敌强我弱的情况下，适当的国内动员就可以激发国内民众强烈的民族自豪感和团结一致抵御外敌的坚定决心，在一定程度上巩固了政权，强化了政权合法性。

从目前的国际形势来看，朝鲜倾向于通过渲染外国对朝鲜主权安全的威胁和武器试验的方式，以展示政治和军事强硬姿态来转移各种国内矛盾。兰德公司的分析家布鲁斯·博内特预测了短期内朝鲜政权存在自我崩溃的各种可能性，并警告美国政府做好应对金氏政权在这种情况下采取非理性军事行动的准备。① 伊朗作为中东地区少数什叶派穆斯林国家，同时面对来自沙特等逊尼派阿拉伯国家、存在宗教矛盾的以色列和美国为首的北约三方面的威胁，无疑处于防御困难的境地。伊朗的导弹试验和前期的核技术研发曾一度令美国和以色列十分紧张，两国不仅携手对其实施国际制裁，而且对其保持军事高压威胁。但是伊朗长期以来没有在这种威压下屈服，既没有选择放弃本国和平利用核能的权利，也没有按照美国的想法完成西方式的民主转变。

第四，先发制人越有利，在这种情况下发动战争的可能性越大。抢先进攻的利益对于使用武力产生直接的诱惑，而抢先动员的利益则通过诱使国家动员其军事力量而间接地引发战争。这是因为当征服相对容易的时候，抢先动员或发动攻击往往能得到更大的利益。一方面，当进攻占优时，通过抢先行动得到的任何物质利益可以侵占或保护更多的领土；另一方面，当进攻占优时，抢先行动的一方能够通过迅速的打击来瓦解对方的动员。②

对于原因4，在美国看来，由于美国在军事上占据优势，因此在对他国的军事征服或打击行动中采取先发制人可以获得更大的利益，

---

① Bruce W. Bennett, Preparing for the Possibility of a North Korean Collapse, RAND Corportion, 2013.

② Robert Jervis, "Cooperation under the Security Dilemma," World Politics, Vol. 30, January 1978, pp. 190－193.

或占据更多的优势。斯蒂芬·埃弗拉认为，以下因素影响了抢先进攻的利益大小：

一是成功实施突袭的可能性，即进攻方能否在不被察觉的情况下准备和实施一次攻击。这又是由两方面因素决定的：进攻方攻击的速度和目标方对攻击进行警告的速度。进攻方攻击的速度越快，而目标方警告得越慢，突袭的可行性就越高。[①] 对于美国来说，其先进的武器系统在速度上拥有相对于其他国家毋庸置疑的非对称优势，尤其是随着美国“即时全球打击系统”（PGS）概念的重新提出，美国军方的目标是依托现有的前沿军事部署、空军远征力量和海军航母编队，在一小时内打击全球任何地方的常规作战系统。虽然奥巴马政府宣称 PGS 主要用于打击“无赖国家”和恐怖组织，但其对其他核大国的预警时间也提出了严峻考验。在小布什政府时期，这一打击系统就因中俄两国的反对而被搁置。中俄两国尚且没有应付美国 PGS 行之有效的策略和技术手段，朝鲜和伊朗的预警速度更是无法与美国的攻击速度相提并论。因此，在奥巴马政府时期，美国对于四国成功实施突袭的可能性估计较高。

二是突袭对于双方力量对比产生的影响，即突袭成功后的进攻是否改变了力量平衡，进而变得对进攻方有利。这一点又取决于进攻方攻击力量的破坏性、目标方军事力量的脆弱性以及目标方力量积极防御的质量。[②] 对于美国来说，其攻击力量的破坏性毋庸置疑，但是作为美国的假定攻击目标，朝鲜和伊朗具有脆弱性且防御力量的质量较低，而中国和俄罗斯作为军事大国在军事力量上并不具有脆弱性且用于积极防御的军事力量质量较高。因此，如果美国突袭成功，将会极大地改变美国对于朝鲜和伊朗的力量平衡，使得对于美国来说更加有利。对于中国和俄罗斯来说，如果仅从美国攻击性军事力量来看，尽管美国采取先发制人会使得力量平衡进一步向有利于美国的方向倾斜，但这种力量对比的变化可能并不十分明显；

① 斯蒂芬·范·埃弗拉：《战争的原因》，上海：上海世纪出版集团，2007 年版，第 71 页。

② 同上。

然而由于美国拥有世界上最先进的导弹防御武器系统，这种力量平衡的改变将发生巨大的变化。中俄两国实际上难以防御美国的攻击，其积极防御手段就是通过导弹对美国实施军事报复。但是如果美国建立起完全的导弹防御系统，并通过先发制人打击首先摧毁中俄两国的导弹基地，将会使得双方力量对比发生较大变化，使得力量平衡明显向有利于美国的方向倾斜。这是因为在遭到美国抢先打击后，中俄两国的导弹力量将严重受损，只能发挥部分作用。而美国在决定采取先发制人的打击后必然会做好充分的导弹防御准备以伺对手的报复，这进一步削弱了中俄两国导弹力量的报复效果。

国家进行动员或攻击是因为它们发现先发制人有着明显的优势，而且它们担心会受到其他国家的先发制人打击，因此更倾向于抢先动手。从这一点来看，先发制人的动机是自我扩展的，即在攻击者的思维中会产生一种相互螺旋式促进的担心，从而构成主要的先发制人动机。由于双方都知道对手可能担心受到先发制人攻击，这一螺旋式的相互作用将不断发展。正如谢林在《冲突的策略》中所指出的那样：当存在抢先行动的好处时，国家就会担心对手会这样推理自己的策略——我们认为它将进攻；所以它认为我们会抢先进攻，因此它的确这么做了；所以我们必须要比它更加提前发起进攻。[①] 实际上，格林·斯奈德在《威慑和防御》一书中进一步论证了一个陷入这种安全顾虑的思维循环的国家总是倾向于先发制人，无论其处于劣势还是优势地位。[②]

第五，如果一国发动战争所需的时间长，对手发动预防性战争的可能性大，即一国会利用对手漫长成长过程中的脆弱状态，预防性地摧毁对手的成长。斯蒂芬·范·埃弗拉提出了一种所谓的“机会与窗口理论”来解释这种预防性战争的爆发原因。他认为，当国家预计现在开始一场战争比以后开始一场战争会有更好的结果时，

---

① Thomas Schelling, The Strategy of Conflict, Cambridge: Havard University Press, 1960, p. 207.

② Glenn H. Snyder, Deterrence and Defense: Toward a Theory of National Security, Princeton: Princeton University Press, 1961, p. 104.

战争便有可能发生。这种诱因主要来自两个方面：一是抢先行动的利益，二是相互竞争的国家之间均势的转移（斯蒂芬·范·埃弗拉将其称之为“窗口”）。[①] 抢先行动的利益会促使冲突双方都产生战争诱因，这一点在原因4中已经说明。而对于“窗口”产生的战争诱因则源于处于衰落状态的国家希望早点开始战争，而在崛起中的国家在权力转移完成前的“窗口”期避免战争。处于衰落中的一方发动战争的目的是通过预防性打击防止以后在更加恶劣环境下的冲突，或为了避免以后由于处于弱势地位而被迫谈判。

对于原因5，主要指美国通过发动预防性战争终止对手的战略性军事力量建设以及对美国构成的严重军事威胁。这种战争主要针对朝鲜和伊朗进行，因为中国和俄罗斯均已拥有可信的核报复能力，美国不会冒险通过军事手段终止两国发展军事力量。但是伊朗和朝鲜的军事报复能力还十分有限，这为美国实施该方案提供了安全保证。美国政府在2010年《弹道导弹防御评估报告》中指出，朝鲜和伊朗正在发展的“大浦洞-2”和“信使-2”洲际弹道导弹将会对美国本土构成威胁，虽然目前两国的洲际弹道导弹技术还不成熟，但是随着时间的发展，两国很可能会真正拥有此能力并扩充导弹数量，而美国政府将寻求使用各种手段消除这一威胁。[②] 此外，两国长期作为美国政府眼中最大的核扩散威胁，这也为美国运用军事手段先发制人摧毁其核设施或核武器提供了理由和动机。

第六，进攻容易使决策者更加愿意用战争制造对自己有利的既成事实，由此导致更多的战争。既成事实预示着取得政治胜利的更大机会，而不是心平气和的磋商，因此使得战争的风险增加了。当

---

① 使用“窗口”这一术语指代一国相对实力处于即将衰落或是正在衰落的一个时期始于20世纪70年代。“窗口”从类别上可以分为“机会窗口”和“脆弱性窗口”或“长期窗口”与“短期窗口”。“机会窗口”指一种正在减弱的进攻性机会，而后者指一种正在成长的防御性弱点。“长期窗口”产生于均势过程中的缓慢趋势，这源于经济增长或军力扩充的不同速度。“短期窗口”产生于能迅速改变均势的行动，包括军事动员部署。

② Robert Gates, Ballistic Missile Defense Review Report, Washington D. C.: Department of Defense, February 2010, p. iii.

进攻容易时，国家更加容易受到吸引去推行既成事实的外交，而既成事实更可能导致战争。[①] 这是因为一项成功的既成事实策略如果能够获得资源的话，就会使进攻方的实力增强，从而对他国构成更大的威胁。因此，既成事实策略还会引发其他国家更加强烈的反应，即被迫面临既成事实的国家会选择更快地开战而不是避免或推迟战争，因为它们担心因进攻容易方的既成事实策略而遭受更大的威胁或损失。

对于原因6，首先美国对于中国和俄罗斯来说不满足进攻容易这一前提要求。而中国政府长期主张用和平手段解决国际争端。因此，通过战争制造有利的既成事实并不符合中国一贯的外交主张和国家战略。中国尽管对周边国家可能符合进攻容易这一前提，但中国的决策者明显表现出对利用战争制造有利于自己的既成事实的反对，因此中国也不符合由于进攻容易而易于引发战争的情况。俄罗斯虽然在近些年里倾向于使用军事手段解决与周边国家间的矛盾，但每次冲突的起因都是欧美国家挑动俄罗斯的邻国对俄挑衅，迫使俄罗斯以强硬手段回击。俄罗斯寻求的是周边安全稳定的地缘政治格局，并不希望引发战争，在动荡局势中获利。

美国虽然有对伊朗的进攻优势，但小布什政府发动的两次中东战争已经使美国背负了沉重的政治和经济负担，奥巴马上台后陆续从中东撤军说明美国已无意继续在中东发动战争。对于朝鲜，美国一方面具有进攻优势，另一方面可以通过战争制造有利于自己的国际形势：首先，战争将使日韩等国在安全上更加依赖美国；其次，战争可以为美国向亚太地区部署更多军事力量提供借口；最后，战争一旦爆发，中国的经济、政治和安全环境必将遭受巨大冲击，所以间接遏制了中国的崛起。

第七，进攻容易使决策者不愿意谈判，使得避免战争的谈判难以成功。首先，当进攻占优时，国家可能会更多地违反协议，因为

① Richard Lebow, Between Peace and War: The Nature of International Crisis, Baltimore: John Hopkins University Press, 1981, pp. 61 – 62.

欺骗可以得到更大的回报。而且，当征服显得容易时，实力的变化会变得更为剧烈，所以国家就不太会强迫对方遵守协议。因此，协议的有效期更短了，它们看起来就更不重要了，国家就更少会去寻求和达成协议。其次，当国家真的进行协商时，如果进攻占优，它们之间的讨价还价会更加艰难且更少会让步。为了达到双方一致，协议必须更加精细地平衡，因为任何一方获得的一种相对得利于另一方的安全都会造成更大的危险。最后，当进攻占优时，对是否遵守协议的核查，既显得更为必要也更为困难。国家会坚持对他国的遵守情况进行更全面的核查，因为较小的违背情况就可能产生较大的安全问题；同时，对是否遵守协议的核查也更为困难，因为当安全是稀缺产品时，国家的行为总是秘密进行和遮遮掩掩。结果就是能够进行谈判的事物被限定到很小的范围之内。

对于原因7，大国之间的战争如果不能通过谈判加以解决，必将会升级为全面战争，而这是任何一方都不希望看到的。因此，中俄两国一旦和美国发生军事冲突，冲突的双方很快就会本着化解冲突危机的目标进行谈判。这是因为美国虽然对中俄在军事上存在一定力量优势，但是并未达到进攻容易的地步，也就是说，美国在和中俄两国的军事对抗中不会低估战争的代价。而在原因6中也已经提到，中俄两国并无主动寻求战争谋利的动机，因此在与周边邻国发生军事冲突时，也希望通过对话谈判的方式解决纠纷。

但是，冷战后美国政府在中东地区发动的三次战争表明，一旦美国寻求通过军事手段攻占一国，美国政府往往不会与冲突的另一方进行谈判，正如其在阿富汗战争、伊拉克战争和利比亚战争中寻求的是彻底推翻他国政权。同样地，如果美国政府决定对朝鲜和伊朗采取军事手段，交战双方谈判的大门几乎完全关闭。这是因为，一方面美国认为朝鲜和伊朗对内实行“独裁专制统治”，对外实行激进民族主义，因而不具备民主国家间通过谈判达成妥协的国内政治基础，即一旦开战，朝鲜和伊朗将会用尽全部的军事力量竭力抵抗，美国不会对朝鲜和伊朗的政治让步存有期望。另一方面，由于军事力量相差悬殊，美国有实力在短期内完成对两国的突袭而实现征服，相较于谈判，征服可以获取更多的利益，而且可以防止对手假借谈判之名拖延战争进程，争取外援或喘息时间，将美国拖入长期战争造成预期目标难以按时完成或战争由于他国或国际社会的介入而被迫中止。

第八，进攻容易迫使决策者将外交与国防置于高度机密的状态，从而增加双方误判的可能性。这是因为，任何导致伪装军事弱点、保持高度军事机密或是迅速军事变化的情况都会通过使得对军事能力的评估模糊化而产生误判，即错误的乐观主义或错误的悲观主义；而抢先行动的利益使得国家为了麻痹对手而伪装弱点，然后为其发动突然袭击创造成熟的条件。[①] 而对手一旦被麻痹，则一定对军事平衡持有过于乐观的态度；如果对手没有被麻痹，则往往会更加担忧，甚至过分夸大对方试图掩盖的军事实力。前者有可能使对手基于进攻有利，进而发动进攻，后者有可能使对手因害怕错失最佳时机而抢先发动预防性打击。斯帝芬·埃弗拉指出，在一个由抢先行动利益的世界中，为了保持采取突袭行动的能力，国家往往会更加小心地隐藏其军事计划和实力，否则目标就会得到预警而失去实施战术突袭的机会，但是，这种保密实际上会因决策者可能发布引起未预料的军事后果的命令，从而增加因疏忽而导致战争的风险。[②]

对于原因8，美国政府长期诟病中国军事透明度问题。一是在美国看来，中国拥有一支强大的军事力量，但在武器装备和军事战略上高度保密，使得美国政府无从了解中国军事行动的真实动机。二是美国认为中国政府在隐瞒其真实军费，并秘密扩充其战略军事力量。这就使美国政府不得不怀疑中国秘密扩军的真实动机，是单纯

① 斯蒂芬·范·埃弗拉：《战争的原因》，上海：上海世纪出版集团，2007年版，第25页。

② 例如1914年7月，俄国文官同意在7月24日进行初步的动员，但是没有预料到如果这激起了德国的动员的话，战争就会立即爆发。因为俄国人不知道德国当时的军事动员计划包含了动员和进攻两个方面，即动员一旦开始，德国就会利用常备军向比利时发动一次隐秘的突然袭击。因此，俄国人在未了解其行为的深远影响下就进行大规模动员，实际上就是点燃了战争的导火索。

为了防御还是为今后发动突袭做准备。西方军备杂志《简氏防务周刊》认为："中国实际军费应当是其公布数字的五倍以上。"而伦敦战略研究所得出的结论是中国实际军费为其公布数字的三倍左右。[①]

对于朝鲜，美国同样可能因误判而首先发动对朝战争。一是如果美国无法判断朝鲜导弹发射的性质，有可能主动对其实施拦截而引发和朝鲜之间的战争。日本和韩国也有可能未经美国同意而自主拦截朝鲜导弹或摧毁朝鲜核设施，使美国被动卷入对朝战争。二是由于美国并不清楚朝鲜的具体军事行动计划和安全压力承受底线。因此，美国在亚太地区的行为可能仅是从对朝施压的考虑出发，却有可能被朝鲜误判，或成为触发朝鲜发动军事打击的信号。如美国和日韩等国近年来频繁在东北亚地区进行的大规模军事演习，已经多次迫使朝鲜威胁发动军事打击进行报复。由于朝鲜无法预知美国的具体军事行动计划，因此不能排除美国利用军事演习直接对其进行斩首行动，因而朝鲜也可能会因为误判美方的行动目的而发动预防性战争。三是由于美国对朝鲜的导弹力量并没有十分充足的把握，因此，同样存在美国低估朝鲜当前的导弹实力，导致对战争结果的过于乐观预期和自信而对朝采取军事行动。虽然美国近年来一直在宣扬朝鲜的导弹实力不断提升，威胁越来越大，但是美国军方和情报部门实际上还存在另一种观点，即朝鲜过于夸大了自己的导弹实力，其导弹数量十分有限，不足以对美国在亚太地区的军事力量构成威胁，更不足以对美国本土构成实质性威胁。[②]

对于俄罗斯和伊朗，美国政府对两国的军事力量和军事战略相对了解，各类军事安全报告中也无对两国军事透明问题表示担忧的表述。

第九，军备竞赛难以控制，增加了盲目乐观和预防性战争的可能性。斯蒂芬·埃弗拉指出，当国家误解它们的相对实力、相对意

① 滕建群：《论中国的军事透明度》，《国际问题研究》，2009 年第 3 期，第 48—49 页。

② 对这一观点的支撑参见 Markus Schillerr, "Characterizing the North Korean Nuclear Missile Threat," RAND Corporation Technical Report, 2012.

志，或是其盟国的相对数量、实力或意志时，就会产生错误的对胜利的希望，进而助长军备竞赛，形成恶性循环。[①] 如原因8所说，进攻容易会使一国决策者将其国防安全置于高度保密的状态，而保密也会造成对对手的军事计划作最坏的评估而反应过度，进而加速军事变化的步伐，打开“窗口”并促成盲目的乐观主义。[②] 此外，这是因为保密妨碍了国家之间对彼此军备水平的核查措施，从而抑制了军备竞赛协议的达成和遵守。

对于原因9，美俄之间签署了包括《中导条约》《关于削减进攻性战略武器条约》和《部分禁止核试验条约》等重要军控条约。这些条约的签署大大限制了两国的军备竞赛，缓解了两国对彼此军备的不安全感，降低了由此引发的战争预期。从近几年美俄两国在军备发展和限制问题上的国际互动来看，并不存在彼此做最坏评估而反应过度的问题。中国虽然没有签署这些军控条约，但是在美国看来中国正在快速提升其军事力量的现代化水平。一方面，中国的军事技术虽然得到了明显增强，但还远远落后于美国，因而中美两国还未陷入军备竞赛的紧张对峙状态。另一方面，中国的核威慑力量已经成型，美国不会因为其军事水平领先于中国而打开所谓的“机会窗口”或对进攻中国的结果产生盲目乐观的估计。

上述限制军备竞赛和降低美国对战争产生乐观预期的条件，在美国针对朝鲜和伊朗问题上并不具备。一方面，朝鲜和伊朗被美国视作“流氓国家”，即使签署了部分限制军备发展的军控条约，仍然没有履行条约的信誉可言。另一方面，朝鲜和伊朗一直在抓紧研制射程更远的弹道导弹，打击目标就是美国本土或者美国的地区盟国。尽管美国及整个国家社会都采取了制裁措施，但依然没能使两国放弃发展相关武器技术，也就是说两国正在与美国展开军备竞赛，即使后者远远领先于自己。但是美国的战略思维一向习惯设定假想敌，

---

① 斯蒂芬·范·埃弗拉：《战争的原因》，上海：上海世纪出版集团，2007年版，第19页。

② 有关保密引发反应过度的研究参见 Thomas C. Schelling, Morton H. Halperin and Donald G. Brennan, Strategy and Arms Control, New York: Twentieth Century Fund, 1961, pp. 34 – 37.

在朝鲜和伊朗已经具备威胁美国地区安全利益的情况下，美国倾向于夸大对手的威胁能力和军备竞赛的决心与进程，因此，美国有可能对两国发动预防性战争以终止其导弹技术发展，从而将两国的军备实力限制在一个较低的水平，使美国对两国发动战争可以容易实现征服的“窗口”保持打开。

对于原因 10，相当于原因 8 对于国家间战争预期影响的催化剂和放大器，没有从本质上改变国家间的战争预期，因此影响结果与原因 8 相同。通过对攻防对比关系影响战争爆发可能性的十个原因在中、俄、朝、伊四国的具体分析，我们可以将美国政府依据“进攻—防御理论”对上述欧亚四国与美国之间有无战争预期做出如下统计。（参见表 3—3）

表 3—3　在美国政府认知下欧亚四国有无战争预期的情况统计

	中国	朝鲜	俄罗斯	伊朗
原因 1	有	无	有	无
原因 2	无	无	有	无
原因 3	无	有	有	有
原因 4	有	有	有	有
原因 5	无	有	无	有
原因 6	无	有	无	无
原因 7	无	有	无	有
原因 8	有	有	无	无
原因 9	无	有	无	有
原因 10	有	有	无	无

从表 3—3 可以看出，欧亚四国在美国政府的战争预期评估中，朝鲜卷入战争的可能性最高，即或者由朝鲜首先发动战争，或者由美国先发制人对朝采取军事行动。总之，朝鲜半岛以至于整个东北亚地区都明显处于进攻占主导的地区安全模式，因而危机稳定性最

低。中国虽然一直倡导积极防御的军事战略，但在美国看来，所有涉及中国的战争预期中，先发制人的一方都是中国。美国判断中国因主权争端先发制人采取军事行动的地区最有可能在台湾，其次是南海，再次是东海。这些地区中，与中国存在主权矛盾的行为体背后都有美国的支持，本质上都是中美之间的战略博弈，因此无论中国攻击的对象是否是美国及其盟友，最终都有可能转变为中美之间的军事对抗。而且从近几年的美国政府及智库报告可以看出，美国已经意识到随着中国反介入/区域拒止能力的不断增强，未来美军将越来越难向冲突地区投送军事力量来遏制中国的扩张。因此，奥巴马政府判断，在中国反介入/区域拒止能力所及的地区，处于中国进攻占主导的安全模式，危机稳定性偏低。综合中国和朝鲜的战争预期情况来看，奥巴马政府时期亚太地区总体上处于进攻占主导的安全模式，危机稳定性偏低。

俄罗斯近年来在对外军事战略上日趋强硬，但总体上看，由于一个势均力敌的北约存在，俄罗斯在军事行动上能够保持应有的克制。如 2015 年“俄土危机”中，俄罗斯明明有充足的理由和实力趁机向土耳其宣战，但考虑到土耳其是北约成员国，普京最终决定仅通过经济制裁实施报复。① 如果将普京处理这一事件的方式与此前的“南奥塞梯事件”和“乌克兰危机”进行对比，联系表 3—3 中俄罗斯卷入战争的预期情形，奥巴马政府应该也能意识到，在北约控制范围内的欧洲地区，其危机稳定性实际上较高，只要西方国家不去触犯俄罗斯传统势力范围内的核心利益（原因 1）、北约扩张不过分挤压俄罗斯的战略空间（原因 2 和原因 3）、美国的导弹防御系统不要打破美俄之间的战略威慑力量平衡（原因 4），后者并不愿意向欧

① 2015 年 11 月 24 日，两架俄罗斯苏 –24 战斗轰炸机在叙利亚执行打击“伊斯兰国”任务时，在叙土边境遭遇土耳其 F –16 战斗机攻击，一架飞机被击落，两名飞行员跳伞落入活动在叙利亚、土耳其边境的土库曼旅手中后被枪杀。事件发生后，俄罗斯国内对土耳其实施军事报复的呼声高涨。该事件是自 1952 年以来，北约国家第一次击落俄罗斯战机，也是欧洲国家对俄罗斯的一次明显的军事挑衅。

美国家发动战争。更为重要的一点就是，俄罗斯与北约之间依旧存在冷战时期“相互确保摧毁”的核威慑平衡，也就是说任何一方的先发制人式攻击都可能面临另一方的核报复，因此双方都会极力避免军事冲突的爆发和升级。对于伊朗而言，虽然美国在多份报告中均将其列为安全威胁，但是依据“攻击—防御理论”，伊朗的军事力量并不具备攻占任何欧洲国家的条件，未来欧洲地区的战争预期中只有当欧美国家的扩张迫使伊朗强烈反应而引发军事危机时，伊朗才会成为先发制人的一方以避免本国军事力量被美军抢先摧毁（原因 3 和原因 4），其余三种涉及伊朗的情况都是由美国或欧洲发起的先发制人式预防性战争。（原因 5、原因 7 和原因 9）。但是随着伊朗核协议的签署，美伊关系正在朝着和解方向发展的情况下，美国对伊朗发动战争的可能性已经大大降低。奥巴马在 2013 年联大会议上明确表示美国无意变更伊朗政权，而且美国已经从中东地区撤军，因此，美国短期内不会在中东重新上演伊拉克和利比亚式战争。综合俄罗斯和伊朗的战争预期情况，在奥巴马政府时期，欧洲总体上处于防御占主导的地区安全模式，危机稳定性较高。

二、美国对欧亚地区军备竞赛稳定性的比较

对于军备竞赛稳定性高低的评判标准，李彬在《军备控制理论与分析》一书中指出，“在某种军备格局下，如果一个国家发展军备的某个行为很容易引起对手扩充军备，那么这种情况被称作军备竞赛稳定性很低；如果一个国家发展军备的行为不容易引起对手扩充军备，那么这种情况被称作军备竞赛稳定性很高”。①

常规武器领域内，根据现实主义提出的“安全困境”逻辑，一国的军备行为容易导致另一方采取对应的措施，引发军备竞赛，其逻辑是：在无政府状态下的国际体系中，国家间相互不信任，彼此担心会受到对方攻击，将追求安全作为自己的首要目标；为了达到

① 李彬：《军备控制理论与分析》，北京：国防工业出版社，2006 年第 1 版，第 83 页。

安全的目的，各国不断增加军费、扩充军备，试图在军事上获得优势地位，以此改善自身面临的安全状况；由于相互惧怕，一国的扩充军备行为很容易被另外的国家看做是针对自身的行为，所以同样增加军费、扩充军备。[①] 这样，一国的军事优势很快被其他国家同样的军备扩张努力所打破，导致军备竞赛持续升级。因此，各国的扩军并不能带来绝对的安全，反而使各方陷入无法解脱的安全恐惧与军备竞赛之中。[②]

在核武器领域内，一国采取的核军备行为是否会刺激另一方采取相应的核军备措施，这就需要将核武器的饱和度结合起来加以考虑。如果一国认为进攻性核武器具有饱和效应，即核武器的数量增加到一定程度时，获得对对方毁伤效果已经饱和时，那么就会考虑控制增加核武器的数量。相反，一国发现对方在增加核武器，但自身已经具备了进行第二次核打击的能力，核武器的攻击效果也具备了在第二次打击中摧毁敌人的能力，那么也可能考虑在敌人增加核武器的背景下自身不增加核武器。当然，核军备稳定性也是一个对攻防力量进行评估的结果，因此同样受到心理认知的影响。除了考虑自身核武器是否达到饱和外，还会考虑攻防问题。尽管具备饱和的核攻击能力，还是会考虑核武器是否能够突破对方的防御系统而发挥效力。比如一国将部署防御性的系统就可能引发其他国家加强突防武器研发，从而将军备竞赛的焦点从进攻性领域的较量转换为攻防领域的竞赛。[③]

在比较美国政府对欧亚地区军备竞赛稳定性的判断时，尤其重要的一点就是需要从美国决策者的角度来看待他国与美国的军备互动。由于军备竞赛与安全困境联系密切，因此纠结于哪一方首先挑

---

① 孙逊、潘远强：《冷战后美国核威慑政策与国际战略稳定》，北京：军事谊文出版社，2009 年版，第 119 页。

② John H. Herz, "Idealist Internationalism and Security Dilemma," *World Politics*, Vol. 2, 1950, p. 157.

③ 孙逊、潘远强：《冷战后美国核威慑政策与国际战略稳定》，北京：军事谊文出版社，2009 年版，第 120 页。

起的军备竞赛很容易陷入逻辑上的死循环。中国学者和一些对地区导弹防御系统持消极态度的美国学者认为，正是美国政府建立的地区导弹防御系统降低了地区军备竞赛稳定性，引发了地区行为体加速发展进攻性军事力量。[①] 而事实上，大部分美国学者及美国政府在分析或制定地区导弹防御政策时并不奉行这样的战略思维，而是将美国在各地区加强导弹防御系统建设的动机归因于该地区本身军备竞赛稳定性低。许嘉在《美国战略思维研究》一书中指出，“美国政府的战略哲学将其安全观建立在‘绝对优势’‘安全必须扩张’和‘危机感’基础之上；其战略制定主体具有‘民族优越感’‘天赋使命感’和‘竞争意识’的心理特征”。[②]

因此，美国政府在判断某一地区军备竞赛稳定性时并不将本国部署在该地区的导弹防御系统和其他武器装备视作军备竞赛的原因，而是将其他国家的军备发展趋势和军控条约签署情况作为评估某一地区军备竞赛稳定性的参考依据。[③] 在美国政府看来，某地区军备竞赛稳定性高需具备以下三个条件：一是其他国家的武器装备发展不会打破与当地美军之间的实力对比格局，从而迫使美国扩充在该地区的军备；二是美国在该地区扩充军备的行为并不容易引起该地区其他国家扩充军备；三是该地区的其他国家受到军控条约限制而不能扩充对美国构成威胁的军备。与欧亚地区危机稳定性的评估对象一样，美国政府对欧亚地区军备竞赛稳定性的比较也主要基于对中

---

① 持有该观点的中国学者占多数，代表性研究参见李彬、聂宏毅：《中美战略稳定性的考察》，《世界经济与政治》，2008 年第 2 期，第 16—17 页。持有该观点的美国学者代表性研究参见 Michael Mayer, US Missile Defense Strategy: Engaging the Debate, London: First Forum Press, 2015, pp. 183 – 205.

② 许嘉：《美国战略思维研究》，北京：军事科学出版社，2003 年第 1 版，第 100—176 页。

③ 这两个影响因素的选取主要根据美国各大智库出版的多份对美军武器装备发展的评估报告中，往往将他国军备的研发和部署情况，以及该国受所签署军控条约的限制作为预测他国军事能力和提出对策建议的依据。参见 David W. Kearn, Facing the Missile Challenge: U. S. Strategy and the Future of the INF Treaty, RAND Corporation, 2012; Robert Martinage, Toward A New Offset Strategy: Exploiting U. S. Long – Term Advantages to Restore U. S. Global Power Projection Capacity, Center for Strategy and Budgetary Assessments, 2014.

国、俄罗斯、朝鲜和伊朗四国军备发展情况的评估。下文将逐一分析四国在上述三个条件中的情况，以对欧亚地区的军备竞赛稳定性高低做出判断。

首先，在美国政府的认知中，中国无法满足美国对高军备竞赛稳定性要求的任何一个条件。第一，奥巴马政府认为中国在导弹方面的现代化和军备扩充正在改变亚太地区的军力格局，美军应将对此做出反应。2009 年，美国海军战争学院教授安德烈·埃里克森指出，中国的反舰弹道导弹的军备建设已经严重威胁到美军在亚太地区力量投送的安全，并使该地区的军事安全格局向着有利于中国而不利于美国的方向发展，对此美国政府应着力研究针对中国 A2/AD 能力的军备扩充方案。① 第二，在美国政府看来，美国在亚太地区导弹防御系统的部署引起了中国全方位的针对性军备扩充。2009 年《中国军力报告》估计，中国正在以每年至少 100 枚的速度增加其各类导弹数量。② 除了数量上的增加，中国还加快了本国各类弹道导弹突防技术的升级，如利用反红外技术实现弹头隐身、采用多弹头分导技术混淆对手的跟踪雷达，以及通过高超音速飞行缩短对手雷达预警时间。此外，中国还在研制本国的导弹防御技术和反卫星武器。2007 年 1 月，中国利用弹道导弹实施了反卫星试验。该技术被美国视作专门用来摧毁其目前导弹防御系统中的预警跟踪卫星和正在研制中的天基反导拦截系统。③ 美国军事专家认为，根据条件威慑理论，一个对现状不满的行为体如果拥有导弹防御系统，将会增加该

---

① Andrew S. Erickson and David D. Yang, "Using the Land to Control the Sea: Chinese Analysts Consider the Anti - ship Ballistic Missile," Naval War College Review, 2009, Vol. 62, No. 4, pp. 53 - 86.

② Office of the Secretary of Defense, Annual Report to Congress: Military and Security Developments Involving the People's Republic of China 2009, Washington D. C.: Office of the Secretary of Defense, 2009, p. 25.

③ Theresa Hitchen, "U. S. - Sino Relations in Space: From Wars of Words to Cold War in Space?," China Security, No. 4, Winter 2007, pp. 12 - 30.

地区导弹扩散的风险。[①] 而前面已经谈到，美国认为中国在试图改变亚太力量对比格局。因此，近年来中国发展本国导弹防御系统“红旗9”的行为，在美国看来也会对地区军备竞赛稳定性构成消极影响。第三，中美之间没有签署类似于《中导条约》（INF）和《美俄关于进一步削减和限制进攻性战略武器条约》（START II）的双边军控与裁军条约，使得美国对中国能够不受限制地发展各类弹道导弹和扩充战略武器库的现状十分不满。2012 年兰德公司的一份导弹威胁评估报告指出，INF 限制了美国的导弹力量建设，然而中国一方面在质量上和数量上不断增强这一力量；另一方面，由于中国不是“导弹技术控制制度”（MTCR）[②] 的成员国，且与朝鲜和巴基斯坦关系密切，中国有可能会增加地区导弹技术扩散的风险。[③] 鉴于此，奥巴马上台后一直在与俄罗斯谈判，提出要么对 INF 做出修改，要么吸收中国加入该条约，否则美国将考虑退出该条约以避免本国在未来与中国的导弹军备竞赛中处于不利地位。

其次，从目前的情况来看，俄罗斯无论是出于主观意愿还是受客观条件限制，基本上符合美国对高军备竞赛稳定性要求的三个条件。第一，虽然俄罗斯近些年不断提升其现有导弹的突防能力，但由于受到 INF 的射程限制以及国内经济困难导致生产力限制，俄罗斯的军备发展现状在美国看来并没有改变两国在欧洲地区的力量对比格局。美国导弹问题专家迪安·威尔金认为，俄罗斯的战略导弹数量要比其声称的数量少，而且多数是苏联时期的老式装备；财政

---

① Ronald L. Tamen, Power Transitions: Strategies for the 21st Century, New York and London: Chatham House Publishers Seven Bridges Press, 2000, p. 103.

② 导弹技术控制制度（Missile Technology Control Regime – MTCR），建立于 1987 年，是美国等西方七国建立的集团性出口控制制度，旨在防止可运载大规模杀伤性武器的导弹和无人驾驶航空飞行器及相关技术的扩散，是目前国际军控领域唯一约束导弹扩散的国际制度和多边安排。该制度与美国的导弹防御计划共同构成了美国在冷战后防止发展中国家导弹力量威胁美国本土和全球利益的重要工具。该制度目前有 35 个成员国，但中国不是其中之一。

③ David W. Kearn, Facing the Missile Challenge: U. S. Strategy and the Future of the INF Treaty, RAND Corporation, 2012, p. 24.

上的困难使俄罗斯在被迫淘汰旧式战略武器的同时难以生产出相当数量的现代化战略核武器，所以即使 START III 前途未卜，未来俄罗斯也很难将其战略核力量维持在 START II 水平之上。[①] 因此，奥巴马政府时期，美国没有针对俄罗斯的导弹示威行为扩充欧洲地区的军备，相反还积极推动第二阶段战略武器削减，并在欧洲地区导弹防御系统建设中有意避免刺激到俄罗斯。第二，从近几年俄罗斯的军备建设情况来看，虽然俄罗斯在各种场合对奥巴马政府执意推进 EPAA 部署持强烈批评态度，并通过导弹突防技术试验和核力量演习威慑北约集团，但由于第一点中提到的两个客观因素的制约，以及奥巴马政府时期美国的导弹防御系统建设并没有对俄罗斯构成实质性威胁，俄罗斯实际上并没有针对美国的欧洲导弹防御系统大规模扩充导弹力量，也没有开展反导军备竞赛，主要以技术手段升级替换了部分老旧导弹，且数量有限。这种武器装备的更新换代和升级符合一国军事力量发展的基本需求和正常规律，并非受美国发展导弹防御系统刺激而表现出过于担心本国出现脆弱性"窗口"而进行的针锋相对的军备竞赛。第三，美俄之间继承了冷战时期美苏签署的大量抑制军备竞赛的军控条约。虽然美国退出《反导条约》对全球军备竞赛稳定性造成了强烈冲击，但美俄目前执行的《中导条约》和《美俄关于进一步削减和限制进攻性战略武器条约》以及俄罗斯加入的其他国际多边军控与裁军条约已经有力地限制了俄罗斯扩充对美国构成严重威胁的各类武器装备。尽管美国指责俄罗斯在贯彻相关条约时存在违规行为，但总体上俄罗斯的军备受到了美俄之间主要军控条约的有效限制，短期并不会出现受限制武器装备被大量部署的情况。因此，美俄之间的军备力量平衡被维持在一个相对稳定的状态，这增加了奥巴马政府对于美俄之间军备竞赛稳定性的信心。

最后，朝鲜和伊朗相比，国内武器研制不受核军控条约限制，

---

① Dean A. Wilkening, Ballistic – Missile Defence and Strategic Stability, New York: Oxford University Press for The International Institute for Strategic Studies, 2000, pp. 82 – 83.

是造成美国对其军备竞赛稳定性判断偏低的主要原因。从核军控条约签署情况来看，朝鲜既没有签署《部分禁试条约》也没有签署《全面禁止核试验条约》，而伊朗通过了《部分禁试条约》并签署了《全面禁止核试验条约》。[①]《2025—2050美国核战略与态势》报告认为，如果美国不能有效阻止核扩散，将会使美国在相应地区延伸威慑承诺的可信度显著下降；报告特别指出朝鲜的核试验和导弹试验正在逐渐侵蚀亚太盟国对美国延伸威慑承诺的信心，但报告中没有在该问题上批判伊朗。[②] 对此，主张通过常规武器来重建地区军力格局的美国自由派智库"史汀生中心"则建议美国政府进一步扩大常规军备在技术和数量上的优势，增加在盟国的战区导弹防御系统部署，继续投入反导技术研发经费以改变目前攻防费用对比失衡的不利局面。[③]

综上所述，依据美国政府对军备竞赛稳定性的三个评判标准可知，中国和朝鲜的军备竞赛稳定性低于俄罗斯和伊朗。因此，在奥巴马政府的认知中，亚太地区的军备竞赛稳定性整体上低于欧洲地区。

三、结论

因为亚太地区的危机稳定性和军备竞赛稳定性均低于欧洲地区，所以亚太地区的战略稳定性总体上低于欧洲。根据条件威慑理论，增强导弹防御系统建设是美国政府提升某一地区战略稳定性的重要手段。因此，奥巴马政府期间，美国在亚太地区的导弹防御系统部署相对欧洲更加强势，表现出与欧洲地区不同的政策调整特点。

---

① 刘华秋：《国际军备控制与裁军主要条约缔约国一览表》，《军备控制与裁军手册》，北京：国防工业出版社，2000年第1版，第508—509页。

② Clark Murdock, Project Atom: A Comparative Strategy Approach to Defining U. S. Nuclear Strategy and Posture for 2025 – 2050, Center for Strategy& International Security, May 2015, pp. 9 – 10.

③ Barry Blechman and Russell Rubaugh, Protecting U. S. Security by Minimizing the Role of Nuclear Weapons: A New U. S. Nuclear Policy, The Stimson Center, May 2015, https://www.highbeam.com/doc/1P3 – 3746457321.html.

一方面，由于亚太地区的危机稳定性低于欧洲，即亚太地区爆发战争的可能性高于欧洲，奥巴马政府对加强亚太地区导弹防御系统的急迫性更高，因此在地区导弹防御系统部署的节奏上亚太地区要快于欧洲。此外，由于朝鲜和中国都已经拥有核武器，且前者的战略导弹水平不断提升，后者的战略导弹水平具有对美国本土可信的打击能力，在两国与美国之间的危机稳定性都偏低的情况下，奥巴马政府针对亚太地区部署了战略反导系统。另一方面，由于亚太地区的军备竞赛稳定性也低于欧洲，因此奥巴马政府在导弹防御系统的部署位置上表现出远离俄罗斯却向中国靠近，以及在欧洲的反导政策灵活性明显高于亚太的特点。这是因为在美国的判断中，由于中国既不受军控条约的限制，也拥有充足的物质基础，因而在与美国开展军备竞赛上具有更宽松的条件、更强的动力和更充足的信心。奥巴马希望通过加强对中国的反导包围，增加中国发展弹道导弹的研发费用和技术困难，从而降低中国与美国开展军备竞赛的信心以及向该地区其他国家扩散导弹技术的吸引力。

在美国的军事战略思维中，只要美国可以拥有绝对的技术和力量优势，对手就会放弃与之进行军备竞赛而被迫接受美国的优势主导地位。俄罗斯目前的军备建设同时受到军控条约和经济条件的双重限制，奥巴马政府不希望自己在欧洲的地区导弹防御系统部署给俄罗斯造成太大的安全压力，进而终止两国在军控与裁军上的合作进程，激发俄罗斯把更多的国家资源投入到与美国的军备竞赛上。以俄罗斯目前较为困难的经济状况和愈发强调“先发制人”的军事战略来看，一旦俄罗斯在国内经济承受较大压力的情况下与美国开展军备竞赛，两国之间的危机稳定性必然下降。因为俄罗斯只有通过对外侵略扩张才能获取维持军备竞赛所需的物资基础。因此，奥巴马对欧洲地区的导弹防御政策调整原则之一就是避免刺激俄罗斯，具体手段就是增加政策的灵活性以及在确保欧洲地区免受伊朗导弹威胁的情况下将反导装置部署在距离俄罗斯尽可能远的地点。

第三节 美国对欧亚地区战略安排的比较

朱强国在其博士论文《冷战后美国发展国家导弹防御的动因研究》中指出，“导弹防御政策始终为实现美国国家安全战略和军事战略的根本目标服务，并随着这两项战略的演变不断调整变化”；[①] 朱锋在《弹道导弹防御计划与国际安全》中提出，“美国的导弹防御政策很大程度上取决于当时政府奉行什么样的国家战略”。[②] 20 世纪 70 年代，尼克松以缓和美苏关系，维持相互确保摧毁的威慑格局为目标，与苏联签署了限制导弹防御系统发展的《反导条约》；20 世纪 80 年代，里根政府为了抵消与苏联的“导弹差距”，改变核威慑战略以进攻武器为主的模式，提出了全面发展导弹防御系统的“战略防御倡议”；20 世纪 90 年代，克林顿政府分析了后冷战时代美国战略环境的新变化，在反扩散战略和威慑战略指导下设计了由 TMD 和 NMD 构成的“弹道导弹防御计划”；进入 21 世纪，小布什以维护美国本土及盟友的绝对安全为由退出了《反导条约》，在“新三位一体威慑战略”指导下大力发展和部署各种新式反导武器装备，并提出欧洲“第三地计划”。因此，战略调整也是影响奥巴马政府调整地区导弹防御政策的重要因素。通过比较奥巴马政府对欧亚地区的战略安排，可以探寻其导弹防御政策的地区性差异成因。

奥巴马政府时期，美国最重要的战略调整就是“亚太再平衡”下的地缘战略重心东移。此外，联盟战略和威慑战略也是影响美国地区导弹防御政策制定的另外两个重要国家战略。美国国家战略在地区层面的集中体现就是联盟战略，而美国的地缘战略和威慑战略与联盟战略之间存在相互影响与相互渗透的紧密联系。地缘战略重

① 朱强国：《冷战后美国发展国家导弹防御的动因研究》，外交学院博士论文，2002 年 5 月，第 12—13 页。

② 朱锋：《弹道导弹防御计划与国际安全》，上海：上海人民出版社，2001 年第 1 版，第 171 页。

心的调整意味着美国的各项战略资源将在不同地区的联盟间重新分配，其中必然也包括作为重要军事资源的导弹防御系统。威慑从概念上可以分为慑止对手向本土发动袭击的“中央威慑”和慑止对手攻击第三国的“延伸威慑”。延伸威慑承诺是美国联盟战略的基础。随着奥巴马政府大力宣传“无核世界构想”，弱化核武器在威慑力量结构中的作用，导弹防御系统在美国延伸威慑战略中的地位逐渐提高。下文将从美国的地缘战略重心变动和欧亚延伸威慑战略的差异性入手，分析奥巴马政府对欧亚地区导弹防御政策的调整。

一、地缘战略重心的转移对美国地区导弹防御政策的影响

从2009年希拉里在东盟地区论坛高调宣称“重返亚太”,① 到2011年“美国太平洋世纪”口号的提出,② 再到2012年奥巴马在《防务战略指南》中确立“亚太再平衡”,③ 美国地缘战略重心的东移无疑是奥巴马政府期间最深刻的一次全球战略安排调整。美国之所以明确表示要将战略重心从欧洲和中东等热点地区转向亚太，主要是出于国内经济和效益产出的考量。首先，美国的国内经济状况难以支撑其继续在全球范围内扮演“世界警察”。小布什政府时期发动的两次中东战争和2008年金融危机使得奥巴马上台后同时面临对外军费开支过高和国内经济疲软的双重压力。对此，美国国会2011年通过的《预算控制法案》要求国防部在未来十年削减4870亿美元军费。④ 其次，欧美国家受金融危机冲击消费力下降的同时亚太地区

---

① Robert Burns, “Hillary Clinton Declares the U. S. is Back in Asia,” July 22, 2009, http: //www. chinapost. com. tw/asia/regional – news/2009/07/22/217346/hillary – clinton. htm.

② Hillary Clinton, “America's Pacific Century,” Foreign Policy, October 11, 2011, pp. 56 – 83.

③ Leon Panetta, Sustaining US Global Leadership: Priorities for 21st Century Defense, Washington DC: Department of Defense, January 3, 2012, p. 2.

④ Robert J. Samuelson, “Budget Sequestration? Would be a Dagger to Defense,” The Washington Post, March 4, 2012, https: //www. washingtonpost. com/opinions/budget – sequestrationwould – be – a – dagger – to – defense/2012/03/02/gIQArPfWrR_story. html? utm_term =. 284cfaa2c72b.

却依然保持着经济高速增长，所以在亚太地区投入的政治、军事和经济资源可以带来更大的回报。最后，以中国为代表的新兴大国的崛起使得奥巴马政府意识到，美国未来将难以在保持或降低原有战略资源投入水平的情况下继续维持亚太地区的主导权，进而可能会丧失该地区与之相联系的政治、经济和安全红利。

在此背景下，如果美国继续按照以前的比例在各盟国间分配军事资源，将会造成美国的相对力量优势在不同地区同时受到削弱，进而危及美国在各领域的全球利益。与其如此，不如减少在政治和经济“投入产出比”低的地区投入，增加在效益高的地区投入。也就是说，从联盟战略和地区层面来看，美国的战略重心转移，本质上是美国战略资源在不同地区同盟间的一次重新分配。而此次战略资源分配的原则概括起来就是：在不损害北约集团内部的政治稳定和外部环境安全的前提下，削减欧洲地区的投入；将有限的军事资源集中到亚太地区，为美国在该地区的政治和经济战略目标的顺利实现提供实力支撑和安全保障。反导武器装备是美国为盟国提供的重要军事资源，因此，此次战略重心东移必然会影响奥巴马政府的地区导弹防御政策调整。

在欧洲，EPAA 最初将完成时间定在十年后的 2020 年，一方面是出于技术成熟因素的考虑，另一方面也是为了将导弹防御系统部署的节奏放慢，通过延长时间来节省每年花在欧洲地区的部署经费。虽然奥巴马在 BMDR 中强调欧洲盟国要与美国分担导弹防御经费，但事实上，由于欧洲各国也深陷债务危机，国防经费也是北约盟国削减的重点之一，实际上欧洲地区的导弹防御部署基本上还是依靠美国的投入。2009 年，欧洲各盟国总共削减了 480 亿美元军费，只有英法两国达到了北约根据各成员国 GDP 设定的军费标准（2%）。[①] 对于盟友在军费分担上的消极态度，奥巴马政府只能口头督促。2011 年帕内塔在布鲁塞尔演讲时提醒北约盟国，“美国不会持续承

① 参见 World Bank，“Military expenditure（% of GDP），” SIPRI Yearbook：Armaments，Disarmament and International Security，http：//data. worldbank. org/indicator/MS. MIL. XPND. GD. ZS.

担目前水平的军费负担”。[①] 随后继任美国防长的盖茨则以更加严厉的态度警告盟国，“美国的耐心正在耗尽，美国政治家中很多人认为美国不应该继续把宝贵资金用在那些不愿意贡献必要资源的国家身上，因为它们没有严肃对待本国的防务，也不配成为美国的伙伴”。[②] 在奥巴马第一任期，虽然美国减少了欧洲地区的防务经费投入，但欧洲盟国似乎在军费削减上更胜一筹。2013 年《北约秘书长年度报告》通报的数据显示，从 2007—2013 年，美国虽然减少了对北约防务投入的经费，但其投入的贡献比重反而由 68% 上升到 73%，欧洲盟国和加拿大所占份额由 32% 下降至 27%。[③] 奥巴马政府对这一数据既感到失望也感到无奈。而美国只能依靠有限的资源缓慢推进 EPAA。第一阶段实际上只部署了一艘装备 SM－3 Block IA 的“宙斯盾”舰；而原计划于2011 年启动，2015 年完成的第二阶段，实际上直到2014 年才部署了第一艘装备 SM－3 Block IB 的“宙斯盾”舰和首部陆基“宙斯盾”系统。

除了部署进程被迫放缓，经费的不足也是奥巴马政府在与俄罗斯就导弹防御问题谈判中表现出较大灵活性或者说是易于妥协的重要原因。奥巴马上台之初在反导政策上态度强硬，明确指出部署导弹防御系统与削减战略进攻性武器无任何联系。[④] 但从 2012 年下半年起，奥巴马的态度开始软化，重新组织了专家评估欧洲地区的导

---

① US Department of Defense, “Carnegie Europe (NATO),” Remarks by Secretary of Defense Leon E. Panetta, Brussels, October 5, 2011, http://trove.nla.gov.au/work/157486802? q&versionId = 171669105.

② Michael Birnbaum, “Gates Rebukes European Allies in Farewell Speech,” Washington Post, June 10, 2011, https://www.washingtonpost.com/world/gates－rebukes－european－allies－in－farewell－speech/2011/06/10/AG9tKeOH_story.html? utm_term =.34147deb5569.

③ Anders F. Rasmussen, Secretary General's Annual Report 2013, January 27, 2014, http://www.nato.int/cps/en/natolive/opinions_106247.htm.

④ 张万里：《欧洲反导问题与美俄关系“重启”的前景》，《俄罗斯学刊》，2012 年第 1 期，第 23 页。

弹威胁，而其真实目的实际上是为下一步修改 EPAA 做铺垫。[①] 2013 年 3 月，奥巴马以集中资源防御朝鲜导弹威胁为由，宣布取消 EPAA 第四阶段的部署计划。5 月，奥巴马还写信给普京，表达了就欧洲反导问题与俄罗斯加强沟通的愿望。[②] 如果将奥巴马的态度转变与前面提到的这一时期美国和北约之间军费分担的矛盾相联系，我们可以推断，取消第四阶段部署计划并非奥巴马政府的本意，但是由于美国政府无力负担足够的反导经费，而北约盟友却口惠而实不至，所以客观上美国也无力继续推进相关装备部署。而奥巴马在这一方案上做出妥协后，既可以缓和与俄罗斯的对峙关系，进一步减轻北约防务的战略压力，又可以加快美俄第二阶段战略武器削减的裁军进程，从而使美国可以在继续减少对欧军事投入的同时，节省国内战略武器的维护费用。

在亚太地区，美国及其盟友在防务经费上的态度与欧洲地区截然不同。不仅美国政府多次追加反导经费用于在该地区部署更多、更先进的反导预警和拦截装置，日韩两国也积极主动地提升本国的防务经费。2011 年 11 月，奥巴马在澳大利亚演讲时承诺，美国防务预算削减不会以亚太地区的军力部署为代价；次年 1 月，奥巴马在国防部就《国防战略评估报告》讲话时再次重申了这一主张。[③]

---

① 2012 年 7 月，MDA 向国会提交的关于伊朗的弹道导弹评估报告显示，伊朗的短程导弹射程打不到北约国家；中程导弹的技术十分不稳定，精度极低，其宣称的能力存在很大的夸张成分；而远程导弹和洲际导弹短期内不会研制成功。参见 Greg Bruno, Iran's Ballistic Missile Program, Washington D. C.: Council on Foreign Relations, July 23, 2012, http://www. cfr. org/iran/irans - ballistic - missile - program/p20425.

② 《普京将给奥巴马回信 探讨导弹防御系统问题》，中国日报网，2013 年 5 月 20 日，http://www. chinadaily. com. cn/hqzx/2013 - 05/20/content_16512592. htm.

③ The White House, "Remarks by President Obama to the Australian Parliament," Washington D. C.: the White House Office of the Press Secretary, November 17, 2011, https://obamawhitehouse. archives. gov/the - press - office/2011/11/17/remarks - president - obama - australian - parliament; The Pentagon, "Remarks by the President on the Defense Strategic Review," Washington D. C.: the White House Office of the Press Secretary, January 5, 2012, https://obamawhitehouse. archives. gov/the - press - office/2012/01/05/remarks - president - defense - strategic - review.

2010 年国防部向国会提交的一份报告草案显示，在防务预算如此紧张的情况下，美国拟投资 120 亿美元全面升级关岛军事基地以巩固“第二岛链”防线建设。① 2013 年美国取消 EPAA 第四阶段部署计划后，国会批准了追加 10 亿美元经费用于在阿拉斯加增加 14 部 GBI 的提案。② 此外，美国甚至还鼓动北约参与亚太地区的军事力量投入。2013 年 1 月，帕内塔在阐述奥巴马第二任期战略目标时特别指出，欧洲应加入美国在亚太地区的防卫努力，扩大安全合作范围。③ 这种想法虽然不切实际，但传达了美国完全专注于强化亚太地区防务能力的政策倾向，以及将更多军事资源向亚太地区转移的鲜明态度。

奥巴马上台后，日韩两国为了有效支持和配合美国的军事“再平衡”，不断大幅上调军费支出。2016 年，日韩两国的军费分别达到 5.04 万亿日元和 42.7 万亿韩元，均刷新了两国军费的历史新高，在奥巴马政府期间实现了连续五年增长。④ 据美国国务院 2015 年底发布的《世界军费支出和武器转移报告》显示，日韩两国的军购总额分别位列世界第一和第三位，尤其是排在第一的日本，其军购总额甚至超过了第二名和第三名的总和。⑤ 与欧洲的北约盟国完全在导弹防御系统建设上依赖美国不同，日韩两国十分重视对本国反导系统的军事投入。2016 年日本政府提交的防卫预算案包括采购 147 亿

---

① 王浩：《过度扩张的美国亚太再平衡战略及其前景论析》，《当代亚太》，2015 年第 2 期，第 10 页。

② Chuck Hagel, “DOD News Briefing on Missile Defense from the Pentagon,” Washington D. C.: Department of Defense , March 15, 2013, http://archive.defense.gov/Transcripts/Transcript.aspx?TranscriptID=5205.

③ 赵晨、赵纪周：《美欧防务“再平衡”评析》，《国际政治研究》，2015 年第 2 期，第 87 页。

④ 各国历年军费见“Data for All Countries from 1988 – 2016 in Local Currency,” SIPRI Military Expenditure Database, https://www.sipri.org/sites/default/files/Milex – local – currency.pdf.

⑤ US Department of State, World Military Expenditures and Arms Transfers 2015, Washington D. C.: Bureau of Arms Control, Verification and Compliance, December 24, 2015, https://www.state.gov/t/avc/rls/rpt/wmeat/2015/index.htm.

日元的 SM－3 Block IIA 和花费 1000 亿日元升级 PAC－3 系统。[①] 这还不包括用于“宙斯盾”舰和各种预警雷达的采购与维护费用支出。而韩国在军费支出上更是有意向强化本国反导系统建设倾斜。2016 年通过的军费预算案，韩国国会在对抗朝鲜导弹威胁的“杀伤链系统”和“韩国型导弹防御系统”（KAMD）的分项预算草案基础上增加了 1668 亿韩元，达到 1.75 万亿韩元。[②]

盟友的大力支持和充足的军费投入为奥巴马政府以更快的节奏、更大的规模在亚太地区建立导弹防御系统提供了物质保障，同时也使美国在军事上对华保持强硬有了对抗信心和谈判底气。在 2012 年香格里拉对话上，帕内塔宣布在 2020 年以前要将美国在亚太地区部署的海军力量由欧亚各 50% 调整为亚太地区占 60%。[③] 这是奥巴马政府首次向世界传递美国军事战略重心东移的确切信号。为了实现这一目标，在反导驱逐舰方面，奥巴马政府将驻扎在欧洲地区罗塔港的“宙斯盾”舰由轮流部署改为永久部署，使得原先需要 10 艘才能完成的地区导弹防御任务现仅需 4 艘即可，从而释放出 6 艘部署到亚太地区。[④] 2014 年 10 月，驻日美军司令部宣布，美军将在日本附近海域增加部署 2 艘“本福尔德”号和“米利厄斯”号“宙斯盾”舰。[⑤] 截至 2015 年，美国海军在反导力量上就已将其 2/3 的“宙斯盾”舰（24 艘中的 16 艘）部署在亚太地区，在时间和规模上

---

① 《日本军费明年突破 500 亿美元叫嚣朝鲜威胁论》，中华网，2016 年 9 月 7 日，http://finance.china.com/news/11173316/20160907/23491424_1.html.

② 《韩国 2017 年国防预算增长高度重视防空反导》，中华网，2016 年 12 月 12 日，http://www.china.com.cn/military/2016－12/12/content_39892822.htm.

③ Jonathan Greenert, “Sea Change: The Navy Pivots to Asia,” Foreign Policy, November 14, 2012, http://foreignpolicy.com/2012/11/14/sea－change/.

④ 张茗：《奥巴马政府亚太军事“再平衡”剖析》，《现代国际关系》，2013 年第 4 期，第 39 页。

⑤ 任子晨：《奥巴马政府时期美国亚太军事部署的调整》，《国际研究参考》，2016 年第 8 期，第 7 页。

均领先于原定计划。[①]

对于日本积极替美国分担亚太地区防务负担的回报，美国政府通过政策声明和联合演习的方式给予其在对抗中国和突破“专守防卫”目标上更大力度的支持。2012 年 7 月，美国国务院发表声明，宣称钓鱼岛属于《日美安保条约》第五条的适用范围；同年 11 月，美国参议院全体会议决定，将上述声明作为补充条款写入《2013 财年国防授权法》中。[②] 通过频繁的美日联合军演，日本不仅可以测试包括反导系统在内的各种武器装备，而且可以向邻国展示实力，在钓鱼岛问题上威慑中国。仅 2012 年 4 月至 2013 年 3 月不到一年的时间里，美日就举行了超过 44 次军演，内容涉及“离岛夺还”和“反区域拒止”等明显针对中国短程弹道导弹威胁的演习科目。[③] 对于韩国，奥巴马政府则通过不断加快向其部署或出售更高性能的反导武器装备，以及在韩国政府受到来自中国的反对压力时立场鲜明地支持韩国，以此来鼓励朴槿惠政府在亚太地区导弹防御系统建设上的合作态度。针对中国就 THAAD 部署问题向韩国当局施压，美国多名军政高官在各种场合声援韩国。2015 年 3 月，美国助理国务卿拉塞尔表示，美国有责任维护韩国的安全，对于中国的强硬态度表示十分诧异；同日，韩国国防部发言人金珉奭指出，周边国家可以就 THAAD 有自己的立场，但不应试图对韩国的国防安全政策施加影响。[④] 由此可见，朴槿惠当局在 THAAD 问题上一直不让步的背后，实际上是有奥巴马政府在亚太地区导弹防御系统建

① Michael Green, etc. , Asia - Pacific 2025: Capabilities, Presence, and Partnerships, Center for Strategic International Studies, January, 2016, p. 138, https: //csis - prod. s3. amazonaws. com/s3fs - public/legacy_files/files/publication/160119_Green_AsiaPacificRebalance2025_Web_0. pdf.

② 吴志成:《美国在黄岩岛与钓鱼岛问题上的立场缘何不同?》,《现代国际关系》, 2013 年第 4 期, 第 32—33 页。

③《2012 年以来一年间日自卫队参加日美军演天数破纪录》, 中国新闻网, 2013 年 12 月 25 日。

④ 刘冲:《美国酝酿在韩部署“萨德”系统问题辨析》,《现代国际关系》, 2015 年第 5 期, 第 14—15 页。

设的强硬立场撑腰。

除了从本国的军费负担能力和盟友的责任分担态度上考虑外，从联盟体系建设的目标出发，奥巴马政府也需要将地区导弹防御系统建设的资源分配重点向亚太地区倾斜。随着国际局势的变化以及美国“亚太再平衡”战略的出台，美国在亚太地区的联盟转型不可避免。对于转型内容，奥巴马政府希望将由多个双边同盟构成的“轴辐联盟体系”转化为一个或几个多边同盟构成的“网络联盟体系”。[①] 美国在欧洲的联盟体系已经处于北约这一多边框架之下，经过冷战和战后几次局部战争的磨合，目前基本上能够协调行动对抗共同威胁。但是美国在亚太地区的各盟国在奥巴马上台时基本上处于各自为战的状态，不仅谈不上协调配合，甚至彼此间还存在较大的矛盾。奥巴马认为，亚太联盟网络化可以协调各国的立场，加强各国的互助，从而形成联动效应，增强美国塑造地区安全态势的能力。[②] 为实现这一转型目标，奥巴马上台后以朝鲜导弹和核武器这一亚太盟国的共同威胁为切入点，尝试通过将各盟国导弹防御系统进行一体化整合，使各国联系起来，形成一个类似于北约的安全共同体。2013 年 6 月，美国国会研究服务中心发布的一份关于亚太地区导弹防御合作的研究报告显示，奥巴马政府在推动美日韩和美日澳两个三边反导合作框架建立的过程中做了大量工作，取得了显著成果。[③] 2016 年 11 月，日韩两国超越历史分歧签署的《军事情报保护协定》就以共享朝鲜核武器情报和导弹情报为主要内容。该协定是二战后日韩两国间签署的第一份正式军事合作文件，对于美国亚太联盟体系的转型意义重大。因此，奥巴马政府不断加快、扩大亚太地区导弹防御系统建设的节奏和规模，也是出于在该地区营造反导

---

① 左希迎：《承诺难题与美国亚太联盟转型》，《当代亚太》，2015 年第 3 期，第 20 页。

② 赵明昊：《美国“亚太再平衡”战略视野下的美日同盟转型》，《当代世界》，2012 年第 10 期，第 12 页。

③ 参见 Ian E. Rinehart, et al., Ballistic Missile Defense in the Asia – Pacific Region: Cooperation and Opposition, Washing ton D. C.: Congressional Research Service, June 24, 2013.

合作氛围，推动盟国间反导合作进程，进而加快该地区联盟转型的战略考量。

二、延伸威慑战略的差异对美国地区导弹防御政策的影响

慑止对盟国的袭击是美国联盟战略的一项核心职能。在美国看来，对手可能使用弹道导弹通过多种手段威胁美国的海外驻军及美国的盟国，以期谋求在本地区有利于本国的战略影响。斯蒂芬·福林在总结了对手使用导弹威胁美国海外利益有以下几种手段：一是“示意”（Signaling），二是“演习”（Exercises），三是“正式使用”（Demonstrative Use），四是“缴械打击”（Disarming Strike），五是“斩首打击”（Decapitation strike）。[①] 以上五种威胁手段实际上是逐步升级的。因此，美国政府认为，导弹防御的首要目的和作用就是防止危机和冲突升级。冷战期间，盟国的安全依赖于美国的核武器，即任何对美国盟国实施攻击的国家都可能受到美国的核报复。冷战结束后，美国的战略学家开始逐渐意识到核威慑战略在延伸威慑中的局限性，[②] 并越来越重视通过增强“拒止威慑”[③] 能力保护盟国的安全。导弹防御系统就是“拒止威慑”的首要和最主要工具。[④]

延伸威慑的战略意义除了对外保护美国及其盟友免受各类安全威胁，对于联盟内部也具有不可替代的作用。一方面，美国通过向

---

① Stephan Fruhling, “Managing Escalation: Missile Defense, Strategy and US Alliances,” *International Affairs*, Vol. 92, No. 1, 2016, p. 83.

② Keith B. Payne, Deterrence in the Second Nuclear Age, Lexington: University Press of Kentuchy, 1996, p. 158; Colin S. Gray, “Deterrence and Regional Conflict: Hopes, Fallacies, and Fixes,” Comparative Strategy, Vol. 17, No. 1, 1998, p. 58.

③ 根据对威胁的回应方式，威慑可以分为报复性威慑和拒止威慑，后者指威慑实施方通过常规或非常规军事手段在战场上使挑战者不能实现预期目标而放弃进攻。

④ Keith B. Payne, “Post - Cold War Deterrence and Missile Defense,” Orbis, Vol. 39, No. 2, 1995, pp. 201 - 223. https: //www. researchgate. net/publication/248543516_Post - cold_war_deterrence_and_missile_defense.

盟友提供“安全”这一重要公共产品获得了盟国的依赖，建立起了以美国为核心的全球军事联盟体系，并借此影响和控制世界。因此，延伸威慑承诺是美国维持和巩固联盟内部团结稳定的基础。另一方面，盟国在接受美国提供延伸威慑保护的同时，与美国达成了不发展核武器的默契，放弃了独立发展核威慑力量的权利。因此，延伸威慑承诺是美国能够限制盟国军备发展，尤其是防止联盟内部发生核扩散的前提。由此可见，美国的联盟战略离不开延伸威慑战略的有效实施。但是，奥巴马上台后大力推动“无核世界”构想，其执政期间无论从《国家安全战略》还是《军事战略》上看，都在力图淡化核武器的作用，而随着核力量的弱化，威慑的可信性必然会受到影响。

战略与预算评估中心发布的一份关于延伸威慑战略的评估报告提出，美国延伸威慑战略的可信性高低，尤其是对于盟友而言，主要取决于两个因素：一是安全承诺的制度化水平；二是可用于延伸威慑的实际力量构成。[①] 对于前者，主要看其延伸威慑的承诺是否基于正式的防务协定，如果是，则看其是否包括在使用核武器问题上的具体协商与合作机制。联盟关系中安全承诺的制度化水平越高，美国履行承诺的可信性越高。因为正式的安全承诺关系到美国的政治信誉，一旦美国未履行承诺将使其付出巨大的政治代价。而联盟间建立核力量分享与使用的协商制度可以明确传达出美国与盟友时刻“站在一起”的姿态，打消敌人分化瓦解联盟的企图。对于后者，主要看其针对地区突发事件的非战略核武器部署情况。非战略核武器前沿部署，一方面可以实现快速反应，另一方面可以避免敌人质疑美国对其实施核报复的决心。因为战略核力量的使用存在很大的局限性和严格的道德制约，而战术核武器的使用则相对灵活。

随着冷战后延伸威慑战略实施的地缘政治环境逐渐恶化，美国在各地区的对手与盟友开始对其安全承诺的可信性产生质疑。这种

① 参见 Evan B. Montgomery, Extended Deterrence in the Second Nuclear Age: Geopolitics, Proliferation, and the Future of U. S. Security Commitments, CSBA, 2016, pp. 8 – 15.

质疑，在地区层面使美国及其盟友与对手之间的战略稳定关系动摇，使美国对盟友的控制力下降，在全球层面冲击了核不扩散机制和军控与裁军进程。

冷战结束后，北约组织宣称其核力量不再对准任何特定国家，并为了实现“无核世界”的构想进一步削减美国部署在欧洲的非战略核武器数量。① 但是欧洲的安全状况并未因此好转。从俄格战争和乌克兰危机等事件可以看出，美国的延伸威慑战略并没有实现阻止俄罗斯采取军事行动的预期目标，反而使俄罗斯使用核力量的态度日趋强硬。冷战后俄罗斯与北约的军事力量构成发生反转，从结构上降低了欧洲地区的危机稳定性。20 世纪 80 年代，苏联在常规力量上占据优势。② 在这种情况下，北约国家不得不更加依赖核力量弥补常规部队的劣势。苏联解体后，由于长期的经济萎靡导致俄罗斯无法组建并维持一支可与北约军队相抗衡的常规军事力量，转而成为更加依赖核力量的一方。但是，俄欧在力量构成对比上并非简单的角色置换。首先，冷战时期美欧虽然在常规力量上处于弱势，但仍处于同一层次，且差距逐渐缩小；但冷战后俄罗斯在常规力量上的劣势十分明显，且差距不断扩大。其次，冷战时期美国通过在欧洲部署大量的战术核武器与苏联实现了“相互确保摧毁”；但冷战后美国撤出了大部分部署在欧洲的核力量，仅存的 200 枚核炸弹无法与俄罗斯的核力量实现威慑平衡。③ 最后，美国从小布什政府开始不断强化在欧洲的导弹防御能力，对俄罗斯的战略威慑力量构成极大威胁。因此一旦危机爆发，俄罗斯只有采取先发制人的打击方式才能使其核武器发挥最大效能。

冷战后俄罗斯核战略的转变解除了国内核力量使用的限制，从

---

① NATO，The Alliance's Strategic Concept，April 24，1999，http：//www. nato. int/cps/en/natolive/official_texts_27433. htm.

② 王垂仍：《美国对苏联军事力量的估计和里根的战略力量现代化计划》，《国际问题资料》，1982 年第 1 期，第 4 页。

③ 目前俄罗斯拥有大约 2000 枚类型多样的非战略核弹头。这些核武器多数已完成现代化改造，可用于防空、岸防、海上打击、陆上打击和反潜作战。

理念上动摇了核禁忌共识。冷战时期，苏联尽管曾是核武器数量最多的国家，但却很少在国际场合炫耀核力量或向对手威胁使用核武器。在1982年联合国裁军会议上，勃列日涅夫主动做出“在任何情况下不首先使用核武器”的承诺。但是冷战结束后，俄罗斯在常规力量处于弱势的情况下很快便放弃了该承诺。1993年《俄联邦军事学说基本原则》规定，对签署《不扩散核武器条约》的无核国家不使用核武器，除非无核国家与有核国家结盟；2000年《俄联邦国家安全构想》提出，非战略核武器可用于对常规进攻实施有限反击；2008年俄军总参谋长巴卢耶夫斯基说，为保卫俄罗斯及其盟友的安全，必要时俄罗斯将动用武力，包括使用先发制人的手段和核武器。① 俄罗斯在近些年的军事实践中印证了其核战略的转变：一是违反《中导条约》试验中程陆基巡航导弹；② 二是以北约为假想敌进行包括核武器在内的军事演习；③ 三是威胁向其欧洲飞地加里宁格勒部署可装载战术核弹头的伊斯坎德尔导弹；④ 四是在危机期间提升战略核力量警戒级别。⑤

从“不首先使用”到“先发制人”，西方战略学家认为俄罗斯核战略转变背后的逻辑是：通过强硬姿态打破核禁忌、降低本国核

① 夏立平：《论俄罗斯核政策与核战略》，《俄罗斯中亚东欧研究》，2009年第3期，第70—71页。

② Amy F. Woolf, “Russian Compliance with the Intermediate Range Nuclear Forces (INF) Treaty: Background and Issues for Congress,” Congressional Research Service Report, March 15, 2015, pp, 13－21.

③ Roger McDermott, “Vostok 2014 and Russia's Hypothetical Enemies (Part One),” Eurasia Daily Monitor, Vol. 11, No. 167, September 23, 2014, https: //jamestown. org/program/vostok－2014－and－russias－hypothetical－enemies－part－one，登陆时间：2017年4月13日。

④ Lidia Kelly, “Russia May Put Missiles in Kaliningrad if U. S. Upgrades Nuclear Arms in Germany: Interfax,” Reuters, September 23, 2015, https: //www. yahoo. com/news/russia－may－put－missiles－kaliningrad－u－upgrades－nuclear－101129966. html，登录时间：2017年4月13日。

⑤ Neil Macfarquhar, “Putin Says He Weighed Nuclear Alert over Crimea; Concerns about Anarchy and Western Intervention Prompted Consideration,” International New York Times, March 15, 2015, https: //www. questia. com/newspaper/1P2－38024397/putin－says－he－weighed－nuclear－alert－over－crimea，（登录时间：2017年4月13日）

武器使用门槛，俄罗斯可以向对手清楚地显示其升级冲突的意愿和决心，从而说服对手让步。① 此举即在“懦夫博弈”（Chicken Game）中采取冒险策略。虽然该博弈模型的纯策略纳什均衡是“一方前进，另一方后退”，但该博弈模型也存在巨大的“两败俱伤”的风险。② 由于美国在欧洲给予了盟友较高可信度的延伸威慑，美国是否总是扮演理性后退的一方值得商榷，毕竟这不仅会削弱美国的国际声誉和地区影响力，而且在关键问题上可能对其造成巨大的利益损失。一旦美国采取针锋相对的策略，局部冲突有可能升级为核危机，进而诱使俄罗斯采取先发制人的核打击。

美国延伸威慑战略制定者认为，压倒性的军事力量能够阻止其他国家谋求可对美国构成威胁的武器技术。③ 然而亚太地区的实践证明，美国的延伸威慑战略不仅无益于核不扩散机制，反而加剧了该地区的核扩散风险。受半岛危机影响，日韩两国未来可能会不顾美国和国际社会的反对拥有本国的核力量。其连锁反应会进一步诱使更多的国家考虑拥有本国的核武器，最终导致核不扩散机制在亚太地区彻底瓦解。由于美国冷战后完全撤出了部署在亚太地区的核力量，因而尽管其反复声称为亚太盟友提供“核保护伞”，但其承诺的

---

① 有关美国战略学家对俄核战略转变的逻辑分析，参见 Tom Nichols and Stuart, et. al., Tactical Nuclear Weapons and NATO, Carlisle Barracks, PA: U. S. Army War College, 2012, pp. 109 – 254; Roger McDermott, "Putin's Use of the 'Nuclear Cards'," Eurasia Daily Monitor, Vol. 12, No. 122, June 30, 2015; Dmitry Adamsky, "Nuclear Incoherence: Deterrence Theory and Non – Strategic Nuclear Weapons in Russia," Journal of Strategic Studies, Vol. 37, No. 1, 2014, pp. 91 – 134.

② “懦夫博弈”又称“斗鸡博弈”，该博弈模型还存在一个混合策略均衡，即双方随机选择前进或后退，这就产生了双方均不退让的“两败俱伤”的结果。在现实中，如果一方坚持博弈，另一方有时会难以退出博弈，因为退出会被视作“懦夫”而承受损失。在这种情况下，如果一方足够理性，而另一方鲁莽前进，则后者极可能是获胜者。但如果该博弈重复进行，在缺乏有效沟通的情况下，理性的一方只有冒险采取“针锋相对”的策略才有可能扭转不利局面，因为鲁莽者在取得上一次博弈胜利后往往会增强对冒险的信心而继续选择该策略，只有通过“两败俱伤”才会使鲁莽者重新审视自己的博弈策略。

③ Ryan Henry, "Nuclear and Non – Nuclear Forces in 21st Century Deterrence: Implementing the New Triad," Washington D. C., December 14 – 15, 2005, http://www.ifpafletcherconference.com/oldtranscripts/2005/ryan_henry.htm.（登录时间：2017 年 4 月 13 日）

可信性相较于欧洲的延伸威慑大打折扣。在2010年《核态势评估报告》中奥巴马政府已经意识到，由于其无法慑止朝鲜发展核力量，该地区的其他国家有可能考虑发展自身的核武器。① 因为一旦开战，其部署的美式反导系统难以抵御朝鲜的大规模导弹齐射。②

韩国最有可能成为亚太地区下一个拥有核武器的国家。一方面，韩国对核力量的现实需求十分强烈。这主要是由美国延伸威慑战略在亚太地区的实施效果不理想，以及朝鲜半岛的安全局势日渐紧张造成的。另一方面，韩国发展核力量的社会基础正在逐渐形成。2013年2月，朝鲜第三次核试验后，美国政府宣称不会因此在韩国直接部署战术核武器。随后的民调数据显示，约66%的韩国民众支持本国政府独立研发核武器，比2010年上涨10%。③

日本政府也有“拥核”倾向，“无核三原则”是限制其跨过核门槛的最后一道障碍。来自美国的压力和国内民众的强烈反核情绪，是日本政府长期以来不拥核的主要原因。但实际上日本政府从冷战时期开始，就有很强烈的“核诉求”。日本曾与美国签署了两个关于美国向日本运进核武器的“核密约”：一个是1960年《日美安保条约》修订前夕，时任日本外务大臣的藤山爱一郎与美驻日大使麦克阿瑟签署的秘密《讨论记录》；另一个是1969年冲绳归还谈判期间，佐藤荣作与尼克松秘密签署的《合意议事录》④。除了从美国获得核武器，日本也设想过独立研制核武器。1994年解密的一份文件显示，日本外务省曾在1969年秘密提出一套被称作“技术性威慑”的核政策，内容是暂时不拥有核武器，但保留制造核武器所需的经济

---

① U.S. Department of Defense, NPR, 2010, p.4.

② 大规模导弹齐射是一种在短时间内对同一目标采取高密度、连续发射，通过实现饱和打击抵消敌方的防御系统能力的作战方式。

③ Jiyoon Kim, et al., “The Fallout: South Korean Public Opinion Following North Korea’s Third Nuclear Test,” Issue Briefs: The Asian Institute for Policy Studies, Vol. 46, 2013, pp. 7－9.

④ 尹晓亮、文阡箫：《日本在无核三原则下的隐蔽诉求——基于日美核密约的解读》，《东北亚学刊》，2015年第5期，第33页。

和技术潜力。[①]

长期以来，日本政府囤积了大量核材料，远超其和平利用所需。虽然日本政府2016年向美国归还了331千克武器级钚，但目前仍囤有1200千克高浓缩铀和47.8吨分离钚。[②] 此外，随着中国军事现代化进程的推进，无论是在常规力量还是核力量上，日本相较于中国均处于劣势，而发展核武器是抵消这种差距的一条捷径。随着朝核危机日渐紧张以及中日钓鱼岛争端矛盾激化，未来日本国内"反核"的民意可能出现松动。以日本现有的核技术水平和核材料囤积量来看，只要民意允许，日本政府很可能不顾美国反对迅速制造出大量核武器。

威慑从概念上可以分为慑止对手向本土发动袭击的"中央威慑"和慑止对手攻击第三国的"延伸威慑"。核武器出现后的延伸威慑主要集中在核威慑层面。冷战期间，美国凭借其强大的核力量，通过将核威慑的安全承诺范围扩大到盟友，不仅维护了其在全球范围内的战略利益，而且确立了其在各地区军事同盟中的主导地位。冷战结束后，美国的联盟体系不仅延续下来而且得到了加强，其延伸威慑战略也继续实施。这是因为冷战的结束并没有消除美国的盟友所面临的安全威胁。相反，随着新兴地区大国的崛起以及大规模杀伤性武器技术的扩散，在自身军事力量有限的情况下，盟国更加需要借助美国的核威慑力量保证本国的安全。在欧洲，苏联的解体并没有消除北约盟国的安全顾虑。一个继承了苏联绝大多数核力量并不断对其进行技术升级的俄罗斯，在北约东扩和常规军事力量与美国差距不断扩大的压力下，更加倾向于采取边缘政策来展示本国的强硬姿态。在亚太，虽然中国始终主张和平崛起，但美日等国依旧渲

① Norihiro Kato, "Ambiguities of Japan's Nuclear Policy," The International New York Times, April 13, 2014, https://www.questia.com/newspaper/1P2-36319745/ambiguities-of-japan-s-nuclear-policy.（登录时间：2017年4月13日）

② "Japan Owes World an Explanation on Nuclear Material Surplus," 新华网, http://news.xinhuanet.com/english/2015-10/10/c_134700598.htm.（登录时间：2017年4月13日）

染“中国威胁论”。对于美国及日韩两国来说，更为现实和紧迫的威胁来自朝鲜。在中东，大规模杀伤性武器和恐怖主义成为冷战后长期困扰美国及其中东盟友的安全威胁。其中最令以色列和海湾阿拉伯国家担忧的是伊朗核扩散问题。伊朗一方面不断提升其弹道导弹能力，另一方面从未彻底放弃核技术的研究。

威慑的研究始于二战结束，经历了三个发展阶段，积累了丰富的理论成果。[①] 虽然大量学者从不同的角度出发，对威慑的概念给出了多种界定，但在其内涵的本质上基本达成共识：通过使对手感到可能出现难以承受的损失而放弃不利于己方的行为。作为威慑理论体系的一个分支，延伸威慑的研究相对缺乏，概念界定也较少。保罗·胡斯和布鲁斯·拉西特认为，“延伸威慑是一方试图通过威胁采用某种形式的报复（包括常规打击和核打击），阻止挑战者对其保护国和盟国的军事进攻”。[②] 莫顿·卡普兰认为，“延伸威慑是拥有核武器的一方依赖其核威慑力给予友邻或盟国的核保护，就是将敌对双方以防卫彼此领土为目的的核威慑延伸到防卫第三国的程度”。[③] 胡斯的定义没有对延伸威慑使用的武器性质进行区分，而在卡普兰的定义中默认以使用核武器为延伸威慑的手段。本书倾向于采纳后者的概念界定，原因有以下两点：

第一，现代威慑主要指核威慑。作为核威慑理论的奠基人，布罗迪在《绝对武器》中指出，核武器的出现从根本上改变了现代战争的性质和意义，对战争的威慑是核时代里任何一国的唯一理性选择，而谋求和维持这一威慑效应的手段就是拥有“确保摧毁”的核

---

① 参见吴莼思：《美国核威慑研究在历史上的三个发展阶段》，《美国问题研究》，2001 年 12 月，第 258—284 页。

② Paul Hush and Bruce Russett, “Deterrence Failure and Crisis Escalation,” International Studies Quarterly, Vol. 32, No. 4, 1988, p. 501.

③ Morton Kaplan, “The Strategy of Limited Retaliation,” Center of International Studies Policy Memorandum, Princeton NJ: Princeton University Press, No. 19, April 9, 1959, p. 79.

杀伤力。[①] 核时代里虽然也存在延伸常规威慑，但是相比于延伸威慑战略实施者的核威慑力，常规威慑力量只能作为补充，且其威慑的实施效果也往往以核威慑为后盾。第二，延伸核威慑是冷战后美国威慑战略陷入困境的矛盾焦点。美国已经通过多次实战表明，当延伸威慑失败，敌人以常规武器攻击美国的盟友时，美国会以常规武器介入。[②] 但是当敌人拥有核武器，并以常规或核武器攻击美国盟友时，美国是否仍会履行延伸威慑的承诺继续介入、是否会使用核力量还击，却尚无实际案例可供借鉴。

威慑不仅是施加方与受慑方之间的实力关系，更是一种心理关系，威慑战略的成功与否很大程度上取决于威慑的可信性。[③] 延伸威慑战略的实施基础区别于中央威慑的关键就是威慑的可信性不仅针对对手，同时也针对盟友。只有当对手和盟友对一国安全承诺的可信性都给予较高程度的认可时，延伸威慑才能发挥作用。但是，当安全承诺的范围从本土延伸到第三国时，延伸威慑的可信度将大打折扣。[④] 以安德鲁·富特为代表的美国军事战略学家认为，导弹防御系统可以弥补美国在延伸威慑承诺中对核力量的弱化。[⑤] 因此，奥巴

---

① Bernard Brodie, The Absolute Weapon: Atomic Power & World Order, New York: Harcourt Brace Co., 1946, pp. 48 – 77.

② 冷战期间，美国在朝鲜战争、越南战争和海湾战争中派出了本国部队实施军事介入，履行了保护亚太和中东地区盟友的安全承诺。但是，在这三场战争中，美国的对手既没有核武器，也不具备袭击美国本土的能力。

③ 朱明权、吴莼思等：《威慑与稳定——中美核关系》，北京：时事出版社，2005 年版，第 3 页。

④ 根据英国前防卫大臣丹尼斯·希利提出的"希利定律"（Healey Theorem），威慑敌人只需要 5% 的威慑可信度，而让盟友放心却需要 95% 的可信度，当威慑手段上升到核武器层面时，后者更加难以实现。参见 Dennis Healey, The Time of My Life, London: Norton, 1989, p. 243. 美国自身也承认延伸威慑的可靠性比中央威慑低，因为这关乎美国需要以本土承担核打击的风险反击盟友遭受的核打击。这一困境在美国战略学界被称为"美国是否愿意为东京或柏林牺牲洛杉矶或纽约"。参见 Clark Murdock, "Project Atom: A Competitive Strategies Approach to Defining U. S. Nuclear Strategy and Posture for 2025 – 2050," CSIS, May 2015, p. 13.

⑤ 参见 Andrew Futter, "NATO, Ballistic Missile Defense and the Future of US Tactical Nuclear Weapons in Europe," European Security, Vol. 20, No. 4, 2011, pp. 547 – 562; Oliver Thranert, "NATO, Missile Defense and Extended Deterrence," Survival, Vol. 51, No. 6, 2009, pp. 63 – 76.

马政府调整欧亚地区导弹防御部署既是针对潜在对手增强拒止威慑能力，也是对盟国的一种策略性安抚。由于当前美国在不同地区的延伸威慑战略存在差异，因此延伸承诺的可信性也有高低之分。而对于可信性较低的地区，奥巴马政府必然会采取更为积极的导弹防御政策来提高美国在该地区延伸威慑的可信性。

欧洲是美国在世界各地所提供的延伸威慑承诺中制度化水平最高的地区，不仅有正式签署的同盟条约规定美国保护盟友的义务，而且有专门的文件对同盟将会使用核武器防卫加以明确。美国与加拿大和欧洲部分国家建立的多边联盟体系在北约组织框架下实施集体自卫原则。根据 1949 年 4 月 4 日签署的《北大西洋公约》第 5 条规定："对欧洲或北美地区的任何一个或多个组织内国家的武装攻击都将被视为对所有缔约国的攻击，各成员国有义务向遭受攻击的国家提供包括使用武力在内的各项援助。"[①] 1999 年 4 月，北约华盛顿首脑会议通过的《联盟战略概念》相比上一版文件（1991 年版《联盟战略概念》）强调了"北约的核武器发挥着必不可少的作用，可以使任何侵略者对北约联盟在遭遇军事侵略时抱有不确定性，进而使其意识到，任何对联盟的侵略都是非理性选择"。[②] 2010 年 11 月，北约里斯本首脑会议通过了冷战后北约的第三份战略概念文件——《积极介入与现代防御》。新文件宣称，"只要世界上还存有核武器，北约就要维持核联盟"，"北约的核力量要发挥威慑作用，确保具有全面的能力来慑止和防御对北约成员国民众安全构成的任

---

① NATO, The North Atlantic Treaty, Washington D. C., April 4, 1949, http://www.nato.int/cps/en/natohq/official_texts_17120.htm.（登录时间：2017 年 4 月 11 日）

② NATO, The Alliance's Strategic Concept, Approved by the Heads of State and Government participating in the meeting of the North Atlantic Council in Washington D. C., April 24, 1999, http://www.nato.int/cps/en/natolive/official_texts_27433.htm; NATO, The Alliance's New Strategic Concept, Agreed by the Heads of State and Government participating in the Meeting of the North Atlantic Council, November 7 – 8, 1991, http://www.nato.int/cps/en/natohq/official_texts_23847.htm?selectedLocale=en.（登录时间：2017 年 4 月 11 日）

何威胁”。[①]

在延伸威慑力量构成上，欧洲是当前唯一实现美国非战略核力量前沿部署的地区。其中荷兰、意大利、土耳其、德国和比利时共部署了约200枚B－61非战略型核重力炸弹。这些核弹头既可以由美军的F－15E战斗机、F－16战斗机搭载，也可以由欧洲盟友的“狂风”战斗机搭载。从2012年开始，美国着手对B－61核炸弹进行升级改造，目前不仅可挂载在最新型的美军F－35战斗机上，而且具备了精确制导能力。按照北约组织的内部规定，这些非战略核力量的具体使用将遵从以下两个重要机制：一是核计划小组（NPG）机制。该机制允许所有北约成员国参与，并通过集体讨论的方式确定北约的核武器使用原则。核计划小组是北约核防务政策的最终权力机关。二是“双钥匙”核共享机制。该机制规定，部署在北约的核弹头由驻扎在欧洲的美军保管，运载工具由其他成员国控制。虽然各盟国拥有本国运载工具使用的决策权，但核弹头使用的决策权却掌握在美国手中。[②] 此外，北约盟国将和美国分享与战术核武器运用相关的情报、侦查、指挥和控制系统。[③]

亚太是美国延伸威慑承诺制度化水平仅次于欧洲的地区。与在欧洲成立一个多边军事同盟组织不同，美国在亚太地区通过多个双边同盟协定为盟国提供延伸威慑承诺保证。在《美日安保条约》《美韩共同防御条约》和《美澳新安全条约》中，美国虽然承诺将敌人对任何一方的侵略视作对双方的侵略，并采取行动对付共同的

① NATO, Active Engagement, Modern Defence: Strategic Concept for the Defence and Security of the Members of the North Atlantic Treaty Organisation, Adopted by Heads of State and Government in Lisbon, November 19－20, 2010, http://www.nato.int/cps/en/natohq/official_texts_68580.htm? selectedLocale=en.（登录时间：2017年4月11日）

② “双钥匙”模式自1957年艾森豪威尔政府提出以来一直招致北约盟国的不满，经过北约组织内的长期博弈，当前美国允许少数持有美国核武器的盟国在美国同意使用核武器的情况下自主决定部分核武器的使用。具体情况参见Hans M. Kristensen, “Non－Strategic Nuclear Weapons,” Bulletin of the Atomic Scientists, Vol. 68, No. 3, 2012, pp. 96－104.

③ 夏立平、孙崇文：《论冷战后时期的北约核战略》，《欧洲研究》，2012年第6期，第80页。

威胁，但并未给出是否使用以及如何使用核力量的明确阐述。① 有关延伸威慑的承诺，美国主要通过联合声明的方式给出模糊的保证，缺乏具体的实施机制。2015 年日美“安保磋商委员会”（“2 +2”）会议上通过的最新《日美防卫合作指针》强调，“美国承诺通过包括核和常规武器在内的全面军事能力捍卫日本的国家安全”。② 同年，美韩安全协商会议（SCM）发表的联合公报也重申，“美国继续致力于使用包括核保护伞、常规打击和导弹防御在内的全面军事力量为韩国提供和加强延伸威慑”。③ 对于澳大利亚，美国虽然没有发布类似的声明，但是美国在澳大利亚部署了用于支援其战略核力量的早期预警和通信装置。因此，美国的延伸威慑承诺同样适用于美澳同盟。美国对亚太地区盟友的安全承诺虽然通过制度化的盟约确立，但是美国与亚太盟国间缺少类似北约内部有关核力量的具体实施机制。受“天安舰事件”和“延坪岛炮击”影响，2010 年美韩安全协商会议上，两国签署了《战略同盟 2015》等三个文件，成立了“延伸威慑政策委员会”（EDPC）。2015 年，该机构与美韩“导弹应对能力委员会”（CMCC）进行整合，成立了美韩“威慑战略委员会”（DSC）。但是该委员会不同于北约的“核计划小组”，只是两国就相关政策进行协商的机构，没有关于核力量使用的决策权。

冷战时期，美国曾在亚太地区前沿部署了超过 3000 枚战术核弹头，其中大部分位于韩国和日本。从 20 世纪 70 年代开始，这一数量不断减少。1991 年老布什总统宣布，美国将单方面撤出部署在亚

---

① 其中《美澳新安全条约》为 1957 年美国、澳大利亚和新西兰三国共同签署。20 世纪 80 年代中期，由于新西兰工党坚决反核，拒绝美国核潜艇访问，美国终止了与新西兰的防务合作，双方关系由盟国降为友好国家。此外，美国在亚太地区的军事同盟国还有菲律宾、新加坡和泰国，由于这些国家面临核威胁的风险较低，本书不做具体讨论。

② Joint Statement of the Security Consultation Committee，A Stronger Alliance for a Dynamic Security Environment：The New Guidelines for U. S. – Japan Defense Cooperation，April 27，2015，http：//www. state. gov/r/pa/prs/ps/2015/04/241125. htm.（登录时间：2017 年 4 月 12 日）

③ United States Forces Korea，Full Text of the 47th ROK – U. S. Joint Communiqué，November 1，2015，http：//www. usfk. mil/Media/News/tabid/12660/Article/626859/full_text_of_47th_rok_us_joint_communique. aspx.（登录时间：2017 年 4 月 12 日）

太的核炮弹和战术核导弹；1994 年克林顿政府决定，美军所有水面舰艇不再搭载核武器，海军方面仅保留潜艇的“战斧式”对地核攻击导弹（TLAM－N）作为亚太地区的核威慑武器；2010 年奥巴马政府宣布，上述型导弹退役。至此，美国在亚太地区再无任何核武器。美国目前留存了约 500 枚 B－61 非战略核武器，除去约 200 枚部署在欧洲，其余全在美国本土。[①] 因此，美国只能通过临时转移非战略核武器或使用战略核武器为亚太盟国提供核威慑保护。

表 3—4　美国延伸威慑战略的模式及可信性评估

美国延伸威慑战略的实施地区	安全承诺的制度化水平		威慑力量构成	可信性评估
	是否基于正式的防务协定	有无核武器使用的具体协商与合作机制		
欧洲	是	有	战术核武器前沿部署	较高
亚太	是	无	无核力量前沿部署	较低

依据战略与预算评估中心给出的分析指标，由表 3—4 可知，奥巴马政府期间，美国在欧洲地区的延伸威慑可信性较高，在亚太地区的可信性较低。因此，奥巴马政府不得不在亚太地区采取更加积极的导弹防御政策来增强该地区延伸威慑战略的可靠性和可信性：一方面，通过尽快部署性能更强的导弹防御武器来提升亚太地区的拒止威慑能力和实战防御能力，以弥补美国在该地区核威慑力量的缺失；另一方面，通过在靠近中国的位置部署敏感反导装置，以及坚决不让步的姿态来显示美国不惧任何导弹威胁的实力自信和保卫盟友安全的坚定决心，从而打消盟友对美国在危机或冲突升级过程中，尤其是当冲突对象是地区大国时，“抛弃”自己的担忧。

与亚太地区相比，美国在欧洲地区的延伸威慑在奥巴马政府时

① Hans M. Kristensen and Robert S. Norris, “US Nuclear Forces 2016,” Bulletin of the Atomic Scientists, Vol. 72, No. 2, 2015, pp. 63－73.

期实际上有所提升。奥巴马上台前，欧洲面临着“新老欧洲”分化的政治局面，法德等传统北约盟国对阿富汗和伊拉克战争的抵制使美欧关系严重受损。小布什政府提出的“任务决定联盟而不是联盟决定任务”，似乎在暗示美国可能会抛弃“老欧洲”国家。他利用中东欧国家与俄罗斯的矛盾，支持它们对抗俄罗斯，使得俄欧关系明显恶化。他单方面退出《反导条约》并抛开北约与波兰、捷克等“新欧洲”国家商讨“第三地计划”。总之，小布什的各项政策不断降低欧洲地区的战略稳定性，却没有提高对盟国的保护力度，严重削弱了北约盟国对美国延伸威慑承诺的信心。

奥巴马上台后，通过终止“第三地计划”以及在2010年里斯本峰会上强调“北约将发展保护全体成员国领土和人口免受弹道导弹威胁的能力作为联盟防卫合作的核心”,[①] 并将欧洲地区导弹防御系统建设并入北约的总体战略，很大程度上弥合了美欧之间的分歧，结束了双方在安全合作上的“漂流”。2014 年 6 月 8 日，美国将两架可携带核弹头的 B－2 隐形轰炸机派往英国的费尔福德空军基地进行演练。[②] 此举无疑是为应对俄罗斯和乌克兰地区的紧张局势，表明美国会为北约同盟贡献力量的决心。奥巴马在处理欧洲地区延伸威慑问题上既缓和了与俄罗斯的安全紧张局势，减少了北约国家对于受到美国或“新欧洲”国家“牵连”的顾虑，又通过实际行动再次表明了通过核力量保护盟国的明确立场。从本章前两节的论述中可以发现，欧洲地区面临的现实威胁并不大，北约盟国只是希望美国在欧洲能够从单边主义回归到集体决策框架中，避免过分刺激俄罗斯，尽可能使用和平手段解决中东问题，以及强化延伸威慑保护的可靠性。而奥巴马上台后的各项政策已基本迎合了北约盟国的诉求，不需要过于强硬或激进地调整导弹防御政策。

---

① NATO, Lisbon Summit Declaration, November 20, 2010, http://www.nato.int/cps/en/natolive/official_texts_68828.htm.

② 《美军两架 B－2 抵达英国部署》，新华网，2014 年 6 月 10 日，http://www.xinhuanet.com//photo/2014－06/10/c_126600753.htm.

冷战后，美国政府所面临的延伸威慑战略实施环境发生了巨大的变化，这种变化要求美国政府采取差异化的军事安全战略加以应对。到奥巴马上台为止，长期以来僵化的延伸威慑战略模式所积累的消极后果已经十分严重，传统的安全策略已经难以再继续应对各种威胁和挑战。具体来说，这些新的威胁和挑战主要表现在以下三点：

首先，美国自身核力量的削弱是冷战后美国延伸威慑战略实施的地缘政治环境发生恶化的主要原因。冷战期间，美国通过维持庞大的核武库与苏联实现了战略稳定，并对其他地区潜在对手构成强有力的威慑。公开数据显示，美国的核武器数量在 1967 年达到顶峰，超过 32000 枚，而此后美国的核弹头数量持续减少，截至目前只剩 4760 枚，其中 2080 枚（包括战略和非战略核弹头）列装，2680 枚处于封存状态。[①] 美国的战略核力量自冷战以来一直保持“三位一体”的投送能力结构。[②] 虽然投送装备不断升级，但是由于核弹头数量严重减少，各种核威慑力量都不同程度地受到削弱。冷战期间，美国曾拥有各种非战略核武器，类型包括重力炸弹、深埋炸弹、炮弹、鱼雷、地对空导弹，可从各种平台发射巡航导弹以及短程和中程弹道导弹。20 世纪 70 年代初期，美国仅在欧洲就部署了超过 7000 枚可由水面舰艇和潜艇发射的战术核导弹，而如今美国全部的战术核武器只剩 500 枚，而且仅可由战机携带。[③] 2014 年 6 月，美国一份国会报告指出，美空军在发动远程核轰炸打击能力方面存在不足的问题。分析人员迈克尔 · 米勒认为，随着国外反介入/区域拒止能力的发展以及美国《2011 年预算控制法案》所导致的国防开支削减，以及对手获得更加强大的防空能力的同时，美军现有轰炸

---

① Hans M. Kristensen and Robert S. Norris, “US Nuclear Forces 2015,” p. 107.

② 所谓核力量的“三位一体”就是同时具有从海洋、陆地和空中投送战略核武器的能力。海基的战略核武器指战略核潜艇，空基指战略轰炸机，陆基核力量为洲际弹道导弹。目前国际公认的具有“三位一体”核打击能力的国家只有美国和俄罗斯。

③ Hans M. Kristensen and Robert S. Norris, “US Nuclear Forces 2015,” p. 108.

机“足够接近目标并投放武器”的能力在继续退化。在当今防空武器技术的能力面前，美军的 B－52 轰炸机和 B－1 轰炸机在大部分情况下都将被拒止在目标国的防空区以外，只有 B－2 隐形轰炸机有可能会穿越敌防空区实施轰炸。[①] 截至目前，美军的 B－2 隐形轰炸机都部署在其本土密苏里州的怀特曼空军基地，数量只有 20 架。

其次，地区层面的威慑对象多元化使美国冷战后延伸威慑战略的制定变得更加困难。冷战时期，真正需要美国使用核力量进行威慑的对象只有苏联，[②] 因而其延伸威慑战略实施的地缘政治环境相对简单。2010 版《核态势评估报告》指出，冷战后的全球核战争威胁逐渐减弱，但核攻击的威胁大大上升。报告列举了三类核攻击威胁，分别是核恐怖主义威胁、核扩散威胁和确保与中俄两国保持战略稳定所带来的挑战。虽然报告认为美国应当更多依靠其先进的常规力量，但依旧强调了核武器作为应对这些威胁时起到的威慑作用。[③]冷战结束至今，美国政府已在其多份安全报告中承认，由于威慑对象众多且存在极大的不确定性，冷战时期的传统威慑思路已经不再适用。但是美国政府至今也没有出台一个行之有效的对策。由此可见，威慑对象的多元化给美国延伸威慑战略的实施造成了极大的困难。

最后，武器技术的扩散对美国延伸威慑战略实施的地缘政治环境构成了极大的不确定性。冷战时期威慑战略的有效性建立在行为体的实力对等与决策理性的基础之上：双方都可以通过模拟计算战争的损失，得出共同的结果预期（“相互摧毁”）。[④] 但在“第二个核

---

① Rachel Oswald, “Congress Told of Possible Gap in Air Force’s Nuclear Strike Capability,” Nuclear Threat Initiative, June 9, 2014, https: //www. nti. org/gsn/article/congressional – report – warns – possible – shortfall – air – force – ability – mount – long – range – nuclear – attacks/.

② 吴莼思：《试析美国核威慑战略的演变特点》，《美国问题研究》，2002 年 12 月，第 116 页。

③ U. S. Department of Defense, Nuclear Posture Review Report (NPR), April 6, 2010, https: //www. defense. gov/Portals/1/features/defenseReviews/NPR/2010_Nuclear_Posture_Review_Report. pdf. （登录时间：2017 年 4 月 14 日）

④ Colin S. Gray, Maintaining Effective Deterrence, Carlisle P. A.: Strategic Studies Institute, 2003, p. 20.

时代”，这一基础开始动摇：一是威慑战略实施双方的核毁伤能力存在差距，二是部分“拥核行为体”表现出非理性特征。亚历山大·乔治将威慑分成不同层次，其中双方实力相差悬殊的情况属于较低层次的威慑。一般来讲，威慑的层次越低，双方越难通过计算得到相似的结果预期，爆发有限战争的可能性越高。[①] 而对于部分行为体的非理性，迈克尔·梅尔指出，“现实世界中掌控核武器的不是完全理性的国家，而是会犯错、会愤怒甚至会冒着被毁灭风险下令开战的人”。[②]小布什承认，“恐怖组织成员由于缺少理性而往往具有‘不可威慑性’，因为他们没有可用来承受报复的政权与平民，且时刻做好自我牺牲的准备”。[③]

---

① Alexander George and Richard Smoke, Deterrence in American Foreign Policy: Theory and Practice, Columbia: Columbia University Press, 1974, pp. 45 – 50.

② Michael Mayer, US Missile Defense Strategy: Engaging the Debate, London: First Forum Press, 2015, p. 17.

③ George W. Bush, "Commencement Address at the United States Military Academy in West Point," New York: West Point, June 1, 2002, http: //www. presidency. ucsb. edu/ws/index. php? pid = 62730&st = missile + defense&st1 = #axzz1fMweHwzw. （登录时间：2017 年 4 月 12 日）

第四章　奥巴马政府的欧亚地区导弹防御政策影响

作为影响世界军事和政治格局变动的最重要的行为体，美国的各项军事战略不仅在制定目标上具有全球性，在战略实施影响上也具有全球性。奥巴马政府在欧亚地区实施的导弹防御政策，从国际机制的层面来看，美国为了单方面追求本国的绝对安全，降低了大国之间的战略互信和小国对于美国战略目标的安全担忧，客观上影响了国际社会安全互信机制的构建，动摇了冷战后已经相对趋于稳定的政治格局，实际上使美国和其他国家都被置于一种更多的不确定和更危险的安全格局之中。从国家间关系的层面来看，奥巴马在欧亚地区推行导弹防御政策产生的影响相对复杂。这一方面是由于美国在不同地区奉行了不同的地区导弹防御政策，另一方面是由于不同地区、不同类型的国家之间存在各种错综复杂的具体情况，美国在某一地区部署导弹防御系统不仅会对这一地区与美国存在竞争关系的大国的战略互信产生影响，这一地区与美国存在敌对关系的核扩散国和与美国存在合作关系的军事同盟国都会根据美国部署导弹防御系统的性能、数量和目标调整本国的安全认知，进而采取不同的国防战略。一国国防战略的调整又会影响周边国家的安全认知，进而影响不同类型国家之间的安全互动，最终在美国与不同地区各种类型国家之间形成一种相互联系、影响的复杂的“竞争—对抗—结盟”关系。导弹防御系统作为一种相对新型的武器装备，对当今世界各国的军力格局、军事战略、战术方法和战争性质都产生了极为深刻的影响。这些影响大大地改变了战争指挥者对战争性质和进程的预测，颠覆了战略决策者对传统意义上的军事平衡和安全稳定的认知，使各国在面对国际危机和冲突以及对待国际军控与裁军时难以对既往各国之间已经达成的有关战争与和平的默契拥有足够的信心，进而导致各地区的战略稳定性受美国在不同地区采取的导弹防御政策的影响受到不同程度的冲击。本章将从奥巴马政府时期美国在欧亚地区部署导弹防御系统对国际安全互信、地区国家间关系以及国际战略稳定性三个方面，详细分析和比较美国欧亚地区导弹防御政策的影响。

第一节　国际安全互信

为了维护国际战略稳定，各国之间必须保持安全互信。安全互信旨在通过各国在军事领域内的公开性和透明度、限制军事部署和军事活动、增加军事交往、表明没有敌意等方式，增进各国之间的安全信任感，从而减少相互之间因对对方军事活动发生判断错误而引发武装冲突或战争的风险。[①] 奥巴马政府发展地区导弹防御系统无疑给国际安全互信带来消极影响。具体来说，主要体现在以下四个方面。

一、奥巴马的地区导弹防御系统的建立使美国担心遭到核攻击的可能性降低，从而对他国使用核武器的意愿增强

根据建立信任措施的基本含义，国家之间之所以会保持安全稳定主要基于以下两个判断：对方不会也不敢发动突然袭击。之所以判断对手不会发动突然袭击，是一国认为双方保持了一定的安全互信，对彼此的战略意愿、安全特点、部队部署等都有一个基本的了解；而不敢发动突然袭击的原因是一国保持了强大的报复力量，在

① 夏立平：《亚太地区军备控制与安全》，上海人民出版社，2002 年版，第 442 页。

遭受打击之后可以给敌人造成不可承受的损失。[①]

“先发制人”使用核力量思想提出美国不会“坐等威胁出现后才采取行动”，也就是在美国单方面认定对方对美国构成威胁的条件下就可以选择常规武器与核武器进行打击。这样做的后果就是国际社会的安全互信不复存在了。是否存在威胁是美国自己的评估，因而存在很大的不可信性。美国以伊拉克拥有大规模杀伤性武器为借口掀起伊拉克战争的做法让外界认为美国会以“受到威胁”为由对他国发动突然袭击，进行先发制人打击。从这个意义上说，国际社会的安全互信基础已经被严重侵蚀，各国很可能担心在某种条件下也会受到美国先发制人的打击，导致国际社会的不安全感大增。

从美国的角度看，如果发动先发制人的打击也会考虑是否会遭到报复。美国的核力量对其他国家形成一种威慑关系，而其他国家的核力量也对美国的进攻行为形成一种威慑效果。美国也会根据进攻后的收益与损伤来决定是否发动攻击。在没有部署导弹防御系统之前，其他国家的核力量至少对美国形成了一种威慑。在部署了有效的导弹防御系统后，美国在发动攻击时就不用担心其他国家有限核力量的报复。美国发动核打击的成本降低了，这就可能导致美国方面使用核武器的意愿增强。

二、奥巴马的地区导弹防御系统削弱了他国进攻力量的作用，其他国家担心“威慑失败”而选择先发制人打击的心理可能增强

危机稳定性高的前提就是在危机中威慑双方认为，选择先发制人的打击和后发制人打击的效果差不多，二者带来的收益和损失相差不大，所以发动突袭的意愿不高。但是奥巴马政府时期美国地区导弹防御系统的部署和完善将极大地改变受慑者的评估结果，进而

① 孙逊、潘远强：《冷战后美国核威慑政策与国际战略稳定》，军事谊文出版社，2009年版，第130页。

容易诱发对手在危机中选择先发制人的打击手段。美国部署地区导弹防御系统之所以会使受慑者在危机中对发动进攻带来的收益和评估做出改变，主要源于如下两个因素：危机状况下容易导致认知偏差和美国除了导弹防御系统外还拥有强大的进攻性军事力量。[①]

危机情形下容易出现战略误判的情况，尽管这种情况在现代国际战略界很少出现。危机一般是矛盾经过很长时间的积累后爆发出来的，当然也存在突发的危机。危机爆发后，做出正确的决策需要掌握危机牵涉方各自的目的、立场、原因、实力等基本信息。由于各方进行决策所需的信息都是不完整的，所以很容易导致在威胁评估时产生偏差。危机过程中还伴随着威慑方与被慑方在威慑条件下进行博弈和讨价还价，其中许多信息并非是真实的，许多是双方发出来“试探对方立场”的。如果一方对另一方的试探信息进行了正确的判断，那么危机就可以转入讨价还价的进程，决策者也可以根据对方的立场进行“相机决策”。但是，如果一方对另一方的试验信息判断错误，就容易造成战略误判。

由于世界上大部分国家的军事力量都远远落后于美国，这就形成了一种非对称的威慑关系。在这种非对称关系中，其他国家依靠可以报复美国核打击的有限报复力量在危机中选择后发制人。但是，如果这种非对称的关系再加上美国的地区导弹防御系统，那么就很有可能改变一些受慑者对危机稳定性的看法。可以假设这样一种情况：当一个行为体与美国产生了严重危机，美国的选择可能是凭借自己的核进攻力量与导弹防御系统采取非常强硬的手段向这个行为体施加压力，在这种危急状况下，受慑者如果退让，那么就会失去核心利益。如果选择对抗，那么就会面临着来自美国压倒性优势的强大压力。如果先发制人，可能会利用突袭或者导弹防御系统的漏洞取得些先机，保持自身的核心利益为下一步战局或谈判赢得筹码。如果后发制人，受慑者的有限进攻力量可能被美军消灭，即使有生

① 孙逊、潘远强：《冷战后美国核威慑政策与国际战略稳定》，军事谊文出版社，2009年版，第131页。

存下来的打击力量，也会因为数量少而在导弹防御系统面前无能为力。这种评估结果因此可能成为刺激受慑者采取先发制人攻击的一个诱因。

三、奥巴马的地区导弹防御系统使受慑方对军备竞赛稳定性表示质疑，从而容易诱发危机感

从军备竞赛稳定性来看，如果一方采取扩充军备的行动，另一方也会积极扩大本国的军备规模，那么危机稳定性将处于较低水平。第二章在分析美国对欧亚地区军备竞赛稳定性的评估时已经提到，在核武器领域，维持较高军备竞赛稳定性的必要条件就是，存在竞争关系的国家之间彼此认为本国的武器已经达到了攻击能力饱和的状态，不再需要扩大武器的规模就可以给对手造成威慑的效果。通常情况下，有三方面因素影响核武器能否达到饱和状态：核弹头、投射工具和攻击目标。核弹头因为具备巨大的毁伤能力，如果数量上到达一定的规模，加上根据概率计算在遭受敌人打击后可能存活的弹头数量就基本上达到饱和。在具备一定数量的核弹头基础上，还必须有相应的投射工具以确保核弹头能够对相应目标实施攻击。足够数量的弹头与足够数量的投掷系统就可以让各国面对敌人增加核武器数量时并没有明显的增加本国进攻性力量的意愿，军备竞赛稳定性自然就比较高。

基于同样的逻辑，在己方核攻击能力达到饱和的情况下，对手无论扩大多少核军备都不能削弱己方的核打击效果。最终的结果就是互相都能摧毁对方，以至于任何一方都不敢率先发动核攻击，从而形成“相互确保摧毁”状态的“恐怖平衡”。然而，奥巴马政府地区导弹防御系统的部署很容易改变这种国家间对核武器饱和状态的认知。因为导弹防御系统的增加部署也属于一种军备扩充行为，而且它扩充的不是进攻性力量，而是防御性力量。与进攻性力量规模扩大导致攻击效力达到饱和的结果不同，防御力量规模扩大的最终结果是使对手饱和的核力量不起作用或者说不能完全起作用。

导弹防御系统的目标在于拦截来袭导弹。如果一方的核导弹发射后被对方所拦截，这就使导弹发射方的进攻能力明显下降。进攻能力的大幅下降就会影响到一国是否还具备攻击效力到达饱和状态的核武器。也就是说，奥巴马政府通过加强导弹防御系统在增强自身防御能力的同时还削弱了对方的攻击能力。而对方攻击能力的削弱可能导致其重新评估自身的核武器是否还具备攻击效果达到饱和状态的能力。如果对方大面积地部署导弹防御系统，并且在实践中产生效果，那么就会使决策者认识到因为导弹防御系统使自己的进攻能力已经相对地削弱了，与其他国家的核力量对比出现了相对下降的“实力差距”。如果国际社会中的一国产生了这种“实力差距”的认知，那么就不会对美国在本国附近地区部署导弹防御系统漠不关心，必然会采取相应的反制手段，从而使军备竞赛稳定性陷入越来越低的恶性循环。

四、奥巴马的地区导弹防御系统促使其他国家寻求增强自身安全的办法，容易造成对国际军备控制机制产生不信任感

国际军备控制机制对于国际战略稳定性具有重要作用。冷战期间《反导条约》的签署将美国与苏联的导弹防御系统限制在有限的范围内，双方对相互确保摧毁拥有足够的信心。在这种情况下，增加导弹数量就成为多余，限制和削减进攻性武器就成为可能。[①] 由此可以看出，《反导条约》的签署有助于产生一种谁也不会率先发动攻击的“消极的”安全互信。但是，随着小布什上台后美国宣布退出《反导条约》，以及随后启动的一系列导弹防御系统发展计划和实际部署，美国与其他国家之间的“消极的”安全互信消失了。美国政府为了将欧亚盟国纳入其地区导弹防御系统，先后向其出售导弹技

① 吴莼思：《威慑理论与导弹防御》，长征出版社，2001 年版，第 155 页。

术，结果导致“逆裁军”的现象发生。[①] 美国政府发展地区导弹防御系统的后果就是削弱了国际军备控制的作用与效能，致使限制和控制战略性与常规性武器的国际军控和裁军条约体系受到极大的侵蚀。

军备控制机制受到侵害直接导致国际社会对该领域内的安全互信产生动摇，作为一个增进互信、加强了解、控制与限制核军备竞赛的平台，随着美国单方面退出《反导条约》，并在导弹技术上对盟国与对手采取“双重标准”，以及奥巴马上台后不顾其他域内国家反对大力发展地区导弹防御系统，并在其任内基本上构筑起相对可靠的“一体化分层弹道导弹防御体系”，使国际社会对通过多边机制来保障地区安全稳定和军事互信到底能够发挥多大的作用产生了怀疑。一旦这种通过多边机制实现军备控制和裁军的希望破灭，其他国家必然会重新回到国际社会的“无政府状态”，完全从本国安全效能的最大化出发，积极与他国开展针锋相对的军备竞赛。届时，国际安全互信将彻底瓦解，各国之间将处于关系空前紧张和随时可能发动战争的危险状态。

第二节　美国对外关系

美国在海外部署导弹防御系统的做法无疑会使所在地区国家的安全利益受到各种影响，进而对美国与这些国家之间的双边关系发展带来不同的影响。奥巴马上台后对欧亚地区导弹防御政策调整的特点反映了美国政府准备与这些国家建立何种关系的战略倾向。而从美国反导政策调整的不同特点之中，各国也能感受到美国政府对自己释放的不同的政治信号，并以此调整本国对美国的政策态度。

一般来说，美国的对外关系大致可以分为以下三类：一是美国与地区大国的关系。地区大国与美国之间往往既是战略竞争对手，

---

① 孙逊、潘远强：《冷战后美国核威慑政策与国际战略稳定》，军事谊文出版社，2009 年版，第 133 页。

又是战略合作伙伴，但在不同时期彼此之间双边关系的主导类型不同。合作占主导时往往意味着美国与地区大国双边关系的改善；竞争占主导时往往意味着美国与地区大国双边关系的恶化。欧亚地区的大国分别是俄罗斯和中国。二是美国与地区核扩散国家的关系。对于核扩散国家，美国往往通过遏制、制裁与威胁等手段，迫使他们放弃研制或拥有对美国及其盟国构成威胁的大规模杀伤性武器。美国的高压政策不仅给核扩散国的经济造成严重困难，而且使这些国家的政权随时面临被颠覆的危险。因此，美国与核扩散国的关系往往处于相互敌视，紧张对峙的状态。虽然伊朗并不在欧洲，但美国一直将伊朗企图发展核武器的行为与欧洲地区的安全相联系，也是美国发展欧洲地区导弹防御系统的最初动机。因此，欧亚地区的核扩散国家分别是伊朗和朝鲜。三是美国与地区盟国的关系。虽然美国与盟国之间的关系以合作为主，但是联盟内部并非没有间隙。在联盟指挥权的分享、联盟目标的设定、责任和职能的分担以及联盟承诺的可信性上，美国始终与各盟国存在不同程度的分歧和矛盾。当这些矛盾被激化时，盟国与美国的疏远，军事合作难以顺利开展；当这些矛盾得到缓和时，盟国与美国的关系靠近，双方能够相互协调配合，拓展并深化军事合作的广度与深度。下文将分别按照上述三种美国对外关系类型，逐一分析和比较奥巴马欧亚地区导弹防御政策的海外影响。

一、地区大国与美国关系变化的比较

俄罗斯和中国分别是欧洲和亚太地区制衡美国的大国，其国家安全虽然客观上都受到美国地区导弹防御系统的威胁，并在反导问题上与美国存在矛盾，但由于美国在两地区的导弹防御政策存在差异，导致美国与两国的关系在奥巴马政府时期呈现出不同的发展趋势。以奥巴马调整欧洲地区导弹防御政策为契机，美俄关系实现了“重启”并不断缓和，即使后来受“乌克兰危机”冲击严重倒退，两国矛盾依然维持在安全可控的范围。与美俄缓和的发展趋势正好相反，奥巴马的亚太地区导弹防御政策加剧了中美之间的安全困境，恶化了中美以及中国与周边邻国和地区的外交关系，激化了该地区的各类矛盾，致使中美之间的危机管控难度加大，爆发战争的可能性明显上升。

（一）奥巴马政府欧洲导弹防御政策调整对美俄关系变化的影响

奥巴马第一任期内美俄关系明显缓和。两国外交关系之所以能够在2008年受俄格战争冲击而全面停滞后不到一年的时间就得以“重启”，很大程度上得益于奥巴马上台后的积极主动示好姿态。而在美国政府的各项缓和举措中，对欧洲地区导弹防御政策的调整无疑是促成两国在战略层面达成谅解，进而在各领域开展合作最直接的动因。小布什政府的“第三地计划”对俄罗斯的战略威慑力量构成了直接威胁。俄罗斯在强烈反对和警告无果后，不仅终止了与美国就进一步削减进攻性战略武器的谈判，而且宣布暂停履行《欧洲常规武装力量条约》。[①] 由于在军事安全问题上存在严重分歧，美俄两国在小布什政府后期，尤其是俄格战争后一直处于紧张对峙状态。而奥巴马上台后，通过在欧洲导弹防御问题上对俄做出让步，不仅解开了两国在安全困境上的“死结”，而且将两国关系引向了一个全新的发展轨道。以欧洲导弹防御问题的解决为契机，美俄两国在伊核、军控、军事合作等问题上取得了丰硕成果。

首先，奥巴马在欧洲导弹防御政策上的让步，换来了俄罗斯在“伊核问题”上的配合。2009年4月，奥巴马在布拉格做关于“无核世界”的主题演讲时暗示，如果俄罗斯能够在解决“伊核问题”上与美国合作，美国将与其重新探讨在欧洲部署反导系统的方案。[②]

---

① 2001年美国宣布退出《反导条约》后俄罗斯针锋相对地宣布退出《第二阶段削减进攻性战略武器条约》。此后，美俄就签署新的进一步削减战略武器的条约展开谈判。随着小布什政府不断推进在东欧部署战略反导武器，俄罗斯从2007年起终止了两国关于战略武器削减的谈判，并于2007年7月宣布暂停执行冷战时期北约和华约签署的无限期有效的《欧洲常规武装力量条约》。

② 封帅：《“双向失衡”结构与欧洲导弹防御议题中的美俄博弈》，《俄罗斯研究》，2012年第4期，第83页。

9 月，奥巴马宣布暂停在东欧部署导弹防御基地后，梅德韦杰夫在当月 16 日演讲中暗示，俄罗斯可能会支持美国对伊朗采取更加严厉的制裁措施。[①] 2010 年 6 月，安理会通过的对伊朗实施制裁的 1929 号决议中俄罗斯投了赞成票；同年 9 月，梅德韦杰夫签署法令禁止向伊朗转让先进武器，包括美国此前专门提到的 S－300 防空导弹系统。[②] 其次，奥巴马对欧洲导弹防御政策的调整为俄罗斯回到军控谈判桌提供了契机。2009 年 5 月 19 日，两国重新开始就削减战略进攻性武器展开谈判，并于 4 月 8 日顺利签署《第三阶段削减进攻性战略武器条约》。最后，随着美俄在导弹防御问题上的军事矛盾逐步解决，两国的军事合作不断拓展。在反恐军事合作方面，2009 年 7 月莫斯科峰会期间，两国首脑签署了《关于美国运往阿富汗的军事物资和武装人员过境俄罗斯的协议》和《完善两国武装部队 2009 年军事合作计划备忘录》。2010 年 8 月，两国举行了名为“警惕之眼”的联合反恐演习。在反导军事合作方面，虽然最终没有达成共识，但是两国在这一领域由竞争对手向合作伙伴的角色转化尝试具有历史性的积极意义。

2012 年 3 月的“麦克风门事件”[③] 表明，奥巴马政府一直有意通过调整欧洲导弹防御政策与俄罗斯深化军事互信，使两国关系不断朝着积极方向改善。奥巴马终止部署具有战略反导拦截能力的 GBI 和 SM－3 Block IIB 的决策，以及普京从加里宁格勒撤出战术核导弹的举动表明，美俄通过一系列围绕反导问题的博弈和互动摸清了对方的底线，形成并遵守了彼此之间的安全共识。笔者统计了 2009 年至 2013 年关于美俄关系评述的主要核心期刊论文后发现，奥

① 李巧英：《美国的东欧导弹防御计划研究》，2010 年华东师范大学硕士论文，第 35 页。

② 杨雷，孔春雨：《美俄关系“重启”前景分析》，《现代国际关系》，2010 年第 11 期，第 47 页。

③ 2012 年 3 月 26 日，韩国首尔核安全峰会的美俄双边首脑会谈前，奥巴马低声对梅德韦杰夫说，如果他能够连任总统，他将对欧洲的反导系统采取比现在更加灵活的政策。梅德韦杰夫则表示他会将奥巴马的这番话转达给普京。他们之间如此直白的对话本来是私下聊天，结果却被现场一个没有关闭的麦克风直接公之于众。

巴马第一任期内绝大多数国内外学者都赞同奥巴马上台后通过调整欧洲导弹防御政策和暂停北约东扩的做法极大地改善了美俄关系，并对未来两国的缓和持谨慎乐观态度。[①] 程春华通过研究俄罗斯学界对美国重返亚太的认知后发现，俄罗斯国内出现了两种对立的主张：一种是以德米特里·特列宁为代表的“助美制华论”，主张利用美俄缓和的契机在中美之间保持中立，甚至协助美国制衡中国；另一种是以亚历山大·卢金为代表的“协作制美论”，主张强化与中国的合作，制衡美国追求亚太地区的影响力。[②] 虽然后一种观点最终在俄罗斯高层中获得了更多的支持，但第一种观点的出现以及在俄罗斯国内拥有越来越大的影响力表明，奥巴马对欧洲地区导弹防御政策的调整，为美俄战略互信的建立迈出了关键性的一步，大大缓解了俄罗斯对美国的战略担忧。

奥巴马第二任期内，2013 年突然爆发的乌克兰危机意外地终止了美俄关系缓和的趋势。对此，笔者统计了 2014 年至 2016 年关于美俄关系评述的主要核心期刊论文后发现，大多数学者对美俄关系的认知发生了彻底转变，甚至有一批学者称两国进入“新冷战”。[③] 但是笔者认为这些学者的观点过于悲观，美俄关系虽然相较于奥巴马第一任期明显倒退，但如果与小布什政府后期的欧洲安全

① 全部论文参见中国知网（CNKI）搜索结果（发表时间：2009—2013 年，搜索主题：美俄关系）。代表性文献参见孙哲，徐洪峰：《奥巴马战略重心东移对美俄关系的影响》，《美国研究》，2013 年第 1 期，第 9—21 页；郑羽：《遏制的转向：梅普时期的中美俄三角关系》，《俄罗斯中亚东欧研究》，2012 年第 4 期，第 63—69 页；黄登学：《论奥巴马政府对俄政策调整的原因即俄美关系前景》，《东北亚论坛》，2011 年第 2 期，第 20—29 页；徐洪峰：《奥巴马执政以来对美俄关系的影响》，《美国研究》，2010 年第 1 期，第 44—53 页。

② 程春华：《美国“重返亚太”与俄罗斯的应对：基于俄罗斯学界的视角》，《南京政治学院学报》，2012 年第 4 期，第 65—71 页。

③ 全部论文参见中国知网（CNKI）搜索结果（发表时间：2014—2016 年，搜索主题：美俄关系）。代表性文献参见张健，周琪：《奥巴马第二任期美俄关系论析》，《世界经济与政治》，2016 年第 11 期，第 84—105 页；杨雷：《乌克兰危机与美俄新冷战》，《和平与发展》，2015 年第 1 期，第 84—95 页；张文宗等：《试析乌克兰危机的战略影响》，《现代国际关系》，2014 年第 8 期，第 19—26 页。

困境相比，美俄关系并没有实质性恶化。首先，美俄之间在军事平衡和战略稳定性上的默契没有打破。虽然俄罗斯吞并克里米亚的做法使东欧国家感到严重不安，但是奥巴马仍然按照 EPAA 的既定安排推进欧洲地区导弹防御部署，并没有因为俄罗斯的军事强硬而调整部署计划或给予东欧国家更多的军事保护。而俄罗斯也没有继续通过军事手段谋求进一步扩张或向靠近欧洲的地区部署更多战略威慑武器。[①] 其次，乌克兰危机爆发至今，奥巴马政府主要通过金融和能源制裁的方式从经济层面惩罚俄罗斯，并未采取诸如启动北约东扩、在俄罗斯传统势力范围策划“颜色革命”等政治手段。[②] 最后，美俄之间的沟通对话没有中断，两国主动搁置并暂时回避了无法达成共识的问题。据统计，奥巴马在第二任期内与普京共进行了 8 次会晤，期间主要围绕叙利亚和乌克兰问题进行磋商，而此前无法达成共识的导弹防御合作问题则被搁置。这从另一个角度说明奥巴马的欧洲导弹防御政策调整实际上已经化解了两国在这一问题上的根本分歧，即美国的反导系统不会对俄罗斯的战略威慑力量构成实质性威胁，因而普京在奥巴马第二任期内没有继续就此与美国纠缠。

乌克兰危机虽然影响了美俄关系，但并没有使两国走向冲突和军事对峙的地步，而且俄乌冲突也没有像小布什政府时期的俄格危机那样升级为局部战争。这说明奥巴马执政期间，欧洲地区的危机管控情况明显得到改善。这在很大程度上得益于美俄两国的安全稳定基石没有受到严重冲击，俄罗斯并不想与美国为首的西方世界彻底决裂。在乌克兰危机背景下，奥巴马在第二任期依然能够在欧洲地区导弹防御政策上保持对俄克制，为稳定美俄关系发挥了重要

---

① 2014 年 1 月和 2016 年 6 月和 8 月，俄罗斯三次向位于欧洲的飞地加里宁格勒部署“伊斯坎德尔”战术导弹，但是俄罗斯称部署行动属于军事训练，而且由于数量和射程有限，加之历史上俄罗斯多次以向该地区部署战术导弹的方式向西方国家示威，因此这些部署行动的政治意义大于军事意义，没有实质性地改变欧洲地区的军事力量平衡和安全环境。

② 有关美国对俄制裁的具体内容和措施参见马鑫、许钊颖：《美国对俄罗斯的金融制裁》，《美国研究》，2015 年第 5 期，第 35—47 页；徐洪峰：《乌克兰危机背景下美欧对俄罗斯的能源制裁》，《美国研究》，2015 年第 3 期，第 73—83 页。

作用。

（二）奥巴马政府亚太导弹防御政策调整对中美关系变化的影响

中美关系是除俄美关系之外另一对影响世界格局的大国关系。虽然奥巴马上台后两国间并不缺少沟通与合作，但实际上在多数关键问题上“有谈无果”，两国关系相较于小布什政府时期并没有实质性改善，在某些领域还发生了一定程度的倒退。王鸿刚在《“大变局”下的中美关系与中美战略博弈》一文中总结了国内多数学者对奥巴马上台后三年里中美关系变化的总体感受：“尽管两国间的接触日益紧密，但双边关系的稳定性明显下降；中美正变得越来越敏感，互不信任状况突出，双方均对对方的能力和意图倍感疑虑，在众多领域的角力动辄上纲上线，陷入疑虑与竞争相互激化并不断升级的恶性循环。”① 而美国哥伦比亚广播对中美在气候问题上的表现的评论则反映了目前西方世界对中美关系的总体认知：“两国都严重地相互怀疑和警惕，坚决不能达成让对方获得任何战略优势的交易。”②中美关系之所以没有如俄美关系向着缓和的方向发展，主要原因就是两国缺乏战略互信，而安全上的互信缺失则从根本上给两国的各项沟通设置了障碍。从奥巴马对欧反导政策调整中，我们可以看出其向俄罗斯释放的建立安全互信的诚意，但从其对亚太地区导弹防御政策的调整中，我们只能看到美国政府的军事敌意，感受到紧迫的安全威胁。奥巴马政府围绕导弹防御问题与中国的博弈和互动实践表明，中美之间的安全共识正在逐渐消失。无论原因是明知故犯还是存在误判，奥巴马执政期间，美国一直在不停地试探和触碰中国的战略安全底线。

2010 年 1 月，奥巴马在中美核心议题——“对台军售”问题上的初步尝试不是恪守中美《八一七公报》逐步减少对台军售，而是

① 王鸿刚：《“大变局”下的中美关系与中美战略博弈》，《现代国际关系》，2012 年第 5 期，第 9 页。

② “Obama Makes Step Forward in Copenhagen,” CBS News, December 18, 2009, http://www.cbsnews.com/news/obama-makes-step-forward-in-copenhagen/.

宣布对台出售一批反导拦截和预警装置。对台军售是衡量中美关系的重要“风向标”，而反导武器更是两岸之间极为敏感的武器类别。即使在单边主义和霸权主义高涨的小布什政府时期，美国在这一领域的军售政策也极为谨慎。奥巴马政府此举，不仅昭示了其对亚太地区导弹防御政策调整的强硬态度，更使得中美关系从奥巴马上台之初就埋下了严重的安全互信隐患。对于美国不顾中方感受的做法，中国政府立即宣布取消一切中美军事互访计划，推迟两国副部长级战略安全、军控和防扩散会谈。① 2010 年 3 月“天安号事件”爆发后，奥巴马政府希望中国在联合国安理会上投票赞成制裁伊朗以及通过此事件谴责朝鲜的决议。② 在美国对台军售严重侵犯中国国家核心利益的背景下，显然无法取得中国的支持。联合国安理会最终没有通过该决议。2010 年 7 月 25 日，美韩以“天安号事件”为由在黄海海域举行了代号为“不屈意志”为期三天的联合军演；中方认为美方此举对中国东部沿海地区构成安全威胁，遂于同一天也举行了为期三天的军事演习作为回应。③ 小布什政府时期，美韩围绕朝鲜威胁也举行过多次联合军演，但是中国政府当时并没有表现出如此针锋相对的回应。“天安号事件”本是朝韩之间的冲突，结果却最终演变为中美军事角力，归根结底就是奥巴马上台后美国对台出售导弹防御武器严重损害了两国间的战略互信，致使两国在涉及安全领域的问题中陷入紧张的对抗和竞争模式。

奥巴马在推进欧洲地区导弹防御政策制定和落实过程中，反复强调伊朗并刻意回避俄罗斯对欧洲的导弹威胁。而根据本书第二章对两国导弹威胁能力的介绍可知，伊朗能够威胁到欧洲国家的导弹

---

① “中国副外长紧急召见美驻华大使 就售台武器问题交涉”，人民网，2010 年 1 月 30 日，http：//world. people. com. cn/GB/8212/14450/64342/10885339. html。

② Howard La Franchi，“Hillary Clinton in China：a Juggling Act over North Korea，Iran，” The Christian Science Monitor，May 24，2010，https：//www. csmonitor. com/USA/Foreign – Policy/2010/0524/Hillary – Clinton – in – China – a – juggling – act – over – North – Korea – Iran.

③ 余万里，肖河：《奥巴马第一任期的中美关系》，《国际经济评论》，2014 年第 5 期，第 56 页。

十分有限，相反俄罗斯从能力上看威胁更大。但是在亚太地区，奥巴马在强调朝鲜导弹威胁的同时，为了将更多亚太国家拉进美国的反导阵营，始终没有放松对中国导弹威胁的国际宣传。最具代表性的就是在各种场合大肆渲染中国的 A2/AD 能力威胁。而奥巴马政府的自我证实，使得其不断强化对华导弹防御能力，又迫使中国不得不通过升级导弹性能、进行导弹试射和导弹部队演习来平衡美国亚太地区导弹防御系统的威胁。中美之间围绕反导问题展开的政治博弈和军备竞赛表明，中美两国已经严重偏离了原有的安全共识和政治默契，导致两国的战略互动陷入当前这种危险的恶性循环，安全困境正在不断加剧。

奥巴马在对亚太地区导弹防御政策调整中对华态度强硬，不仅直接恶化了中美关系，而且通过影响中国与周边国家的关系，间接地强化了中美之间的对抗格局，增加了中美之间的危机管控难度。一方面，奥巴马不断强化与盟友间的反导合作，使得与中国存在领土和主权争端的国家认为，当本国与中国发生冲突时美国会介入干涉并有能力保护自己，因而更有信心对华实施挑衅。奥巴马上台以来，东海、南海和台海局势同时紧张，中国与周边国家和地区的冲突不断。如被美国视作反导合作“金字招牌”的日本，自恃有美日同盟的保护，2012 年以“购岛事件”挑起了过去被中日两国暂时搁置的钓鱼岛主权争端；以 2012 年“中菲黄岩岛对峙”事件为代表的南海主权领土争端同样也是在奥巴马执政期间被激化，而过去中国与相关国家一直处于“搁置争议，共同开发”的外交默契之中。虽然中国的一贯立场是和平共处，美国也不希望与中国爆发军事冲突，但是美国的盟友采取对华军事冒险的可能性大大上升。一旦这些国家与中国爆发军事冲突，美国将极有可能被迫卷入，使之进一步升级为中美之间的大国军事冲突。

另一方面，原本与中国并无矛盾的国家为了配合美国的地区导弹防御部署不惜得罪中国，承受与中国关系恶化的代价。其中最有代表性的国家就是不顾中国政府多次警告，执意批准美国在其领土部署 THAAD 系统的韩国。自 2014 年 THAAD 入韩被媒体披露，至 2016 年最终确定部署地点，中韩两国官方联系迅速降温。非官方交流上，中国民众自觉抵制韩国产品，拒绝前往韩国旅游，给其国内经济造成了巨大损失。在这种情况下，韩国依然不对其部署政策实施调整。中国政府十分清楚，这些与中国存在矛盾的国家背后都有美国的暗中支持，也就是说中国实际上是与美国在亚太地区的“代理人”博弈。因而中国周边安全环境恶化的本质其实是中美对抗的范围和程度在奥巴马政府时期不断扩大和加深。

二、核扩散国家与美国关系变化的比较

虽然奥巴马明确公开将伊朗和朝鲜列为核扩散和导弹威胁来源的“流氓国家”并作为其欧亚地区导弹防御系统的主要针对国家，但是美伊关系和美朝关系却朝着截然相反的方向发展。美伊两国因伊核问题的沟通和对话，双边关系明显缓和，而美朝两国却摩擦愈发频繁，关系明显恶化。之所以产生了两种完全不同的结果，主要因为美国的地区导弹防御系统对两国安全的影响存在本质差别。伊朗的战略关切始终在中东而非欧洲。本书第二章导弹威胁意图分析中提到，伊朗本来就没有使用导弹攻击欧洲的打算，因此尽管美国在欧洲建立起针对自己的地区导弹防御系统，伊朗并不担心自己的军事能力受到削弱。从奥巴马公布 EPAA 方案后国际社会的反映来看，也确实未见伊朗方面公开表示出批评和不满。相反，朝鲜的战略关切就在亚太，尤其是东北亚地区。奥巴马政府加强亚太地区导弹防御系统的做法被朝鲜方面视作美国试图全面抵消其威慑能力，进而对其采取军事手段，推翻其政权的危险信号。因此，朝鲜极其警惕和反对美国在亚太地区部署导弹防御系统，始终采取针锋相对的军事对抗姿态，多次公开宣示已做好与美国开战的军事准备。①

① 《韩国情报机构：金正恩已下达总攻命令》，中国军事网，2013 年 10 月 9 日，http: //military. china. com. cn/2013 – 10/09/content_30234017. htm.

（一）奥巴马政府欧洲导弹防御政策调整对美伊关系变化的影响

即使在美伊两国一度走向战争边缘的小布什政府时期，伊朗与欧洲的关系也不像美伊关系那样充满对抗性。虽然美国一直鼓动对伊朗实施经济制裁，但是欧洲盟国并不配合，相反还保持着相当程度的经贸往来。2004 年至 2011 年，欧洲和伊朗年均贸易额在 200 亿欧元以上，即使 2013 年降至 62 亿，仍排在伊朗对外贸易总额的第六位。[①] 欧洲国家虽然也想遏制伊朗，但希望按照自己的方式，即通过对话促成伊朗的国内政治转变。而伊朗看到了这一点并清楚地认识到，只要维持住与欧洲的沟通纽带，西方就不会与自己彻底决裂。因此，在欧洲盟国明确反对通过武力手段解决“伊核问题”的背景下，伊朗没有任何理由向欧洲国家发动导弹攻击。奥巴马政府的欧洲导弹防御政策自然也不是影响美伊关系的主要因素。

奥巴马政府的欧洲反导政策几乎未对美伊关系造成消极影响，两国关系持续好转的背后其实是奥巴马上台后在中东地区的一系列外交举措和政策表态迎合了伊朗真正的核心利益关切，使伊朗能够在核问题上做出让步，在导弹防御问题上默许美国以自己为对手。2009 年 4 月，奥巴马政府宣布，美国放弃小布什政府时期坚持的六方会谈前提条件：伊朗必须首先终止铀浓缩活动。[②] 而这正是伊核问题长期无法取得进展的症结所在。2009 年 6 月，奥巴马在演讲中首次公开承认伊朗在遵守核不扩散条约义务的基础上拥有和平利用和发展核能的权利。[③] 而这正是伊核问题中伊朗所要实现的最终目标。随着美国在中东地区的政策示好，伊朗方面也逐渐予以积极回应。虽然 2012 年美国陆续向南欧地区部署了反导装备，但整整一年伊朗都没有进行远程导弹试验，也没有进行铀浓缩活动。2013 年 1 月，

---

① 秦天：《欧洲与与伊朗：关系很纠结》，《世界知识》，2014 年第 20 期，第 50 页。

② Mark Landler，“U. S. to Join Iran Talks over Nuclear Program”，New York Times，April 8，2009.

③ Barack Obama，“Remarks by the president on a new beginning，” Egypt：Cairo University，June 4，2009，http：//www. freerepublic. com/focus/f – chat/2265096/posts.

伊朗最高领袖哈梅内伊签署了禁止伊朗开发核武器的教法决议，并表示无意开发射程超过2000千米的弹道导弹。[①]

2013年鲁哈尼当选总统后，美伊关系缓和进一步加快，主要原因是奥巴马政府的表态解决了伊朗长期担忧并造成美伊相互敌对的另一个重大问题——伊朗政权的安全。2013年奥巴马在联大发表讲话时破天荒宣布，美国将不再谋求改变伊朗的政权。[②] 这一声明意味着短期内美国对伊开战的可能性已基本消除。因此，尽管美国在欧洲陆续部署针对伊朗的导弹防御系统，伊朗并不感到紧迫的军事威胁。2013年9月，鲁哈尼在《华盛顿邮报》上发文称："美伊之间相互仇恨的时代已经彻底结束，两国可以通过合作结束目前的相互干扰和对抗；伊朗将加强国内核项目的透明化，以使国际社会相信伊朗并不谋求发展核武器"。[③] 连一向对西方持强烈批判和对抗态度的伊斯兰宗教领袖哈梅内伊也称赞鲁哈尼的对美缓和政策体现了"英勇的灵活性"，并公开告诫伊朗革命卫队不要干预扎里夫外长的核谈判，为鲁哈尼政府的外交活动提供宽松的政治空间。[④]

（二）奥巴马政府亚太导弹防御政策调整对美朝关系变化的影响

美朝关系受到奥巴马亚太地区导弹防御政策影响，并因此愈发恶化的根本原因在于美朝关系并不具备美伊关系缓和背后的前提条件。第一，与奥巴马的欧洲反导系统实际上并未削弱伊朗的军事力量不同，美国在亚太地区部署导弹防御系统直接对朝鲜的军事战略和现实威慑能力构成严重威胁。朝鲜的导弹以射程不足1000千米的短程和中短程弹道导弹为主，打击目标主要是日韩及驻扎在该地区

---

① 沈雅梅：《美国对伊政策调整的动因与空间》，《现代国际关系》，2013年第6期，第23页。

② 华黎明：《伊朗核协议的来龙去脉及影响》，中华人民共和国国防部网站，2015年12月21日，http：//www. mod. gov. cn/opinion/2015－12/21/content_4633468. htm.

③ Hassan Rouhani, "Why Iran Seeks Constructive Engagement," The Washington Post, September 20, 2013.

④ 田文林：《美国与伊朗缓和：神话还是现实》，《现代国际关系》，2013年第10期，第40页。

的美军。一方面，朝鲜的导弹数量有限，另一方面，朝鲜的导弹突防能力较差。因此，一旦美国在亚太地区，尤其是东北亚地区建立起较为完善的导弹防御系统，朝鲜以导弹为唯一力量投送方式的核威慑能力将被抵消。[①] 第二，与北约集团已经充分暗示无意使用武力推翻伊朗现政权不同，美国及其亚太盟国从来没有放弃通过武力推翻“金氏政权”来解决朝鲜问题。虽然奥巴马上台后在朝鲜问题上执行“战略忍耐”政策，宣称不寻求变更朝鲜政权，但是相比于其对伊朗的承诺，由于前两点原因而可信性很低。[②] 实际上，“战略忍耐”主要用于奥巴马政府的对外政策宣传。在政府内部，美国军政高层更多地是围绕对朝发动“先发制人”打击的军事可行性和军事行动方案拟制展开讨论。如指导美国发动对朝全面战争的“5027 作战计划”从 1973 年提出至今始终没有停止过修改和更新。[③] 2013 年曝光的“5027 作战计划”显示，一旦朝鲜半岛危机升级，美韩联军和驻日美军将采取联合军事行动对朝鲜展开“外科手术式”打击，并在两周内攻占平壤，摧毁金正恩政权；美军将首先出动 B－2 隐形轰炸机摧毁朝鲜核设施，然后出动 F－22 猛禽战机摧毁朝鲜雷达系统。[④]

因此，在美朝矛盾难以调和的背景下，美国的导弹防御系统越完善，美国通过军事手段强行解除朝鲜武装的可能性越高。面对奥巴马加强亚太地区导弹防御系统的做法，朝鲜只有针锋相对地通过不断试射导弹来威慑美国及日韩，提醒它们一旦不能有效拦截朝鲜

---

① 李开盛：《军事存在与无核化：美国朝核政策浅析》，《美国研究》，2009 年第 4 期，第 20 页。

② “战略忍耐”最初由希拉里在 2009 年 12 月时提出，随后成为奥巴马政府的对朝政策代名词。

③ 该计划是 1973 年由美韩联合部队司令詹姆斯·霍林斯沃斯将军提出来的。“5027 作战计划”历经 40 多年，先后有“5027－94”“5027－00”“5027－02”“5027－04”计划。根据美国与韩国政府签署的绝密协议，“5027 作战计划”从 1994 年首次大修改后，每两年就要更新一次。

④ “美韩新 5027 计划，两周内能攻陷平壤”，汇通网，2013 年 4 月 18 日，http://www.fx678.com/C/20130418/201304181317441187.html。

导弹的可能后果，才能促使美国不会贸然采取行动，确保自身政权不被颠覆。但是，采取这种“边缘政策”[①]的后果就是印证了美国对朝鲜威胁的判断，促使美国政府出台更加严厉的制裁措施，部署更多的反导装备，并将颠覆朝鲜政权的“军事行动”提上议程。

总的来看，奥巴马出于防范朝鲜导弹威胁考虑而制定的亚太地区导弹防御政策实际上将两国关系推向了战争的边缘。两国关系在相互极度不信任的状态下维持着紧张而脆弱的平衡，一点小的冲突摩擦或挑衅都可能会升级为军事危机。2010 年 3 月，由韩国海军在争议海域巡逻引发的“天安舰事件”和 2010 年 11 月由韩国年度例行军演引发的“延坪岛炮击事件”，表面上看是朝鲜对韩国军队正常活动的过度反应，实际上是朝鲜对美国一直以来企图颠覆其政权的威慑和警告。由此可见，受奥巴马强化亚太地区导弹防御系统的影响，美朝之间的矛盾已经到了可能随时引发战争的危险地步。

三、欧亚盟国与美国关系变化的比较

虽然奥巴马的欧洲地区导弹防御政策没有对美伊关系造成影响，但是对于美国和欧洲盟国的关系发展却意义重大。奥巴马对欧洲地区导弹防御政策的调整不仅在更大范围内保护了欧洲地区的安全，更重要的是为弥合小布什政府时期因伊拉克战争造成的同盟内部分裂和在防务问题上的主要分歧提供了契机。而美国的亚太各盟国，虽然在小布什政府时期就在国防和安全上严重依赖美国，但是由于在盟约可靠性和责任与经费分担上与盟国存在矛盾，各国与美国的双边关系发展并非一帆风顺。奥巴马上台后，以“亚太再平衡战略”为背景，以朝鲜威胁为抓手，通过对亚太地区导弹防御政策的调整，明显改善了上述同盟间存在的主要问题。此外，奥巴马通过推动亚

① 边缘政策（Brinkmanship），指冷战时期用来形容战争近乎要发动的情况。一国通过将危机推向战争爆发的边缘，表明自身对抗的决心，从而使没有做好战争准备的对手屈服和让步。这种政策被视为一项避免战争的有效政策，但往往会快速恶化对立双方的关系。

太各盟国将本国的反导系统整合入美国的反导系统，促进了亚太地区的联盟体系结构由双边向多边模式的转化，从而使美国与亚太各盟国的双边关系可以在更大范围发挥影响力。

（一）奥巴马政府欧洲导弹防御政策调整对美国与北约盟国关系变化的影响

受法、德等国反对美国发动伊拉克战争的影响，小布什政府时期美国与北约传统盟国的关系陷入了“二战以来最深的谷底”。[①] 双方的矛盾主要集中在美国的单边主义政策倾向违背了北约多边集体决策的联盟基础，而且其霸权主义思维指导下表现出的对俄强硬态度恶化了欧洲与俄罗斯的关系，牺牲了盟国的安全利益。以其欧洲导弹防御政策“第三地计划”为例。该计划没有经过北约集团的讨论和批准，是美国单方面与波兰、捷克等国签订的协议；该计划只覆盖了以中东欧新加入北约的盟国为主的部分欧洲地区，在对俄罗斯战略威慑能力造成严重损害的同时将法德等盟国暴露在俄罗斯和伊朗导弹威胁之下。因此，小布什的反导政策进一步恶化了美国与北约传统盟国的关系，同时招致这些国家的强烈反对。

奥巴马上台后，通过调整欧洲地区导弹防御政策，迎合了北约内部传统盟国的战略诉求，从根本上化解了美国与各国的同盟矛盾。首先，奥巴马将欧洲导弹防御系统建设纳入北约安全框架下表明，美国的军事战略由单边主义向多边主义发生实质性转变。其次，奥巴马的新反导计划弱化了对俄战略威胁，从而降低了俄罗斯对北约国家的军事敌意。最后，奥巴马承诺将欧洲导弹防御系统全面覆盖所有北约国家，平衡了美国对新老盟国的安全关切，打消了西欧和北欧传统盟国的安全顾虑。

以 EPAA 计划的出台和执行为契机，美国与欧洲盟国的关系得到明显改善和强化，具体来说表现在以下两个方面：一是北约内部在过去存在分歧的欧洲防务问题上逐渐达成共识。奥巴马上台以前，

---

① 陈志敏、张骥：《新老欧洲与美欧关系》，载《当代世界》，2008 年第 2 期，第 14 页。

北约的军事战略还建立在冷战时期的相互确保摧毁战略基础之上。法德等国认为导弹防御系统会打破欧洲与俄罗斯之间的战略平衡而降低欧洲地区的战略稳定性，故对此加以反对。2010 年北约里斯本峰会上，欧洲各国一致同意将 EPAA 计划的落实列为联盟的核心任务，说明其开始逐渐认同美国发展导弹防御系统的防务策略。[①] 北约过去在威慑战略上依赖于美国部署在欧洲的战术核武器，因而对于奥巴马上台后推行的“无核世界”构想并不积极。随着欧洲导弹防御系统的逐渐完善以及美国导弹防御技术的不断成熟，欧洲国家开始逐渐认同常规军事力量的威慑效能，接受奥巴马政府以常规力量取代核武器来重建威慑力量结构的北约防务改革。2010 年北约通过的战略与安全概念文件表示，“北约将加强核力量与常规力量的混合，承诺将创造无核世界作为目标”。[②] 二是美国的中东政策得到欧洲盟国的实质性配合。美国政府过去一直在游说盟友切断与伊朗的经济联系以落实其对伊制裁政策，但欧洲国家明确表示拒绝参与美国的制裁，并一直扮演伊朗石油的重要顾客。奥巴马上台后，欧洲盟国开始逐渐撤出对伊朗能源部门的投资。2011 年美国国会通过新的对伊制裁措施后，欧洲各国自行决定于 2012 年 7 月开始不再进口伊朗石油。[③] 2014 年 9 月，奥巴马在北约峰会上宣布，将组建由美、英、法、德、意等十国构成的“核心联盟”，协力围剿恐怖组织“伊斯兰国”。[④] 由此可见，主要北约国家在奥巴马政府时期对于美国在中东地区采取的军事行动，态度发生了明显转变。

---

① Andrew Futter, Ballistic Missile Defence and US National Security Policy: Normalisation and acceptance after the Cold War, London: Routledge, 2013, p. 149.

② NATO, Active Engagement, Modern Defence: Strategic Concept for the Defence and Security of the Members of the North Atlantic Treaty Organisation, November 19 – 20, 2010.

③ 秦天：《欧洲与与伊朗：关系很纠结》，《世界知识》，2014 年第 20 期，第 51 页。

④ “北约十国同盟围剿 ISIS，军事行动或长达三年”，凤凰网，2014 年 9 月 8 日，http://epaper. anhuinews. com/html/xawb/20140909/article_3157551. shtml。

（二）奥巴马政府亚太导弹防御政策调整对美国与亚太盟国关系变化的影响

奥巴马对亚太地区导弹防御政策的调整，促进了联盟过去存在的以下两方面问题的解决。首先，本书第二章原因分析中提到，美国为亚太地区盟友提供的延伸威慑承诺可靠性低于欧洲，因此，当美国在亚太地区的盟国与朝鲜或中国发生军事冲突时，美国是否会出动军队保护自己一直是这些国家所担心的。日本政治家和战略学家经常提的一个问题就是："美国是否会为了东京牺牲纽约?"[①] 奥巴马上台后，日韩等盟国从美国部署导弹防御武器装备的性能、节奏、位置和态度中可以感受到，美国政府的安全承诺不是停留在口头层面，而是决心以实际行动捍卫美国及其盟友在亚太地区的国家利益。奥巴马通过亚太地区导弹防御政策调整向盟友传达了明确的政治信号——"重返亚太"不仅仅是安抚性宣传口号，而是实质性军事转移。其次，日韩等国在防务上长期严重依赖美国，不仅源于客观实力，更有经济上的考虑。这些国家将防卫本国安全的责任全部甩给美国极大地节省了本国的国防开支，但却使美国背上了沉重的负担。小布什政府时期，美国试图改变这一状况，但盟国自恃其对美国在亚太地区的地缘战略重要性，对美国政府的要求一直消极对待。奥巴马上台后，首先从导弹防御问题着手来扭转这一畸形的同盟合作局面。BMDR 中美国明确将责任分担（burden sharing）列为盟国参与美国地区导弹防御系统建设的首要指导原则。[②] 为了落实这一政策，奥巴马由过去以直接部署为主的同盟合作方式转向鼓励盟国购买美军反导装备，帮助盟国组建本国的导弹防御系统。而美国更多地扮演提供情报和技术支持的"咨询师"以及保住最后一道安全底线的"守门员"的角色。2010 年至今，美国在亚太地区新增

---

① Clark Murdock, Project Atom: A Competitive Strategies Approach to Defining U. S. Nuclear Strategy and Posture for 2025 – 2050, CSIS, May 2015, p. 13.

② Robert Gates, Ballistic Missile Defense Review Report, Washington DC: Department of Defense, February 2010, p. V.

的导弹防御系统，尤其是雷达预警装备，主要由日韩等盟国购置。

美国借助导弹防御政策调整不仅解决了与盟国的矛盾，更重要的是为美国亚太联盟合作的深化和模式转型创造了条件：一是美国与各盟国的军事一体化进程明显加快。由于韩国始终坚持本国反导系统的独立性，美韩反导一体化程度明显落后于日本。奥巴马上台后，灵活地提出强化两国反导系统的“互操性”，间接地加快了两国反导系统的整合速度。2013 年 10 月，美韩安全磋商会议决定，将增强两国反导指控系统互操性作为今后合作的重点内容。[①] 2014 年 MDA 决定在今后 5 年的时间里投入 22.8 亿美元来升级 C2BMC，使美国的反导指控系统技术上可兼容韩国的 KAMD，从而在战时可通过指挥权移交直接接管韩国的反导系统。[②] 二是美国给予盟国更大的军事自主性。奥巴马上台后不断鼓励日本在地区事务和全球事务中扮演更重要的角色，并为日本修改和平宪法，解禁集体自卫权创造各种条件。2015 年最新版《日美防卫合作指针》中，自卫队通过在美日导弹防御领域的合作，大大扩展了行动的时机和防御的范围。[③] 三是各盟国间分歧逐渐弱化，通过反导情报共享逐渐由双边同盟向多边同盟转化。反导系统发挥效能的一个重要条件就是获取敌方导弹情报。奥巴马上台后在日韩就“慰安妇问题”和解上做了大量工作，从而为 2014 年《美日韩关于朝鲜核与导弹威胁的情报交流协议》的签署奠定了重要政治基础。由于距离较远，澳大利亚受朝鲜导弹威胁较弱，因而过去对美国的导弹防御政策并不积极，参与度也较低。奥巴马上台后不断提高澳大利亚在美国亚太反导体系中的

---

① Chuck Hagel, “Joint Communiqué – The 46th ROK – U. S. Security Consultative Meeting,” Washington D. C., October 23, 2014, http://www.globalsecurity.org/military/library/news/2014/10/46th_scm_joint_communique.pdf.

② “C2BMC: Putting the System in Ballistic Missile Defense,” March 20, 2014, http://www.defenseindustrydaily.com/c2bmc – putting – the – system – in – ballistic – missile – defense – 06323/.

③ U. S. Department of Defense, The Guideline for U. S. – Japan Defense Cooperation, April 27, 2015, https://www.defense.gov/Portals/1/Documents/pubs/20150427_—_GUIDELINES_FOR_US – JAPAN_DEFENSE_COOPERATION.pdf.

地位，将澳大利亚的雷达预警系统同日本的反导系统一样，也与美国进行了一体化整合，并在美日澳三边安全磋商会议机制中专门设立了反导工作小组。[①]

第三节　国际战略稳定性

部署导弹防御系统不仅会增加国际社会的不安全感，降低国家间的安全互信，而且会激发一系列严重影响国际战略稳定性的国家行为。这些国家行为主要体现在以下四个方面。

一、导弹防御系统使美国的军事力量具备了攻防兼备的特性，成为其推行全球战略和霸权主义的工具

导弹防御系统是一种防御性系统，其功能就是对攻击美国目标的导弹进行各个阶段的拦截，以削弱对方的进攻能力，从而使对手“感到难以突破防御”而不得不放弃进攻行为。在促使对手打消进攻意图的过程中，导弹防御系统作为一种被动触发的武器系统其实扮演了一个主动的角色。[②] 然而，尽管在防止对手进攻的过程中，导弹防御系统扮演了一个防御性的角色，但是当拥有导弹防御系统的一方成为进攻方时，导弹防御系统的性质将随之发生转变，成为一种具备进攻性质的武器系统。

从技术的角度来看，导弹防御系统是“使用导弹打导弹”的运行模式，名义上的防御系统实际上是通过“进攻来袭导弹”而实现防御目的的。在这个技术基础上，我们可以做出进一步推论，假设在一场导弹大战中，两国相互使用导弹攻击对方而各有胜负。此时，

① Frank A. Rose, “Growing Global Cooperation on Ballistic Missile Defense,” Remarks as prepared for delivery in Berlin, Germany, September 10, 2012, http://www.state.gov/t/avc/rls/197547.htm.

② 孙逊、潘远强：《冷战后美国核威慑政策与国际战略稳定》，军事谊文出版社，2009年版，第134页。

拥有导弹防御系统的一国在进攻对方目标的同时能够拦截对方的进攻导弹。结果就是拥有导弹防御系统的一方摧毁了大部分的敌方目标，而己方的目标却很少被对方导弹摧毁，这种情况下，导弹防御系统就从防御的角度出发，实质性地增强了自身的进攻效能。此外，导弹防御系统对用于识别和追踪导弹的卫星侦查能力要求很高，随着技术的进步，用于导弹防御系统的卫星也可能被同时用作己方进攻性导弹的导航工具，从而使防御性武器系统直接转换为进攻性武器系统。

根据上面的假设和推论，随着技术的进步和发展，导弹防御系统与进攻性军事力量很有可能被逐渐整合在同一个指挥、控制和通信平台之上，那么进攻性力量与预防性力量的界限就变得模糊不清了，也就是说武器系统从防御向攻击转换的速度可以很快。这就使得美国的军事力量在进攻中带有防守，在防守中还可以进攻，既可以先发制人发动打击，又可以根据形势选择后发制人的行动。攻守兼备的军事力量成为美国推行全球战略的工具，也会促进美国追求维护自身绝对安全和可以随意插手地区安全事务的霸权主义战略目标。

导弹防御系统被美国政府用作维护其全球战略利益的工具。除了自身安全外，一些具有重要意义的资源和地区也十分重要。如果失去这些战略利益，那么就有可能影响到美国的国际地位。导弹防御系统也可以被用作维护这些利益的工具。因此，美国热衷于在世界范围内的一些关键地区部署该系统。美国政府曾经认为，2015 年前，美国是世界上唯一的超级大国；但 2015 年以后，美国在世界上的领导地位将遭到俄罗斯或中国等国家或国家集团的挑战。为了在 2015 年以后继续保持其霸权地位，美国将发展导弹防御系统作为保持其全面军事优势和高科技优势的重要手段之一。[①]

从小布什政府开始，美国政府就十分注重利用导弹防御系统来

① 夏立平：《亚太地区军备控制与安全》，上海人民出版社，2002 年版，第 336 页。

维护其位于海外的地区利益，极力将导弹防御系统向亚太地区盟国推销，希望在日本和韩国建成导弹防御体系网络，为谋求在该地区的军事优势地位服务。奥巴马上台后，美、日、韩三国在导弹防御领域的合作逐步扩大和深化，在这个过程中，导弹防御系统已经超越了简单的军事含义，更重要的作用是使其成为继核武器之后的又一个操控盟国，进而成为维护其地区主导权的霸权主义政治工具。

二、导弹防御系统使作战技术、作战空间、作战形式发生了巨大的变化，推动各大国军事战略调整的步伐

导弹防御对作战技术的影响是十分明显和深刻的。其基本思路是通过“精确防御”的方式来拦截对方的进攻性力量。[①] 该系统要求技术特别高，涉及预警、识别、遥控、拦截、指挥、通信等一系列相关技术。在新军事变革中，正在出现以新的物理原理为基础的新型武器，信息战将成为战争的主导样式之一，太空将成为各大国争夺的制高点。美国企图通过发展导弹防御系统抢占这一制高点。[②]因此，“一体化分层弹道导弹防御体系”的建成，为奥巴马政府时期的美国带来了军事作战技术的大幅提升。

在作战空间上，导弹防御系统也改变了传统的接触式作战方式。传统的作战空间主要在陆地、海洋和天空中进行，导弹防御系统依靠陆基、海基和天基的基本力量，借助各种侦查、预警系统，抓住信息在现代作战中的作用，将作战空间拓展到原来三维空间之外的太空、电、磁空间中。作战空间的拓展带来的后果就是作战方式的变化。以前的那种接触式、依靠兵器的杀伤力来争夺领土的作战形式逐渐变为非接触式、利用信息技术在多位空间作战的模式。

由上述分析可以看出，导弹防御系统对作战技术、作战空间与

① 孙逊、潘远强：《冷战后美国核威慑政策与国际战略稳定》，军事谊文出版社，2009 年版，第 135 页。

② 夏立平：《亚太地区军备控制与安全》，上海人民出版社，2002 年版，第 336 页。

作战形式都带来巨大的影响。也就是说，导弹防御系统可能推动宏观军事领域内的巨大变革，将削弱进攻方的进攻性力量，可能使“相互确保摧毁”为原则的核威慑失灵。核威慑失灵会带来严重的国际安全后果，因为许多核国家的国家安全战略就是建立在核武器的毁灭性能力等效的基础之上的。一旦失去核威慑能力，必然会导致这些国家的国家安全战略和军事战略发生重大调整，直接影响国际关系，特别是核大国之间关系。①

三、导弹防御系统相对削弱了他国的进攻性军事力量，刺激它们寻求反制导弹防御系统的战术和技术

奥巴马率先建成了“一体化分层弹道导弹防御系统”，某种程度上根本性地改变了全球军事力量对比。按照奥巴马政府的构想，未来美国可以利用陆、海、空、天拦截系统实施助推段防御、上升段防御、中段防御和末段防御四个层次的拦截。如果按照美国政府所声称的前三个阶段的拦截率可以达到99.9%，那么美国就可以利用导弹防御系统极大地削弱对手的“第二次打击能力”，形成“确保摧毁对手”和“确保自己生存”的绝对优势局面。传统意义上的威慑失灵促使其他国家感到自己进攻力量失效，不得不寻求新的战术和技术来突破美国的导弹防御系统。美国蒙特雷国际研究学院防扩散中心专家菲利普·桑德斯认为，部署导弹防御系统将使俄罗斯放慢原本可能加快的核裁军步伐，并可能使其他国家发展更多的核武器来对付美国。②

从理论上讲，一国可以采取以下几种思路来应对导弹防御系统带来的挑战。③ 一是增加核弹头与运载工具的数量，争取在“第一波

---

① 董子峰：《美国导弹防御系统与传统核战略的终结》，《太平洋学报》，2003年第4期，第13页。

② 李根信主编：《2004年国际军备控制与裁军》，世界知识出版社，2004年版，第28页。

③ 孙逊，潘远强：《冷战后美国核威慑政策与国际战略稳定》，军事谊文出版社，2009年版，第137页。

攻击”中摧毁敌人，或者在第二次打击时仍然有足够打破导弹防御系统的核武器。这种思路就是所谓的“大规模齐射”战术。该战术基于导弹防御系统在理论上可以拦截任何来袭导弹，但在实际操作中由于技术、经费和部署数量的限制，任何防御系统都有漏洞和防御能力的最大承受载荷。如果在第一次打击中发射具有压倒性数量优势的导弹，那么导弹防御系统难以全部拦截。而只要有部分导弹突防成功，就可以利用这部分突防成功的导弹给对手造成难以承受的巨大损失。二是通过提高导弹的突防能力，使对手的导弹防御系统失灵。进攻与防御永远是一对矛盾，可以使用防御降低进攻的效果，反过来也可以使用进攻来使防御丧失效力。如可以通过部署一些价格低廉、欺骗性高的假目标或者假弹头使导弹防御系统无法判断需要拦截的真实目标；可以发展多弹头分导式技术增加导弹防御系统的拦截难度等。以俄罗斯为例，从小布什政府时期开始，面对美国在欧洲地区部署导弹防御系统的安全压力，俄罗斯以攻为守，采取非对称手段，着重发展导弹突防技术，并通过修改核战略，重点发展高性能导弹，淘汰旧式导弹。三是“效法”美国，建立自己的导弹防御系统。随着科技发展水平的进步和经济技术门槛的降低，世界上其他国家也可以建立较为有效的导弹防御体系，进而将传统意义上谁都不敢发动攻击的威慑模式，转变为谁都没有能力消灭对手而不愿发动攻击的威慑模式。此外，攻击导弹防御系统的外围系统也是破除美国导弹防御“神话”的切入点。导弹防御系统的运行离不开预警卫星、雷达和各种传感器，以及协调拦截系统和预警系统的集成化指挥控制系统。这些部件和设备分别扮演着美国导弹防御系统的“眼睛”和“大脑”，是美国导弹防御系统的薄弱环节。因此，当破坏美国反导系统的拦截装置存在困难时，很可能会诱发其他国家重点研制针对上述外围系统目标的作战武器。如使用激光武器击毁导弹预警卫星或通过黑客技术瘫痪反导指控系统的网络。

四、主动发动攻击的可能性上升，不稳定性因素增多，国际安全环境遭到“毒化”

从第二节奥巴马部署地区导弹防御系统后各方对安全环境的认知和评估来看，可以得出一个基本的结论，导弹防御系统实际部署后，无论是从中获益的美国，还是感到传统威慑模式失灵的其他国家，都会倾向于采取先发制人的手段。对此，美国著名国际政治学者罗伯特·杰维斯给出了一个十分精彩的分析：

“一般来讲，冲突方采取先发制人的做法有两个心理背景：一是认为危机演变为战争不可避免，有关方面不愿意投降，又不足以慑止战争的爆发；二是认为，晚出手不如早出手，首先发起攻击对己方更加有利。为什么冲突方会认为先发可以制人，而后发可能会制于人呢？这里有两种动机，一种是冲突的一方认识到，如果它不首先发起进攻，它可能就没有机会发动进攻了，虽然这一方的军事力量比较薄弱或者比较脆弱；另一种是冲突的一方相对于对手来说实力很强，它有信心在首先发起进攻后彻底摧毁对方的报复性力量，而使自己不受对方报复的危险。所以，这两种促使冲突方采取先发制人手段的动机，一个是因为自身脆弱，而另一个则是因为对手脆弱。”①

对于奥巴马政府来说，美国凭借其“攻防兼备”的军事能力，在危机情况下可能倾向于采用“先发制人”的手段。一方面美国确信可以通过自身的进攻力量消灭对手的核目标，另一方面可以凭借导弹防御系统又不必担心遭到报复。对于那些没有核武器的国家来说，美国在进攻他们时的这种担心则显得更不必要。而除了美国以外的一些国家，如果在一场各方都不愿意退让的危机中，因为自身实力远远落后于美国，可能考虑“如果不先发制人就没有机会了”

---

① Robert Jervis, The Meaning of the Nuclear Revolution: Stratecraft and the Prospect of Armageddon, Cornell University Press, 1989, pp. 145 – 148. 转引自朱明权、吴莼思：《威慑与稳定——中美核关系》，时事出版社，2005 年版，第 289 页。

而选择主动进攻。因此，导弹防御系统，尤其是美国部署在亚太和欧洲地区的导弹防御系统带来的一个恶劣后果就是，各方选择主动攻击的可能性均增大，国际安全环境受到“毒化”。

第五章 特朗普政府的欧亚地区导弹防御政策展望

虽然奥巴马已经下台，但是美国政府在军事领域常常表现出“政策惯性”，[①] 即特朗普总统在执政初期不会完全抛弃奥巴马的军事战略和各项防务政策，而是结合其自身的政治理念和最新的国际安全形势逐步调整、修正奥巴马政府期间的各项政策，并最终形成具有新一届政府特点的军事战略和具体防务政策。截至 2018 年底，特朗普总统还没有颁布自己的地区导弹防御政策文件，也没有在各种公开场合提出过具体的新的反导系统部署原则。因此本书认为，从奥巴马下台开始到未来一段时期内（两到三年），[②] 美国政府的欧亚地区导弹防御政策将进入“后奥巴马时代”，即一个同时具有奥巴马和特朗普两位总统的军事战略特点，但以奥巴马政府时期反导政策特点为主的过渡时期。从特朗普的竞选口号——“美国要打造世界最尖端水平的反导系统”[③] 可以看出，美国强化其全球导弹防御系统的脚步不会停歇。因此，中国政府要在心理上、实力上和政策上做好充足的准备，以迎接特朗普执政后美国政府在亚太地区藉由反

---

① 所谓“政策惯性”指的是新一届政府在执政初期往往不能完全摆脱上一届政府的影响，在政策制定过程中自觉或不自觉地表现出上一届政府的执政特点。美国的军事战略制定一直以来都具有连贯性和继承性，只要国际局势没有发生质变，原政府的政策没有明显的误判和误导，新政府往往不会马上推翻上一届政府在军事领域的各项政策。

② 之所以本书将预测时间限定在两到三年，一方面由于奥巴马政府的 EPAA 按计划将于 2020 年到期，届时特朗普总统必将提出新的欧洲部署计划；另一方面，截至 2017 年 7 月，特朗普上台已半年之久，在导弹防御问题上既没有否定和批判奥巴马政府，也没有宣布终止奥巴马政府时期确定的研发和部署计划，因此短期内应该不会有大的政策变动。

③ “Trump Promises US to Pursue State of the Art Missile Defense,” Washington：Sputnik，September 1，2016，https：//sputniknews. com/us/201609011044857088 – trump – missile – defense/.

导系统对我国国家安全构成的威胁和挑战。

第一节　美国与导弹防御对象的关系变化

2019年版美国《导弹防御评估报告》依然将防御对象限定在朝鲜、伊朗、俄罗斯和中国四国，但是特朗普政府与奥巴马政府在对导弹防御系统的建设目标上发生了改变，前者相较于后者明显更加强调防御系统对朝鲜和伊朗导弹的防御和拒止能力。对于中国和俄罗斯的导弹威胁，特朗普政府更加强调运用核威慑而非导弹防御的方式加以应对。该报告在“美国导弹防御的主导原则”一节中指出：“美国依靠核威慑来应对规模更大、技术更先进的俄罗斯和中国的洲际弹道导弹能力，以及遏制来自任何符合美国长期声明政策的攻击。”[①] 基于此，下文将主要分析美国与朝鲜和伊朗之间的关系变化。因为中国和俄罗斯与美国之间的大国关系相对稳定，而这两国与美国的外交和安全关系自特朗普上台后发生了较大变化，美国对两国的战略态度也明显转变。

一、美朝关系变化

外界将特朗普的对朝政策称作“极限施压”。特朗普的“极限施压”打破了奥巴马政府时期美朝对抗状态的平衡，两国关系的在彼此指责和威胁中进入恶化的“快速轨道”。据统计，从2006年至2017年底，安理会共通过的10个制裁朝鲜协议中有4个是特朗普上台后通过的。[②] 2017年2月，时任美国国防部长的马蒂斯警告朝鲜

---

① Office of the Secretary of Defense, 2019 Missile Defense Review, January 2019, pp. 30 – 32.

② 吴日强：《朝美双向威逼与朝核危机的出路》，《现代国际关系》，2018年第2期，第21页。

不要妄图军事冒险，其任何威胁都将遭到“无法抵抗”的回应。[①] 2017 年美韩联合军演中，美国不仅派出了 F－22、F－35 等高技术武器，而且出动了核动力航母、B－52 战略轰炸机和核潜艇等战略性武器。

在两国彼此相互实施威逼政策的综合作用下，美朝关系由奥巴马政府时期的紧张僵持状态演变为相互升级对抗手段的战争边缘状态。2017 年 8 月，美国媒体披露参联会主席邓福德批准了一项综合利用陆海空军对朝鲜进行“外科手术式”打击的作战计划。该计划中美军的作战目标主要有三项：一是通过“斩首行动”摧毁朝鲜指挥系统和领导人；二是打击“三八线”以北的朝鲜军队并摧毁其部署的导弹；三是轰炸其工业设施使之回到农业时代。朝鲜方面则通过不断试射射程更远、飞行轨迹更具挑衅性的弹道导弹加强对美军事威慑。2017 年 2 月 11 日，朝鲜试射了 KN－15 中程弹道导弹后，美日技术专家警告说朝鲜的弹道导弹载荷有了明显增幅；2017 年 5 月 14 日，朝鲜试射了 Hwasong－12 中远程弹道导弹，国外武器专家称其目的在于验证携带大重量核弹头状态下弹道导弹的远程飞行能力；2017 年 7 月 4 日，朝鲜宣布成功试射 Hwasong－14 洲际弹道导弹；2017 年 8 月 29 日和 9 月 15 日，朝鲜两次试射 Hwasong－12 飞越日本，实际射程达到了 3700 千米；2017 年 11 月 29 日，朝鲜试射的 Hwasong－15 洲际导弹飞行高度达到 4500 千米，展示了其打击美国本土的潜在实力。对此，特朗普政府也通过不断出台各项举措落实和升级对朝威慑。2017 年 5 月 30 日，MDA 宣布首次成功使用 GMD 系统完成洲际弹道导弹拦截试验。以往的试验美国往往强调不针对第三方，此次试验结束后美国政府明确表示该系统专门针对最近频繁试射导弹的朝鲜。这一时期美朝间的军备竞赛进一步降低了奥巴马政府时期东北亚地区的军事战略稳定性，双方在备战过程中

---

① Michael R. Gordon and Choe Sang－Hun, “James Mattis Seeks to Soothe Tensions in Japan and South Korea,” New York Times, February 5, 2017, http://www.nytimes.com/2017/02/05/us/politics/jim－mattis－south－korea－japan.html.

极易对对手的行为产生误判，诱使一方采取先发制人的军事打击。

随着朝韩关系因平昌东奥会取得突破性进展，美朝关系也出现了好转的契机。2018 年 1 月，金正恩在新年贺词中指出“我们真诚希望韩国平昌冬奥会取得成功，并已经准备好派遣代表团。”① 第二天，刚上任不久的韩国总统文在寅责成政府部门促成朝鲜参加平昌冬奥会。随后，朝韩两国借助平昌冬奥会展开了一系列高级别互访，明显缓和了朝鲜半岛紧张的南北关系。② 从目前的资料来看，韩国向朝鲜释放的缓和信号起初并没有得到美国的授意或支持，是在韩国与朝鲜在事实上实现初步缓和后，美国才不得不临时转换态度。2018 年 3 月 8 日，韩国特使团在于美国总统国家安全事务助理麦克马斯特交流后，特朗普在社交媒体写道：“金正恩和韩国代表讨论了无核化而不单单是停止实验，同时在此期间停止核试验和导弹研发，这是巨大的进展，会面在计划中。”③ 韩方特使郑义溶对外宣称，金正恩委托韩方向美方转达他希望尽快与特朗普会面的意愿，而特朗普同意在 5 月前与金正恩会面。白宫发言人桑德斯随后证实，特朗普将会接受金正恩的会面邀请，时间地点待定。④ 2018 年 3 月 19 日，美、韩、朝三方“1.5 轨”对话会议在赫尔辛基举行，正式开启了美朝关系缓和的序幕。4 月 18 日，特朗普向媒体证实，中情局局长蓬佩奥已经前往朝鲜会见了金正恩，会议进行得十分顺利，良好的

① 《金正恩发表新年贺词，称朝鲜有意派代表团参加平昌冬奥会》，央视网，2018 年 1 月 1 日，http：//news. cctv. com/2018/01/01/ARTIUM2cDg7CRHsFecDZ5yG0180101. shtml。

② 2 月 9 日，朝鲜派出了最高人民会议常委会委员长金永南为团长的高级别代表团出席平昌冬奥会开幕式；2 月 10 日，金正恩的妹妹、朝鲜劳动党中央委员会第一副部长金与正作为金正恩特使访问韩，并向文在寅转交了金正恩的亲笔信，邀请文在寅访朝；3 月 5 日，文在寅派出由国家情报院院长徐熏和国家安保室室长郑义溶组成的特使团访问朝鲜，并向金正恩转交了文在寅的亲笔信；朝韩两国达成了“六点共识”，并商定于 4 月底在板门店韩方一侧“和平之家”举行朝韩首脑会谈，以及建立两国领导人热线电话的事宜。

③ “Why has Trump decided to meet Kim Jong Un?，” CBS News，March 9，2018，https：//www. cbsnews. com/news/donald – trump – meeting – kim – jong – un – north – korea – planned – but – why – now/.

④ 安刚：《朝鲜半岛局势，再次站到历史转弯处》，《世界知识》，2018 年第 7 期，第 15 页。

合作关系正在形成。[①] 朝中社 4 月 21 日报道，金正恩在劳动党第七届三次全体会议上宣布，朝鲜不再进行任何核试验和洲际弹道导弹发射，废弃北部核试验场，只要不受核威胁挑衅，绝不使用核武器，不泄露核武器和核技术。[②] 特朗普马上回应："朝鲜愿意停止核试验和关停一个主要核试验点是非常好的消息，我期待和金正恩的峰会。"[③] 这一系列进展表明，美朝正在进行的磋商中，双方都愿意做出让步，两国关系正朝着缓和的趋势发展。

特朗普上台后美朝关系经历了一个迅速恶化又突然趋缓的变化过程，其原因是多方面的：

一是亚太地区地缘政治格局的调整。自冷战时期开始，朝鲜就一直处于东北亚地区大国利益冲突交汇之处。美国对外关系委员会的斯科特·斯奈德认为，朝鲜的这种地缘脆弱性决定了其生存战略和对外关系面临的三种战略选择都离不开大国的支持和保护。[④] 过去美国作为世界头号资本主义强国，通过在亚太地区构建的"轴辐式"联盟体系在亚太地区权力格局中占据绝对主导地位。但近年来，中国凭借日益强大的经济实力和不断升级的军事力量，与美国的差距正在逐渐缩小。对于朝鲜来说，美国相对中国在亚太地区的衰落也成为金正恩通过针锋相对的"边缘政策"反制和倒逼美国的战略底气。因为朝鲜也意识到，半岛问题实际上是战后大国权力分配格局

---

① "Trump Confirms Pompeo Meet Kim Jung Un," MSN, April 18, 2018, http: //www. msn. com/zh – tw/news/watch/trump – confirms – pompeo% E2% 80% 99s – meeting – with – kim – jong – un/vi – AAw1toc? refvid = BBK73rb.

② 《朝鲜劳动党中央举行第七届第三次全会，金正恩出席指导会议》，朝中社，2018 年 4 月 21 日，http: //www. kcna. kp/kcna. user. special. getArticlePage. kcmsf。

③ "North Korean Leader: We No Longer Need Nuclear Tests, State – run media reports," CNN, April 21, 2018, https: //edition. cnn. com/2018/04/20/asia/north – korea – closes – nuclear – site/index. html.

④ 这三种战略分别是：1. 与外部足够强大的保护国建立同盟；2. 在大国间进行挑拨并设法从双方勒索经济和政治利益，同时尽可能保持自治或独立；3. 扮演"寄生虫"角色，完全依赖大国生存。"The Kim Jong Un Regime and the Future Security Environment Surrounding the Korean Peninsula," *Scott Snyder*, March 2013.

的缩影。朝鲜作为中美间的地缘战略缓冲，在当前美国式微的形势下，中国不会允许美国推翻朝鲜政权，重塑亚太地区的权力格局。另一方面，这种格局变动也同时制约美国在亚太地区推行单边主义，成为美朝关系能够保持“斗而不破”，并在极度紧张状态下突然转向趋缓的结构性基础。美国尽管依然是该地区最强大的国家，但实力显然不及中俄两国之和，因而在地区权力博弈中实际上处于下风。在“极限施压”政策无效和军事打击被中俄否决的情况下，回归谈判成为特朗普的唯一选项。

二是国际核不扩散理念的不断强化。2018 年美国《核态势评估报告》肯定了《不扩散核武器条约》在国际核不扩散体制中的基石作用，加强了国际间寻求在条约之外拥有核武器者付出代价的共同意识。① 这种核不扩散理念的强化，不仅鼓励了美国政府在朝核问题上态度更加坚决、手段更加强硬，也迫使朝鲜政府不得不面对其“拥核国”地位难以被世界承认、如果继续炫耀核武器只会被更加孤立的现实。在世界各国对核不扩散理念不断强化以及对无核世界日趋憧憬的今天，半岛无核化不仅在客观上成为大势所趋，在主观上也是世界各国努力争取的方向。特朗普政府清楚，通过单边军事手段并非解决朝核问题的最佳途径，借力联合国尤其是与对朝鲜影响颇深的中俄两国，不仅可以将政治、经济和安全代价降到最低，而且可以使谈判成果得到广泛支持和长久维护。朝鲜政府也明白“拥核自保”路线既难长久坚持，也非朝鲜唯一的战略选项，在其他大国的参与下与美国展开谈判，不但可以最大限度地争取各项权益，而且能够使朝鲜获得国际社会的接受和对其政权安全的承诺与保障。

三是特朗普和金正恩的个人特质。一国的最高领导人在该国外交政策的制定中扮演着重要角色，其个人特质和政治理念直接影响了该国与别国的外交关系。2017 年以来，美朝两国的国家博弈在个人层面实际上就是特朗普与金正恩的博弈。两人在外交上都奉行实

① Department of Defense, Nuclear Posture Review, February 2018, p. 13, https: //www. defense. gov/News/SpecialReports/2018NuclearPostureReview. aspx.

用主义，在政治上都是坚定的现实主义者。两人的这种特质在处理美朝关系时均具有强调实力、坚守底线和灵活多变的特点。

首先，特朗普和金正恩在处理美朝关系时都极为重视和依赖国家实力，尤其是军事实力。两人的这种安全观和政治理念，造成美朝两国在朝核问题上的“安全困境”比以往严重得多。[①] 特朗普信奉罗纳德·里根的对外战略思想，即“以实力求和平”。特朗普上台后多次批评奥巴马在中东和东亚地区的安全政策过于软弱，呼吁国会立即停止军费削减，以维持美军不可撼动的实力地位。“让美国再次强大”不仅是特朗普的竞选口号，也是其施政的重要指导原则。2017 年 1 月，特朗普在白宫网站上承诺，美国将发展新的导弹防御系统以应对未来可能面对的洲际弹道导弹威胁，以及美国的反导系统将拥有世界最尖端水平。[②] 2017 年 4 月 6 日，特朗普下令向叙利亚发射了 59 枚“战斧”导弹；13 日又批准美军在打击“伊斯兰国”时使用“炸弹之母”大型空爆炸弹。这些举措被西方媒体解读为特朗普在向金正恩展示实力和发出警告。[③] 朱锋认为，特朗普上台初期的对朝策略实际上就是“强制外交”，即凭借以实力为基础的“战略性强制”全面扼杀朝鲜继续保持和实施威胁性行为的能力，增加其内部对保持强硬对抗的绝望感。[④]

朝鲜领导人金正恩对军事实力的重视和依赖，在朝鲜独有的“先军政治”中得到了充分体现。一方面，金正恩十分重视高技术武器装备的研发使用。金正日时期，朝鲜人民军的主战装备基本上都

① “安全困境”又称“安全两难”，在国际政治现实主义理论中指的是一个国家为保障自身安全而采取的安全措施，反而会降低其他国家的安全感，即被其他国家视为需要做出反应的威胁，从而导致该国自身变得更加不安全的现象。

② 《特朗普将开发最顶尖导弹防御系统》，中华网，2017 年 1 月 24 日，http://news.china.com/international/1000/20170124/30208089.html。

③ Peter Bergen, “Why the Mother of all Bombs and Why Now?,” CNN, April 14, 2017, https://edition.cnn.com/2017/04/13/opinions/why-mother-of-all-bombs-and-why-now-bergen/index.html.

④ 详细分析参见朱锋：《特朗普政府对朝鲜的强制外交》，《世界经济与政治》，2017 年第 6 期。

是冷战时期由苏联和中国生产或仿制中苏武器设计制造的。他上台后频繁视察部队以及武器研发部门，至今已经亲自指导了多次陆基、海基弹道导弹、反舰巡航导弹的测试工作。据兰德公司的评估报告显示，截至2017年，朝鲜大致拥有各种射程和型号的弹道导弹110余枚。① 在其执政的五年时间里，朝鲜初步实现了远程打击武器的研发生产自主化和实战能力体系化。另一方面，金正恩更加依赖和擅长发挥战略武器的威慑效应。金正日在位期间，朝鲜仅进行了两次核试验和16次导弹发射，而金正恩上台后的六年里，朝鲜已经进行了4次核试验和86次导弹发射。② 战略武器对于金正恩来说已经不仅仅是威慑美韩联军的军事手段，更是应对国际社会批评和施压的政治工具。在金正恩看来，国际社会处于无政府状态，国家间的交往遵从“丛林法则”，只要拥有包括核武器和洲际弹道导弹在内的战略进攻性武器，朝鲜便能获得安全保障、国际地位和政治影响力。

其次，特朗普和金正恩在处理美朝关系时都能够根据形势的变化灵活调整交往策略，从而最大化本国利益。正是这种灵活性为美朝关系在极度紧张的状态下依然能够重归缓和奠定了基础。特朗普的商人身份令其更加专注于最大化美国的利益，强调结果而非过程。特朗普的对朝战略目标是朝鲜弃核，如果能够通过和平手段实现，将使美国付出更少的代价。因此，尽管特朗普主张对朝实施“极限施压”，但他并不像奥巴马一样拒绝和朝鲜直接对话。特朗普在竞选时曾表示，只要能说服朝鲜弃核，他愿意邀请金正恩来白宫用餐并启动美朝对话。③ 2017年5月，特朗普在接受布隆伯格新闻采访时

---

① Markus Schillerr, Characterizing the North Korean Nuclear Missile Threat, RAND Report, 2017, p. 23.

② “The CNS North Korea Missile Test Database,” NTI, November 30, 2017, http: //nti. org/ananlysis/articles/cns – north – korea – missile – test – database.

③ Tim Mak and Patricia Murphy, “Trump Says He’d Host Kim Jong Un at White House: Who the Hell Cares,” http: //www. thedailybeast. com/trump – says – hed – host – kim – jong – un – at – white – house – who – the – hell – cares.

表示他仍然愿意在适当时机与金正恩会面。[①] 此外，特朗普还一边通过大规模军演暗示对朝“斩首行动”，一边又表示“美国并不寻求朝鲜政权的更迭”。[②]

金正恩在瑞士的读书经历使其在思想上更加包容和开放，相较于金正日来说，对于西方国家和西方政治制度有了更高的接纳程度，在对美谈判和协商的前提中不预设阶级矛盾和历史仇恨。维持政权生存和促进国家发展是金正恩的根本战略目标。对于目标的实现，他和特朗普同样注重结果而非手段。朝鲜政权体制中的“家族式政治”和“个人崇拜”因素使其具备了一般国家所难以达到的领袖权威性和内部凝聚力。这种国内政治权力分配使得金正恩的各项意志都能得到国内统治阶层和广大群众的拥护支持，从而令其在外交实践中可以更好地克服过往立场的政策惯性，并根据自己对国际形势的判断随时调整外交策略。金正恩在美朝紧张关系持续升级，两国开展对话时机尚不成熟的情况下，为了顶住外部军事威胁和经济制裁的压力，在任何问题上都反应强烈、针锋相对和拒绝妥协。而当朝韩通过平昌冬奥会重启半岛和平对话之后，金正恩预感到这是进一步实现美朝直接对话的契机，便立刻调整了相关政策立场，以期通过在非原则性问题上的让步打破美朝关系中的僵局。2017 年 8 月，金正恩为了反制美韩军演和经济制裁的对朝挑衅，还准备使用中远程弹道导弹对关岛实施包围射击，但到了 2018 年 3 月，却默许了美朝“关键决心”演习，没有采取任何反制措施。由此可见，金正恩在处理对美关系时，其手段灵活，立场多变。

虽然美朝关系正在趋于缓和，但是根植于两国之间的结构性矛盾并没有得到实质性解决。美朝之间形成“安全困境”的根源在于

---

① Jennifer Jacobs, “Trump Says He’d Meet with Kim Jong Un under Right Circumstance,” Bloomberg News, May 1, 2017, http://www.bloomberg.com/news/articles/2017-05-01/trump-says-he-d-meet-with-north-korea-s-kim-if-situation-s-right.

② Daniel R. Depetris, “If Trump Meets Kim, He Should Do it the Right Way,” The National Interest, May 9, 2017, http://nationalinterest.org/blog/the-skeptics/if-trump-meets-kim-he-should-do-it-the-right-way-20588? page = show.

彼此间战略互信的缺失。这种战略互信的缺失一方面源自国际社会的无政府状态导致国家行为体必然奉行自助的安全逻辑，另一方面源自美朝两国的国家安全战略依然受冷战思维的支配。在美国政府看来，只要朝鲜拥有核武器与射程可及美国本土的弹道导弹，美国就是不安全的，因而只要朝鲜不彻底放弃其持有的全部战略武器，美国就不会解除对朝鲜的安全警惕和军事防范，也就是说不会终止其在韩国驻军的前沿部署战略。在朝鲜政府看来，只要美国未与其签署正式的停战协定并从韩国撤军，朝鲜就是不安全的，也就不会放弃用以自保的战略威慑武器。在这样一种博弈局面下，任何一方都难以冒着将自己置于脆弱与被动状态的风险首先做出实质性让步，因而也就难以真正地破解导致美朝关系在不久后会再度回归紧张对抗的“安全困境”。2018 年 5 月 4 日，据美国有限电视新闻网报道，特朗普明确表示他绝对不会就驻韩美军减少或撤离问题与金正恩谈判。[①] 由此可见，美朝两国并未就达成最终和解展示足够的诚意，目前的缓和趋势更多的是美朝前期紧张关系达到顶点后的一次压力释放，未来两国关系仍然难逃对抗与缓和反复交替出现的历史循环。朝鲜仍然是美国亚太地区导弹防御系统的重大威胁之一。

二、美伊关系变化

与特朗普上台后美朝关系经历了一个先恶化后回暖的起伏变化不同，美国和伊朗的关系自特朗普上台后便快速进入一种持续恶化和对峙不断升级的状态。具体来说，美伊关系重回紧张、恶化主要经历了以下四个阶段。

第一阶段是特朗普签署“禁穆令”点燃美伊两国的政治矛盾。2017 年 1 月 27 日，特朗普通过行政令的方式对七个伊斯兰国家的公民实施严禁入境和停止对其发放签证。这七个国家分别为伊朗、苏

① Kevin Liptak, “Trump says site set for historic Kim summit,” CNN, May 4, 2018, http://edition. cnn. com/2018/05/04/politics/trump - north - korea - summit/index. html.

丹、叙利亚、利比亚、索马里、也门和伊拉克。特朗普此次的“限穆令”对沙特、埃及和土耳其等伊斯兰大国实施豁免，却将伊朗与其余六个存在恐怖主义或政局动荡的国家划入同类，显示出特朗普再次将伊朗划入“恐怖主义”国家和敌对阵营。对此，伊朗政府的反制措施是宣布禁止美国公民入境以及在外汇交易和财务报告中不再使用美元结算。

第二阶段是伊朗试射导弹引发美伊两国的军事对峙持续升级。2017 年 1 月 29 日，伊朗试射了一枚弹道导弹后美国政府立即指责此举是在“破坏中东局势稳定”，是在“违反伊核全面协议”。对此，2017 年 2 月 3 日，美国财政部长宣布对与伊朗弹道导弹计划相关的 12 家实体和 13 名个人实施包括资产冻结在内的制裁措施。次日，伊朗革命卫队通过再次试射三枚弹道导弹的方式做出强硬姿态。美国政府随后调整了在波斯湾和也门附近海域的军事部署，双方军事对峙的紧张态势进一步升级。

第三阶段是美国政府颁布对伊新战略以及双方军政高层的“口水战”使美伊两国外交关系进一步恶化。2017 年 10 月 13 日，美国政府发布了《伊朗新战略》，强调美国政府放弃奥巴政府时期通过接触与伊朗和解的战略尝试，将以伊朗核问题和伊朗扩展地区影响力问题为核心，在各领域全面对抗和回击伊朗对美国利益的挑战。[①] 特朗普在联合国大会发言时称，伊朗是“凶残的政权”和“无所不用的流氓国家”，正在不断向世界输出暴力和混乱。[②] 美国国务卿蓬佩奥直接将伊朗比作“伊斯兰国”，并称伊朗“意在摧毁美国”，《伊核协议》是一个“灾难性协议”。[③] 美国国家安全事务助理博尔顿则

---

① 张帆：《诉诸灰色区域——特朗普政府伊朗新战略透视》，《世界经济与政治》，2018 年第 5 期，第 84 页。

② “Iran's Khamenei slams Trump's ‘gangster and cowboy’ speech,” Middle East Online, September 21, 2017, http: //indianexpress. com/article/world/irans - khamenei - slams - trumps - gangster - and - cowboy - speech/.

③ Khaled Dawoud, “Beating the Drums of War,” Al Ahram Weekly, April 1, 2018, http: //weekly. ahram. org. rg/News/24178. aspx.

主张美国轰炸伊朗的核设施，通过军事手段消除来自伊朗的安全威胁。① 伊朗方面，伊朗外长扎里夫指出，特朗普是在“玩火自焚”；伊朗陆军总司令普尔达斯坦宣称，只要美国政府敢开战，一定让其有来无回。② 伊朗原子能组织主席萨利希表示，若美方撕毁《伊核协议》，伊朗将重启伊朗核项目，并进一步提升铀浓缩水平。③

第四阶段是特朗普宣布美国单方面退出《伊核协议》标志着美伊两国关系开始全面恶化。特朗普上台前后多次表示要重新考虑《伊核协议》对美国国家利益的影响。2018 年 1 月，特朗普警告说，如果 5 月 12 日以前不能与《伊核协议》相关的主要国家达成补充协议，修改其中的一些“灾难性缺陷”，美国将退出该协议。其中特朗普明确提出了四项修改要求：第一，伊朗必须立即允许国际核查人员核查所有地方；第二，伊朗必须保证不能接近拥有核武器；第三，《伊核协议》没有截止日期，即伊朗永远不能拥有核武器；第四，核武器与远程导弹不可分割，美国法律必须明确对伊朗试射导弹的行为采取严厉制裁。④ 对此，伊朗政府明确表示绝不会接受重新与美国谈判或审议《伊核协议》，而且如果美国退出该协议，伊朗将重启核项目并进一步提升铀浓缩水平。至此，美伊之间围绕《伊核协议》的矛盾已经难以调和。以 2018 年 5 月 1 日以色列公开披露其情报机构获取的伊朗秘密进行核武器研发的文件为契机，特朗普于 5 月 8 日正式宣布美国退出《伊核协议》，并对伊朗实施“最严厉制裁”。美国政府官方给出原因是该协议存在严重缺陷，不但不能阻止伊朗获取核武器，而且使伊朗可以获取充足资金支持恐怖主义。紧接着，美国政府采取了一些列针对伊朗的经济和外交举措，如 5 月 10 日，

---

① 李国富：《美欧伊三边关系与“伊朗核协议”的前景》，载《当代世界》，2018 年第 5 期，第 39 页。

② 王闻阅：《特朗普时代的美伊关系向何处去》，载《当代世界》，2017 年第 3 期，第 43 页。

③ http：//news. xinhuanet. com/world/2017 – 08/24/c_129687594. htm.

④ http：//www. whitehouse. gov/briefings – satatements/statement – president – iran – nuclear – deal.

美国财政部冻结了六名伊朗人和三家实体在美国境内的资产并禁止其与美国公民交易；5月16日，美国财政部外国资产控制办公室宣布对伊朗央行行长赛义夫和伊朗央行国际部副部长塔尔扎里实施制裁；5月21日，蓬佩奥对外公布了向伊朗提出的12项“整改要求”，并表示伊朗如果不改变当前的路线，将受到美国最严厉的制裁。①

特朗普上台后美伊关系持续恶化的原因，从国家层面来看，美伊之间国家利益的零和博弈激化是两国关系持续恶化的根本原因，而伊朗和以色列之间安全矛盾的凸显则催化了美伊关系恶化的速度与进程。对于美国来说，其中东地区战略目标和各项政策的核心就是防止任何地区大国的崛起，从而保证美国始终在该地区占据统治地位，享有唯一的霸权权益。然而进入21世纪后，随着美国接连发动阿富汗战争和伊拉克战争重塑了中东地区国家间力量对比格局以及随之而来由于权力真空导致的恐怖主义问题蔓延，伊朗凭借其伊斯兰政权的特殊属性在伊斯兰世界和中东地区的地位越来越高，影响力越来越大，崛起之势也越发明显。有美国学者指出，伊斯兰革命卫队“圣城军”和什叶派认同是伊朗在中东实施代理人战争并扩展地区影响力的主要工具。“圣城军”是伊朗伊斯兰革命卫队的海外干预部队，主要用来向中东地区什叶派武装提供军事训练、顾问和武器装备；伊朗政府利用逊尼派与什叶派的冲突，通过扶持中东地区的什叶派领导人，建立和主导了什叶派网络并通过其扩展影响范围。②

而与之相比，美国却深陷中东战争泥淖，不仅经济损失惨重，地区影响力和控制力也不断面临各种挑战和来自各方的质疑。美国

① 田文林：《美国退出伊核协议的原因与影响》，载《国际石油经济》，2018年第9期，第7页。

② David Daoud, “Meet the Proxies: How Iran Spreads Its Empire Through Terrorist Militias,” The Tower, Issue 24, March 20, 2015, http: //www. thetower. org/article/meet – the – proxies – how – iran – spreads – its – empire – through – terrorist – militias.

智库“新美国安全中心”出台的一份报告指出，伊朗这种通过代理人战争和宗教输出等“灰色手段”进行的渐进式扩张，因其模糊性而使美国处于一种无力反击的尴尬处境；在这场博弈中，伊朗在逐步积累地缘战略优势的同时彰显了美国的无能，蚕食了美国的影响。[①] 特朗普上台后旗帜鲜明地敌视伊朗的主要原因就是在他看来，奥巴马政府的对伊缓和政策为伊朗快速恢复国力并向外扩张提供了物质和时间机会，从而使美伊在中东地区博弈的天平向伊朗一边倾斜。特朗普决定废除《伊核协议》的主要原因也是因为该协议不仅没能阻止，反而加速了伊朗的崛起。据估算，《伊核协议》签署后，伊朗凭借石油和天然气出口的放松，2017 年实际 GDP 增速达到 6. 6%，2018 年将达到 3. 3%。[②] 经济的发展为伊朗的崛起提供了物质基础。早在美伊就核问题展开谈判时就有美国学者提出担忧，认为伊朗的战略首先是建立地区霸权，而不是谋求核武器，因为地区霸权一旦建立，美国将没有能力反对伊朗拥核。[③] 事实上，《伊核协议》签署后伊朗虽然不再发展核武器，但是并没有终止导弹技术的研发，其军事实力近年来一直在不断提升。鉴于奥巴马过去温和的对伊政策没能遏制伊朗的崛起，特朗普上台后，无论是美国政府还是智库，都开始转换对伊政策的态度和思维，认为应该通过全方位高压手段孤立和打击伊朗，真正地削弱其实力和地区影响力。

对于伊朗来说，美国长期以来一直是制约伊朗经济发展和威胁伊朗国家安全的头号对手。从经济的角度来看，尽管奥巴马政府时期美伊签署的《伊核协议》一定程度上放宽了国际社会对伊朗的经济封锁，使得伊朗可以通过石油出口缓解国内经济压力。而在伊朗看来，美国从未真正地解除对伊朗的经济制裁，伊朗国内经济依然

---

① Nicholas Heras, Gray Zones in the Middle East, Center for a New America Security Report, September 18, 2017.

② John Glaser, “New Iran Sanctions Risk the Threat of War,” National Interest, March 6, 2017, http” //nationalinterest. org/feature/new - iran - sanctions - risk - the - threat - war - 19685.

③ Walter Russell, “Is Obama’s Strategy on Iran Sound,” The American Interest, July 16, 2014, http: //www. the - amrican - interest. com/2014/07/16/is - obamas - strategy - on - iran - sound.

受制于美国主导的众多外部束缚。从条约内容上看，伊朗与国际核谈判小组于2015年7月达成的《伊核协议》中，伊朗以收缩核计划换取的部分解除制裁只是与核计划相关、针对第三方的二级制裁，相比美国长期以来对伊朗实施的单边制裁，获得解禁的部分只能算是美国对伊制裁体系的冰山一角。[①] 因此，无论特朗普继续遵守还是退出《伊核协议》，美国政府对伊朗的经济制裁并没有什么本质上的区别，采取针锋相对的政策既是为了维护国家尊严，也是为了在今后谈判中争取更多经济权益。此外，美国这次单方面退出《伊核协议》以及加强对伊朗的经济制裁遭到国际社会一致反对，欧盟、中国和俄罗斯等国就明确表示不会配合美国禁止从伊朗进口石油。[②] 因此，特朗普的最新制裁难以完全扼杀伊朗的石油出口，而伊朗在国际上并不处于完全孤立的地位也为其坚持与美国“叫板”提供了政治筹码。

从安全的角度来看，美国对伊朗的安全威胁属于结构性矛盾，难以回避和化解。美国以“莫须有”的大规模杀伤性武器为借口发动了伊拉克战争使伊朗方面意识到，特朗普政府敌视伊朗的矛盾根源并不是伊朗试图发展核武器，而是伊朗试图改变美国及其盟友在中东事务中居主导地位的地区秩序。因此，无论伊朗是否按照特朗普的要求修改《伊核协议》，美国总会找到各种借口，采取各种手段，甚至通过战争的方式遏制伊朗的发展。从军事实力上看，伊朗并不具备威慑美国或抵抗美国军事打击的资本，但是伊朗的安全战略并不以此为目标。通过威胁美国在中东和欧洲地区的盟友动摇其地区延伸威慑承诺的可靠性，以及利用弹道导弹等非对称武器在波斯湾构建“反介入/区域拒止”能力，伊朗大大增加了美国对其发动

---

① 蒋真：《美国对伊朗的单边制裁及其局限性》，载《国际论坛》，2018年第4期，第16页。

② Keith Johnson, “Fresh U. S. Sanctions Not Likely to Strangle Iran’s Oil Market,” Foreign Policy, May 8, 2018, http://foreignpolicy.com/2018/05/08/fresh-u-s-sanctions-not-likely-strangle-irans-oil-market.

战争的政治复杂性和经济安全成本。国际社会处于无政府状态，强权政治才是国家间关系互动的本质，一味地向对手妥协只会削弱自身的实力，使本已艰难的外部安全环境更加恶化。此次特朗普要求在对《伊核协议》修正中限制伊朗弹道导弹的发展，意在遏制伊朗的军事力量，摧毁其用以自保的关键资本，为下一步要挟伊朗在其他方面继续让步或直接通过军事强制手段彻底解除伊朗威胁创造条件。正是看清了特朗普政府与奥巴马政府在对伊政策立场上的本质区别，伊朗政府才选择针锋相对的坚守原则，而不是通过谈判对话寻求和解。

美国在中东地区的一个重要战略原则就是确保以色列的生存与安全，而伊朗一直以来就是以色列的头号安全对手。以色列对于伊朗在该地区影响力增长的危机感比美国还要严重。通过支持巴沙尔·阿萨德政权插手叙利亚内战，伊朗部署到叙利亚的军队和军事设施的军事投送能力已经直逼以色列边界地区，客观上可以直接打击以色列境内目标。① 在伊朗的敌视和军事压力下，以色列加强了同美国的政策协调，劝说特朗普政府加强对以色列的支持并采取反对伊朗的实际举措，以限制伊朗在叙利亚的军事活动。② 从结果上看，特朗普上台后美伊关系立即恶化与以色列政府和美国犹太人财团的游说劝导密不可分。特朗普在竞选期间接受过众多犹太商人的政治捐款，其中一名犹太富翁捐出了高达2000万美元，后者希望美国能将美国驻以色列使馆迁往耶路撒冷。③ 特朗普上台后陆续出台了多项偏袒以色列的外交政策。2017年1月，特朗普表示美国在巴以问题上不再支持“两国方案”；2017年10月，美国为表达对联合国教科文组织接纳巴勒斯坦为成员国并谴责以色列的行为不满，宣布退出

① 迟永：《特朗普政府的伊朗政策及其影响》，《现代国际关系》，2018年第9期，第49页。

② Daniel Shapiro, “Bibi Needs Trump's Help Countering Iran in Syria,” Foreign Policy, March 4, 2018, http://foreignpolicy.com/2018/03/04/bibi-needs-trumps-help-countering-iran-in-syria.

③ Timothy Gruzman, “The Summers of War and Chaos: U.S. - Israel Plan to Balkanize the Middle East,” Global Research, May 22, 2018, http://www.globalresearch.ca/the-summers-of-war-and-chaos-us-israel-plan-to-balkanize-the-middle-east/5640174.

该国际组织；2018 年 5 月 14 日，美国政府宣布将驻以色列的使馆迁往耶路撒冷。一直以来，特朗普政府苦于没有直接证据表明伊朗首先违反《伊核协议》而不能从道义上谴责伊朗并说服国会和欧洲盟国退出该协议。以色列情报机构在特朗普警告退出《伊核协议》的最后期限抛出伊朗秘密研究核武器的证据，有力地支持了特朗普进一步采取对伊强硬举措，加快了美伊矛盾的升级和对峙冲突的全面扩大。

从个人层面来看，特朗普是商人出身，无论是其政治理念还是外交政策都奉行“成本—效益”原则。这种现实主义政治理念使得特朗普在对待中东地区国家时尤为重视经济收益。与前几任美国总统在中东政策上反复强调“自由民主”理念不同，他对这些抽象的政治概念并无兴趣，他在意的是对美国来说实实在在的经济或安全好处。在 2018 年财政预算中，他将用于“公正和民主治理”部分的支出从 2016 年的 23 亿美元削减至 16 亿美元。[①]

特朗普一直在批评奥巴马在伊核问题上过于软弱，以及《伊核协议》是“最糟糕的协议”和“最赔本的买卖”。这是因为他认为正是奥巴马对伊朗的纵容没有使美国得到任何实质性收益，反而导致“伊斯兰国”的崛起，以及致使美国在过去几年与以色列和沙特等地区的传统盟友关系恶化。在特朗普眼中，中东地区传统盟友是重要的军购客户和控制国际油价的工具。因此，特朗普一上台就立即从多方面着手，以期扭转上述不利因素。2017 年 5 月，特朗普将上台后的首次出访选在沙特，目的就是修复奥巴马政府时期受美伊缓和而疏远的美沙关系。最终，美国与沙特达成了高达 1100 亿美元的军火合同。[②]

除此之外，美伊关系紧张还有利于刺激国际油价上涨，而油价

---

① 田文林：《美国退出伊核协议的原因与影响》，载《国际石油经济》，2018 年第 9 期，第 8 页。

② 《特朗普首次出访创历史，与沙特签 1100 亿美元军售大单》，中国新闻网，2017 年 5 月 21 日，https：//military. china. com/important/11132797/20170521/30549324. html。

上涨一方面可以使美国的油气出口获得更多收入；另一方面可以进一步巩固美元的主导地位。随着对国内油气资源开发力度的不断加强，美国正在从石油进口国转向石油出口国。据国际能源局（IEA）统计，美国石油进口占其石油需求的比重已经下降至25%，为1970年以来的最低水平，在接下来的五年中，美国石油产量将保持上升趋势。[①] 另外，国际石油交易以美元计价，油价上涨将迫使世界石油消费国增加美元储备，进而扩大美元在国际货币市场中的份额，打压其他货币的国际化进程，维护美元的霸权地位。综合上述各方面因素，对于从经济角度审视美伊关系的特朗普来说，采取对伊强硬政策是新一届美国政府更加倾向的中东政策。

对于伊朗方面的领导人来说，政治正确意味着其政治生命长久。2013年当选的伊朗总统鲁哈尼属于温和改革派人物，其执政理念是改善与美国的关系，并与其开展“建设性互动”。但是，一方面，伊朗国内自1979年建立伊斯兰共和国后就弥漫着根深蒂固的反美情绪，对美强硬一定程度上代表了伊朗国内政坛的政治正确；另一方面，伊朗国内的实际最高领导人是其宗教领袖，属于保守派的哈梅内伊，且保守派政治和宗教人物依然把持着伊朗国内各个核心部门的大部分岗位。在这种国内政治生态环境下，为了赢得2017年5月举行的新一轮伊朗总统大选以实现连任，鲁哈尼不得不在与特朗普的博弈中通过更多地展示强硬姿态以减少国内保守派政治力量的批判和赢得更多选民支持。

虽然美伊关系在奥巴马政府时期有所缓解，但是两国之间的政治、经济和安全矛盾并没有得到实质性解决。特朗普上台后美伊关系持续、迅速恶化的主要原因在于彼此之间围绕中东地区政治影响力的零和博弈天平正在向伊朗一侧倾斜。伊朗已然成为美国对外战略思维中一类常常被敌视和遏制的行为体——“地区修正主义国家”。通过比较美国政府目前对朝鲜和伊朗的态度可以看出，在美国

① Fatih Birol, World Energy Oulook 2018, IEA, https://www.iea.org/weo2018/.

政府的评估中，伊朗正在超越朝鲜成为对美国威胁意图最高的导弹防御对象。2019 年 2 月 5 日，特朗普在其国情咨文涉及外国威胁的部分特别提到了伊朗：“面对世界上支持恐怖主义的主要国家伊朗的激进政权，我的政府果断采取了行动；伊朗国内的这个激进政权做了很多坏事，为了确保这种统治永远不会获得核武器，我做出了美国从灾难性的《伊核协议》中撤出的决定；去年秋天，我们对一个国家施加了最严厉的制裁，我们不会对一个向美国唱响葬歌的政权坐视不管，也不会对一个威胁对犹太人进行种族灭绝的政权置若罔闻。”

对于奉行“美国第一”和“逢奥必反”政治逻辑的特朗普来说，尽快扭转当前伊朗借助《伊核协议》取得国际社会谅解并通过“灰色手段”在中东地区渗透扩张的战略态势成为新一届政府的当务之急。在特朗普政府看来，只要伊朗在战略上还谋求在中东地区扩张自身的影响力，美国对该地区的领导权和控制力就必然会被削弱。因此，美国只有通过严苛的经济制裁限制伊朗的经济发展，才能从内部动摇其政教合一的政权模式和奉行反美思维的政府合法性，以及从源头上掐断伊朗通过各种途径对外输出影响力的经济基础。此外特朗普还认为，只要伊朗还拥有发展和利用核武器的潜力，美国在欧洲和中东地区的盟友就是不安全的。因此，美国政府必须确保伊朗永远不会发展核武器并且限制伊朗导弹技术的发展，因为伊朗一旦拥有可信的非对称军事力量就会挑战美国在该地区的延伸威慑战略，并以此要挟美国获取政治和经济利益，从而获得进一步发展和对外扩张的资源、条件。

从伊朗政府的角度来看，美国的经济制裁和军事威胁给本国国内带来了严重的经济困难和生存压力。特朗普的敌视态度和政策举措使伊朗政府放弃了与美国达成谅解并维持奥巴马政府时期缓和关系的外交方针，转而通过展示强硬姿态抵挡美国对其政治底线的突破以及对其自卫力量的蚕食。一方面，利用中东地区当前的混乱局面，通过代理人战争输出宗教和政治影响力的模式，使伊朗在与美国争夺中东地区的战略博弈中处于有利形势，此时退出竞争将使伊朗断送塑造地区大国地位的良机。另一方面，特朗普对伊政策的本质是削弱、遏制甚至颠覆，并没有和谈的意愿或诚意，此时无条件向美国妥协只会徒增本国在安全领域的脆弱性，陷入更加不利的谈判环境。综合来看，当前伊朗虽然构不成美国在欧洲地区导弹防御系统的严重威胁，但是在美伊关系恶化的大背景下，两国围绕弹道导弹攻防的军备竞赛难免要进一步升级。

第二节　美国欧洲地区导弹防御政策展望

EPAA 是奥巴马执政期间为欧洲地区导弹防御力量建设留下的最重要的政治遗产。这一计划从 2010 年开始实施，目标完成日期设定在 2020 年。该方案实际上是美国政府在欧洲推行并得到落实的第一个系统性的、以全面覆盖所有盟国为宗旨的导弹防御计划。该计划的提出，不仅缓解了北约内部和美俄之间的信任危机，而且实现了在克服国内防务预算裁减的经济压力的同时，构建起抵抗伊朗导弹威胁的可靠防御能力。奥巴马的欧洲地区导弹防御政策取得良好成效的原因，主要是客观务实地评估了伊朗的导弹威胁、欧洲的战略环境、国内反导技术的发展和可供利用的资源。特朗普上台后，他所面对的欧洲导弹防御问题实际上与八年前奥巴马所面对的并没有发生质的变化。因此，在原计划未表现出大的弊端以及自己尚未拿出一套科学合理、系统可靠的计划的情况下，继续遵照奥巴马的 EPAA 路线行事相对稳妥。但是，特朗普的个人特质和国际形势的新变化决定了新一届美国政府不可能一成不变地落实前任总统的政策，必定会结合国内和国际的新需求对 EPAA 做出调整，使之最终并入特朗普的军事战略轨道。

一、EPAA 的部署进程不会中断，但可能被继续放缓

EPAA 最初设定为四个阶段，但奥巴马在 2013 年宣布取消 SM－

3 Block IIB 在波兰的部署计划之后，EPAA 实际上只剩三个阶段。按照原定时间表，第三阶段将于 2018 年完成部署。但由于各种主客观因素，这一目标很难如期实现，有可能要延缓两到三年才能完成。从目前的情况来看，特朗普上台后暂时不会叫停奥巴马拟在欧洲部署 SM－3 Block IIA 拦截弹的计划。因为一方面，欧洲北部地区确实有对第三阶段导弹防御武器系统的需求；另一方面，美国政府当前没有其他更好的可供替换的备选方案。

EPAA 前两阶段的部署国家包括西班牙、土耳其和罗马尼亚，均位于南欧地区。AEGIS 系统属于海军区域防空武器系统，核心部件是 AN/TPY－1 雷达和 SM－3 系列拦截弹，目前使用的系统版本主要是 3.6.1 和 4.0.1。[①] 其中，AN/TPY－1 雷达的最大探测距离为 250 海里，SM－3 Block IB 只具备拦截短程和中程弹道导弹的能力，而现有版本的作战系统又不具备远程交战能力。[②] 因此，目前已经部署在南欧的 AEGIS 系统无法对中欧和北欧国家实施保护。作为波罗的海沿岸及附近国家，挪威、丹麦、荷兰等传统北约盟国对于遏制俄罗斯的波罗的海舰队具有重要军事战略价值，而最近加入北约的波罗的海三国爱沙尼亚、拉脱维亚和立陶宛则由于地缘邻近性处于俄罗斯势力辐射范围之下。保护这些具有重要地缘和军事战略价值的盟国免受伊朗中程和远程导弹以及俄罗斯战术导弹袭击，需要美国将欧洲地区导弹防御系统的覆盖范围延伸至北欧。这就需要在欧洲中部或北部地区部署性能更强的导弹防御系统。从 MDA 目前公布的技术研发目标来看，EPAA 第三阶段将启用的 5.1 和 5.2 版本 AEGIS 系统不仅具备了远程交战能力，所使用的最新 SM－3 Block IIA 拦截弹也具备拦截中程和中远程弹道导弹的能力。[③] 而将该系统按原

---

① 练学辉等：《美国“宙斯盾”系统及主要传感器进展分析》，载《雷达与对抗》，2016 年第 3 期，第 16 页。

② 晨阳：《“标准－3”2A 导弹成功完成首次飞行试验》，载《现代军事》，2015 年第 8 期，第 71 页。

③ 方有培：《美海基“宙斯盾”技术发展分析》，《航天电子对抗》，2015 年第 5 期，第 14—15 页。

计划部署在波兰，从地理上看将可以覆盖大部分中东欧和北欧盟国。

但是，由于受到主客观条件限制，特朗普政府将很可能推迟第三阶段部署计划的完成时间。从主观层面来看，特朗普在北约防务责任和经费分担问题上与欧洲盟国存在较大分歧和矛盾。因此，他一方面缺乏为盟国投资部署反导系统的积极性，另一方面也想通过故意拖延拦截装置部署来要挟盟国增加防务预算。从2010年开始，美国为建设欧洲地区导弹防御系统已经投入了近百亿美元，而北约盟国大多无实质性参与，只有部署地所在国提供了部分土地和后勤保障支援。这在商人出身，计较得失的特朗普看来是无法接受的。2016年3月，特朗普在接受采访时强烈谴责德国等盟国在乌克兰危机期间没有介入，并质疑北约存在的必要性。他说："我们用北约保护了欧洲，我们花了太多的钱，我们不能再这么做了"。[①] 2017年北约峰会期间，特朗普打破了美国历任总统在北约演讲中重申《北大西洋条约》第五条有关集体防御的传统，不仅绝口不提保护盟国的承诺，而且以"讨债"的口吻要求盟国补交北约军费。[②]

而从客观技术条件限制上看，SM－3 Block IIA 及其他配套设备的研发进度落后于预期，如果严格执行"试验可靠再购买"的原则，新系统的完全落成恐难于在短短一年内实现。由于 AEGIS 系统实行模块化组建，即各分系统可独立建造、组装和替换。因此，尽管2016年5月位于波兰的第三阶段反导基地开工投建，但截至目前在建的主要是外围基础设施和雷达基地，对于此次要升级的拦截系统和指控系统还没有动工，因为目前这两组模块的技术还未成熟。2017年2月3日，美日联合研制的 SM－3 Block IIA 首次使用最新版本 AEGIS 系统进行弹道导弹拦截试验，并取得成功。虽然 MDA 主管詹姆斯·叙林在试验成功后表示将于2018年完成全部性能测试并部

① 萧达：《特朗普质疑北约存在必要性，外交新思维令西方瞠目》，《环球时报》，2016年3月23日。

② 《特朗普炮轰北约欠下巨额保护费》，凤凰国际智库，2017年5月30日，http://pit.ifeng.com/a/20170530/51182959_0.shtml。

署该型号拦截弹，但一次试验结果显然不能让国会同意该武器系统的采购。2017 年 6 月 21 日，SM－3 Block IIA 第二次拦截试验以失败告终。对此，美国战略与国际研究中心高级研究员托马斯指出，“失败原因尚未查明，但势必会影响该型号导弹在 2018 年的首批交付，以及在海军和岸基 AEGIS 系统上的部署”。[①] EPAA 第三阶段的部署计划即为岸基 AEGIS 系统。

二、新型拦截装置项目可能重启，但部署地点将重新选定

奥巴马政府出于将更多军事资源向亚太地区转移和尽可能降低对俄罗斯核威慑力量威胁的考虑，取消了 EPAA 第四阶段部署 SM－3 Block IIB 的计划。特朗普上台后，美国政府愈加重视美国本土导弹防御能力建设，因而有可能在欧洲地区重启该项目，但具体部署位置将重新选定，从而在最大限度保护美国免受战略导弹威胁的同时避免刺激俄罗斯。特朗普政府之所以可能重启该项目，主要因为该项目十分符合其对未来美国导弹防御系统的构想，而且具备了相对于奥巴马政府时期更好的研发条件。

从特朗普目前有关导弹防御问题的表态可以看出，他从主观上会支持该项目的重启。2017 年 1 月，特朗普在白宫网站上承诺，美国将发展新的导弹防御系统以应对未来可能面对的洲际弹道导弹威胁，以及美国的反导系统将拥有世界最尖端水平。[②] 而 SM－3 Block IIB 可以从多个方面迎合特朗普的需求。首先，SM－3 Block IIB 代表了美国导弹防御系统研究的最顶尖水平。由于 GBI 在此前多次拦截

---

① Thomas Karako, “Aegis Intercept Test,” CSIS, June 22, 2017, https: //www. csis. org/analysis/aegis－intercept－test.

② 《特朗普将开发最顶尖导弹防御系统》，中华网，2017 年 1 月 24 日，http: //news. china. com/international/1000/20170124/30208089. html。

试验中失败，重新设计杀伤器①的技术概念成为 MDA 具有最高优先级的三个项目之一。2014 年 3 月，美国最大的三家军工企业（雷神、洛马和波音）通过竞标的方式分别向 MDA 提交了针对 SM -3 Block IIB 的最新杀伤器概念设计书。② 由此可见，该项目代表了美国最前沿的反导技术，如果在特朗普执政时期得以完成，无疑将为其政绩增添光彩。其次，SM -3 Block IIB 是目前美国现存反导项目中，除 GBI 以外唯一可能具有摧毁洲际弹道导弹能力的拦截弹。特朗普在导弹防御问题上相较于奥巴马政府时期一个明显的特点就是更加关注美国本土可能遭受战略导弹袭击的风险。现有的 GBI 主要从美国西海岸防范来袭导弹，而 SM -3 Block IIB 在欧洲部署后将可以从美国东海岸防范来袭导弹。最后，SM -3 Block IIB 拥有 GBI 所不具备的技术优势：一是机动性强。与 GMD 系统的永久性固定方式部署不同，SM -3 Block IIB 可以装备在"宙斯盾"舰上随时改变部署位置。二是便于升级。AEGIS 系统采取模块化建造思路，所有 SM -3 系列导弹均可兼容 MK -41 垂直发射系统。如果该型号导弹未来进一步升级，无需更换其他反导系统部件就可以直接安装。

从美国目前的导弹防御项目研发的技术基础和未来一段时间的经费投入情况来看，SM -3 Block IIB 项目重启具备良好的客观条件。首先，"标准"系列导弹经历了一个逐渐完善的过程，从 SM -1 系列到 SM -2 系列，再到如今的 SM -3 系列，每一个系列又都经历了几次升级而包含多个型号。由于该系列导弹均使用相同的发射平台（MK -41 垂直发射系统），兼容相同的操作系统（AEGIS），所以该项目不是从零开始，而是已经具备一定的开发基础。随着 SM -3 Block IIA 型导弹项目进入收尾阶段，下一步着手对其进行改造再升级顺理成章。其次，虽然奥巴马政府 2013 年关停了 SM -3 Block IIB

① 杀伤器是拦截弹的核心部件，通常安置在拦截弹顶部，用于寻找弹道弹头，并通过碰撞摧毁来袭导弹。

② 《重新设计杀伤器将植入标准 -3 Block 2B 拦截导弹中》，中国国防科技信息网，2014 年 10 月 10 日，http：//www. dsti. net/Information/News/90870。

项目，但是并没有终止相关技术的研究。该项目原有资金被分配给通用杀伤器（CKV）和多目标杀伤器（MOKV）的研究。美国国防部官员表示，CKV 能够降低未来 SM－3 导弹项目的风险和成本，提高其准确度和可靠性，MDA 在 2014 财年为其申请了 7000 万美元经费。[①] 2016 年 1 月，雷神公司提交的 MOKV 概念设计通过了 MDA 第一阶段评审；在此之前雷神公司承担了 SM－3 拦截弹上的单杀伤器项目研发。[②] 因此，SM－3 Block IIB 项目实际上并没有被彻底废弃，而是转向其核心部件的研制，只要杀伤器的概念最终确定，该项目重启的主要技术障碍将被突破。最后，导弹防御项目研究的一个重要制约因素——经费问题，在特朗普执政期间将得到解决。奥巴马执政期间，在国防预算全面削减的背景下，MDA 的 RTD&E 经费大幅缩水。一些短期内难以完成和造价过高的项目不得不终止以腾出资金给更符合“成本效益”原则的项目。特朗普上台后立即要求国会停止削减军费。2017 年 3 月，白宫公布的 2018 年联邦预算案中用于导弹防御系统的经费为 79 亿美元。[③] 由本书第二章中的图 3 可知，奥巴马第二任期内美国导弹防御经费长期在 60 亿美元左右浮动。此次超过 30% 的经费上调，反映了特朗普执政后增加导弹防御投资的决心和力度，无疑将大大缓解今后 SM－3 Block IIB 项目重启时面临的财政压力。

实际上，由于奥巴马政府当初急于推出 EPAA 方案来取代小布什的“第三地计划”，一些方案在细节上并没有经过严格审核，其中就包括第四阶段部署计划的选址。2013 年 2 月，美国审计总署向众议院军事委员会下辖的战略力量小组委员会提供的一份内部评估报告显示，将 SM－3 Block IIB 部署在波兰不符合导弹飞行的弹道特

---

① 《美国导弹防御局寻求通用杀伤器》，中国国防科技信息网，2013 年 5 月 15 日，http：//www.dsti.net/Information/News/82048。

② 《雷神公司多目标杀伤器概念研究通过第一阶段设计评审》，中国国防科技信息网，2016 年 1 月 11 日，http：//www.dsti.net/Information/News/97971。

③ 《美国导弹防御局寻求更强大的导弹防御能力》，中国国防科技信息网，2017 年 6 月 19 日，http：//www.dsti.net/Information/News/104996。

点，而使用岸基 AEGIS 系统则需要额外投资研究助推段发射能力（海基 AEGIS 系统不需要）。[①] 因此，特朗普政府如果重启 SM－3 Block IIB 项目，必然会对其部署地点和发射平台重新选定。特朗普新政府一方面会吸取奥巴马政府的经验教训，即避免对俄罗斯的战略核威慑力量构成严重威胁，尽可能地远离俄罗斯的战略导弹基地；另一方面会结合特朗普将导弹防御系统保护重心向本土转换的观点。[②] 综合以上两点，如果 SM－3 Block IIB 项目重启，未来的部署地点最有可能选在地中海，以“宙斯盾”舰为发射平台。

三、美俄或将重启反导合作谈判

由于在合作方式上一直无法达成共识，奥巴马政府时期美俄反导合作谈判未取得任何成果，并随着乌克兰危机爆发后两国关系急剧恶化而被彻底冻结。但是从当时美俄之间在这一问题上的互动可以看出，美俄反导合作谈判在特朗普上台后重启，有以下三点契机：第一，俄罗斯出于获得美国欧洲地区导弹防御系统不瞄准自己的保证，主观上有强烈的合作意愿。第二，从防御伊朗导弹威胁的角度来看，无论是普京建议的共用加巴拉雷达站方案还是梅德维杰夫提出的“区段性导弹防御系统”方案，在客观上都能显著增强美国对伊朗导弹的防御能力。第三，导弹防御问题是阻碍美俄深化战略互信的最大障碍。两国围绕这一问题展开谈判的时期，恰好就是奥巴马政府时期美俄关系最融洽的时期。因此，无论谈判能否取得成果，重启反导合作谈判都将是两国全面重启双边关系的一个很好的切入点。

---

① Cristina Chaplain, Standard Missile－3 Block IIB Analysis of Alternatives, Washington D. C.: United States Government Accountability Office (GAO), February 11, 2013, p. 24.

② 伊朗使用远程或中远程弹道导弹攻击欧洲各国和使用洲际弹道导弹攻击美国本土时飞行弹道模拟图参见：Jaganath Sankaran, The United State's European Phased Adaptive Approach Missile Defense System: Defending Against Iranian Threats Without Diluting the Russian Deterrent, Sana Monica California: RAND Corporation, 2015, pp. 19－39。

特朗普主观上希望与俄罗斯建立合作而非对抗的双边关系。他个人不止一次在公开场合表达了对普京的欣赏，而普京对他也充满期待。2016 年 9 月，特朗普在美国全国广播公司组织的演讲中说，“虽然美俄两国政治体制不同，但普京当总统的能力比奥巴马强太多”，当主持人提出俄罗斯入侵克里米亚损害美国的利益时，特朗普回答说，“你说的并不一定是事实”。[①] 普京评价特朗普，称赞他是一个十分聪明的人，并相信他能够重新修复两国的关系。[②] 特朗普上台后，美国逐渐转变对俄批判遏制的态度。特朗普指出，乌克兰问题是欧洲问题，其东部战争属于内战，美国应放松对俄罗斯的制裁。[③] 特朗普政府国家安全顾问迈克尔·弗林在接受德国《明镜周刊》专访时表示，“美俄之间存在战略协作的基础，美国应当加强与俄罗斯的合作，并与普京保持建设性关系，因为他将是美国在某些事务上可靠的伙伴”。[④] 普京在与特朗普举行电话会谈后表示，俄罗斯愿意与美国建立伙伴对话机制以及共同打击恐怖主义。[⑤] 2017 年 5 月，特朗普接见了俄罗斯外长拉夫罗夫并发表声明称，美俄在解决中东和伊朗问题上存在更广泛的合作，进一步强调希望与俄罗斯建立更加良好的关系。[⑥] 但是目前的实际情况是，乌克兰危机对美俄关系冲击太过严重，使两国希望通过在乌克兰和叙利亚问题上达成共

---

① 《特朗普再赞普京：他比奥巴马强太多》，搜狐新闻，2016 年 9 月 9 日，http：//news. sohu. com/20160909/n468024112. shtml。

② 《普京特朗普隔空点赞》，《北京青年报》，2015 年 12 月 19 日，http：//epaper. ynet. com/html/2015 - 12/19/content_172574. htm？ div = 0。

③ 周琪：《特朗普上任之初内外政策推行受挫及其原因》，《国际经济评论》，2017 年第 3 期，第 71 页。

④ “Michael Flynn，Trump's New National Security Adviser Loves Russia as Much as his Boss，” November 21，2016，https：//www. vox. com/2016/11/17/13673280/mike - flynn - trump - new - national - security - adviser - russia - isis - obama - clinton - turkey.

⑤ 《普京与特朗普电话会谈，称应联合打击国际恐怖主义》，中国新闻网，2016 年 11 月 15 日，http：//military. china. com/news2/569/20161115/30039610. html。

⑥ 《美总体特朗普接见俄外长拉夫罗夫，称两人会晤非常不错》，载《环球时报》，2017 年 5 月 11 日。

识来重启双边关系的愿望一时难以实现。因为两国在这些问题上的分歧难以弥合的背后实际上是两国战略互信的缺失。

历史证明，导弹防御问题与美俄战略互信的建立联系紧密。自冷战以来，每当两国能够在这一问题上有所突破后，其双边关系都会迎来一段缓和改善的时期。如果特朗普能够以此为突破口与俄罗斯重新就合作事宜展开谈判，无疑将大大缓解俄罗斯因入侵克里米亚而担心以美国为首的北约在安全和军事领域对自己实施报复的战略顾虑，从而为两国重启双边关系真诚交换意见，沟通彼此战略目标，进而深化战略合作奠定基础。特朗普执政后美伊关系倒退恶化，一方面促使美国提高对伊朗导弹威胁的判断，另一方面也会促使伊朗加强本国的导弹威慑力量以展示强硬姿态。

2017 年 2 月，伊朗再次试射中程弹道导弹后，特朗普发表推特称："伊朗本该对奥巴马之前和他们签下的糟糕协议存有感激，现在伊朗已经因发射弹道导弹被正式关注。" 2017 年 6 月，伊朗革命卫队从伊朗西部克尔曼沙省和库尔德斯坦省军事基地向叙利亚东部代尔祖尔地区的"伊斯兰国"恐怖分子基地发射了 6 枚新型"佐勒菲卡尔"固体地地弹道导弹。这是伊朗首次越过伊拉克领土向叙利亚境内发射高精度弹道导弹。此次实弹发射说明伊朗对其地地弹道导弹技术无论在射程上还是精度上都具有十足信心。2017 年 9 月，伊朗在纪念两伊战争爆发 37 周年阅兵式上公开了名为"霍姆沙拉赫尔"的中程弹道导弹，并播放了该型导弹飞行试验的录像。视频中弹头有再入大气层的画面，外界专家分析后认为，该型导弹可能是朝鲜"火星 - 10"弹道导弹的仿制版，其射程达到 2000 千米，可以覆盖以色列和欧洲的大部分地区。2018 年 8 月，伊朗又在霍尔木兹海峡成功试射了"霍尔木兹 - 2"型反舰弹道导弹。该系列反舰弹道导弹是由伊朗巴哈里工业集团在"地震 - 2"型火箭弹基础上改造"征服者"系列固体燃料弹道导弹而成的近程反舰弹道导弹，其射程已经由最初的 200 千米增加到 600 千米，未来将取代依靠液体燃料推进的“流星－1/2”型弹道导弹。[①] 伊朗近年来发展反舰弹道导弹的目的与美国在波斯湾的军事行动存在密切相关，如果伊朗导弹威胁持续恶化，美俄两国将可能以此为契机重启反导合作谈判。当年奥巴马政府之所以拒绝俄罗斯的合作提案，主要原因是在伊朗导弹威胁并不严重的情况下，不想与俄罗斯分享有关导弹防御的情报和指挥权。如果伊朗随着导弹技术的发展，真的能够对北约安全构成实质性威胁，从功利主义角度看，以特朗普总统的商人特质，不排除其在合作谈判中做出让步以换取俄罗斯提供帮助。[②]

第三节 美国亚太地区导弹防御政策展望

由于奥巴马政府时期美国并没有出台具体的亚太地区导弹防御系统部署方案，因此特朗普的亚太地区导弹防御政策将拥有更大的调整空间。相较于他对欧洲地区导弹防御政策的调整不得不限定在奥巴马遗留的政策框架内，他的亚太地区导弹防御政策将根据最新的安全形势和个人的政治理念来制定，表现出更鲜明的特朗普执政特色。兰德公司 2017 年发布的一份针对美国全球力量投送能力的评估报告预测，中美今后十年在亚太地区爆发军事冲突的导火索要么在台湾，要么在南海；一旦开战，中国将首先打击美国的驻日空军基地和航母；当战事升级后，中国将打击美国部署在阿拉斯加的战略反导基地和部署在外空的反导卫星，届时两国将走到核战争边缘。[③] 因此，特朗普上台后美国不会放缓亚太地区导弹防御系统的建设节奏，而是更加注重本土战略反导能力建设。从尽可能减少美军

---

① 谢瑞强：《伊朗的“执念”——全力发展“非对称战力”》，《军事文摘》，2018 年第 10 期，第 18 页。

② 俄罗斯曾提出将其在阿塞拜疆的雷达站捕获的有关伊朗导弹发射的情报与北约共享，或直接为北约国家拦截伊朗发射的弹道导弹。有关美俄反导合作的具体安排参见本书第二章第一节。

③ Duncan Long etc. , Smart Power, Stronger Partners: Trend in Force Projection Against Potential Adversaries, RAND Corporation, 2017, pp. xiv－xvi.

损失和风险的角度出发，特朗普强化亚太地区反导系统的方式将不同于奥巴马重新分配美军反导力量部署，而是推动盟国承担本国的防务义务并分担地区的防务责任。

一、导弹防御力量前沿部署向美国本土回撤

奥巴马政府时期，美国在亚太地区的导弹防御政策是抵近式前沿部署，但这种方式在强化对对手导弹的拦截能力的同时也将美军置于对手导弹打击范围的高风险之中。对此，奥巴马政府当时的应对思路主要有三种：一是强化美军基地的防卫和修复能力；二是将美军基地分散部署；三是采取先发制人的打击。① 这三种思路的本质都是要求美军保持前沿部署。但特朗普上台后，向本土回撤成为另一种降低风险的解决思路。回撤并不代表特朗普要弱化亚太地区的导弹防御力量建设，也不说明美国将放松对中国的军事遏制力度。相反，特朗普上台后美国将在这两个方面予以强化，只是方式和手段可能不同于奥巴马政府时期的亚太地区导弹防御政策。

特朗普的政治理念具有明显的孤立主义倾向。② 他不再追求奥巴马政府时期的自由主义国际秩序，而是更加强调美国自身的安全和利益，在与盟国的关系上表现出务实的“交易性”。③ 特朗普的外交智囊之一，国会对外关系委员会主席理查德·哈斯曾在其出版的专著中提出：“美国如果想在海外行动自如就必须重建国内安全的根

---

① 相关研究可参见美国空军少将布雷德利·斯佩西发表在《空天力量杂志》的文章：Bradley D. Spacy, “Fight the Base, Recover the Base, Win the War!,” ASPJ, Vol. 10, No. 3, 2016, p. 4 – 11 和战略与预算评估中心发布的应对中国导弹齐射战术的研究报告：Mark Gunzinger, Bryan Clark, Winning the Salvo Competition: Rebalance American's Air and Missile Defense, Center for Strategic and Budget Assessments, 2016。

② 吉迪恩·拉赫曼、托马斯·怀特和弗朗西斯·福山等著名学者对特朗普的孤立主义分析参见张玉国：《特朗普政权与美国亚太再平衡战略》，《东北亚论坛》，2017 年第 2 期，第 16 页。

③ 周琪：《特朗普上任之初内外政策推行受挫及其原因》，《国际经济评论》，2017 年第 3 期，第 69 页。

基；由于国内资源有限，美国必须更精确地制定有限的目标。”①《时代》杂志在评价特朗普的“美国第一”政策演讲时指出：“特朗普的国家安全战略是将美国人民、美国的安全放在第一位，集中力量应对美国的威胁，而非处处关照全球或盟国的安全利益。”② 特朗普反对奥巴马削减国防开支，一上台就将2018年国防预算上调了10%，其中反导预算增幅更是超过了30%，因此特朗普今后不会弱化美国的导弹防御能力。他信奉里根政府“以实力求和平”的战略思想，③ 不会坐视中国A2/AD能力的快速提升动摇美国军事力量的绝对优势地位。特朗普的反导力量回撤将通过导弹防御技术研发重心向保护美国本土的战略反导系统倾斜和将美军部署在亚太地区的反导部队从第一岛链向第二岛链或第三岛链转移的方式进行。

从美国最近在导弹防御技术研发上的政策和举措可以看出，与奥巴马重视拦截短程和中程弹道导弹的地区反导系统建设不同，特朗普更倾向于投资拦截战略导弹的国家反导系统。2017年兰德公司组织了11名军控、安全和中国问题领域的专家撰写的一份针对中国核威慑能力的评估报告指出，“至少到2020年以前，中国的战略核武器数量将一直增加。”④ 2017年1月，对于中国试射携带了10个分导弹头的东风-5C洲际弹道导弹，美国国防部发言人格雷·罗斯表示，“国防部按惯例监控中国军事发展并依据其能力调整我们的防御政策”。⑤ 此外，美国还一直十分关注朝鲜的洲际弹道导弹研发情况。2017年2月11日，朝鲜试射KN-15中程弹道导弹后，美日技

---

① 理查德·哈斯：《外交政策始于国内：办好美国国内的事》，上海人民出版社，2015年版，第6页。

② “Read Donald Trump's ‘America First’ Foreign Policy Speech,” TIME, April 27, 2015.

③ Peter Navarro and Alexander Gray, “Donald Trump's Peace Through Strength Vision for the Asia-Pacific,” Foreign Policy, November 8, 2016.

④ Eric Heginbotham etc., China's Evolving Nuclear Deterrent: Major Drivers and Issues for the United States, RAND Corporation, 2017, p. 46.

⑤ 《美媒称中国首次试验10弹头洲际导弹，将有千枚核弹》，新浪军事网，2017年2月1日，http://mil.sina.cn/zgjq/2017-02-01/detail-ifxzyxmu849357.d.html,

术专家警告说朝鲜的导弹载荷有了明显增幅；2017 年 5 月 14 日，朝鲜试射了 Hwasong－12 中远程弹道导弹，专家称其目的在于验证携带大重量核弹头的远程飞行能力；2017 年 7 月 4 日，朝鲜宣布成功试射 Hwasong－14 洲际弹道导弹后彻底坐实了美国对朝鲜导弹威胁的指控。2017 年 8 月 29 日和 9 月 15 日，朝鲜两次试射 Hwasong－12 飞越日本，实际射程达到了 3700 千米。

2017 年 5 月 30 日，MDA 宣布首次成功使用 GMD 系统完成洲际弹道导弹拦截试验。以往的试验美国往往强调不针对第三方，此次试验结束后美国政府明确表示该系统专门针对最近频繁试射导弹的朝鲜，但众多军事专家都认为中国才是其威慑的真正目标。[①] 按照特朗普的计划，截至 2017 年底，美国将把现有的 GMD 系统数量从 32 部增加到 44 部。对此，国防部长马蒂斯表示，“特朗普走上了正确的方向”；参议院军事委员会主席约翰·麦凯恩表示，“参议院同意特朗普扩大 GMD 计划”。[②] 由此可见，新一届美国政府高层基本上达成了发展战略反导系统的初步共识。2017 年 6 月 30 日，特朗普签署行政命令，要求重新设立国家航天委员会并恢复天基导弹防御系统项目。而在此之前，奥巴马明确在 2017 年《国防授权法案》中表示美国没有必要投资发展和测试该战略反导系统。

美国专家预测，未来十年美军位于第一岛链上的军事基地受到的中国导弹威胁明显增加，但位于第二岛链的关岛和位于第三岛链的夏威夷美军基地还相对安全。[③] 因此，将美军从冲突最前线的第一岛链向后撤退将大大提升美军的生存能力，同时保持美军在亚太地

① 张亦驰：《美军首次拦截洲际弹道导弹》，《中国国防报》，2017 年 6 月 2 日。

② 《特朗普承诺增加本土反导系统针对朝鲜导弹威胁》，观察者网，2017 年 1 月 25 日，转引自《简式防务周刊》。

③ 美军根据力量投送过程中可能遭受损失的大小将美军亚太基地面临的威胁划分为四个等级，自上至下依次为：遭受重大损失，很可能失败；可能成功，但很困难且有不确定性，损失大；会受到阻碍，但可以克服并遭受适度的损失；以极小代价快速完成力量投送。十年后第一岛链上的驻日和驻韩美军基地以及台湾地区将处于第一和第二等级威胁，第二岛链的关岛基地将处于第三等级威胁，第三岛链的夏威夷基地处在第四等级威胁。

区强大的军事存在。这种后撤实际上在奥巴马执政后期已经初见端倪。2016年9月，时任美国国防部长的卡特在演讲中提到，美国已经开始将部分海军陆战队从冲绳向关岛和夏威夷撤离。① 2017年1月13日，日本防卫相稻田朋美视察美军关岛安德森空军基地，了解驻日本冲绳的美军海军陆战队迁至关岛的筹备情况。日美两国本来在2006年就签署了关于将驻日美军迁移的协议，但十年来一直没有落实。特朗普上台后，这一工作正式进入落实阶段，首批9000名冲绳海军陆战队成员将分散至美军的其他基地，其中4000人将在2025年以前转移到关岛基地。② 随着美军的陆续迁移，美国位于第二岛链和第三岛链的军事基地将扩建或增加。这就对美军位于亚太地区军事基地的导弹防御能力提出了新的要求。因此，伴随着作战部队的后撤，作为基地重要安全保障的美国的导弹防御力量也必将随之一同后撤。

二、支持亚太盟国发展本国的导弹防御系统

美国将导弹防御力量向本土回撤必然会造成亚太地区出现力量真空。对此，特朗普将鼓励和帮助盟国建立起强大的导弹防御系统，并将其与美国的反导系统进行一体化整合，使之代替美军在最危险的地区“对冲”中朝导弹威胁的同时，为美国的本土安全和遏制中国的战略目标服务。上海国际问题研究院的蔡鹏鸿认为，特朗普的这种将盟国推向防务第一线，而自己撤到后方的战略理论渊源是约翰·米尔斯海默和斯蒂芬·沃尔特提出的“离岸平衡战略”。③ 根据

① Ash Carter, “Remarks on the Future of the Rebalance: Enabling Security in the Vital& Dynamic Asia – Pacific,” San Diego, California, September 21, 2016, http://www.defense.gov/News/Speeches/Speech – view/Article/959937/remarks – on – the – future – of – the – rebalance – enabling – security – in – the – vital – dynamic – a/.

② 《日本防卫大臣防卫关岛，释放美日联合防卫布局调整信号》，《中国社会科学报》，2017年2月9日。

③ 蔡鹏鸿：《试析特朗普政府的亚太安全战略布局》，《人民论坛·学术前沿》，2017年3月下，第26页。

他们的观点，美国的下一届总统应该从美国几十年来推行“自由霸权战略”的挫折中吸取教训，采取新的国家大战略：和平时期美国应该放手让盟国依靠自己的能力履行国内安全职能，维护地区和邻国间的权力平衡；而当盟国遭受大国威胁而不具备独自应对能力的情况下，美国可以立刻向动荡地区投送足够的军事力量，发挥制衡作用。①

美国政府一方面担心盟国实力有限而不足以遏制地区敌对势力的发展，另一方面担心美军的回撤会动摇延伸威慑而影响联盟的稳定，因此即使在国内经济困难和整体实力相对下降的情况下，长期以来都未能真正地抽身海外各项安全事务，被迫承担起沉重的联盟负担。这种联盟困境在亚太地区，随着特朗普的上台和盟国态度的转变，未来将可能得到解决。首先，特朗普已经明确表达了未来美国政府将不会继续纵容盟国搭美国安全“便车”的态度，盟国将不得不在承担更多防务责任和被美国抛弃之间做出选择。其次，亚太地区安全形势日趋严峻，多数盟国有强烈的现实安全需求且严重依赖美国的援助。最后，亚太盟国经济状况良好，具备独立实现国防现代化的物质基础。在此条件下，接受美国的技术援助，发展本国的导弹防御系统，既是亚太各盟国应对朝鲜军事威胁和避免遭到美国抛弃的唯一出路，也是各国抓住美国推行“第三次抵消战略”②的契机快速发展本国反导技术和逐渐摆脱对美安全依赖的历史机遇。因此，近期美国的主要亚太盟国对于特朗普要求其分担更多的联盟责任和强化本国的军事能力的呼吁基本上都给予了积极回应。

日本一直是美国在亚太地区的导弹防御系统“模范”合作伙伴，

---

① John J. Mearsheimer and Stephen M. Walt, “The Case for Offshore Balancing, A Superior U. S. Grand Strategy,” Foreign Affairs, July/August, 2016, pp. 70 – 83.

② 2014年1月，美国国防部宣布国防改革是重要优先事项，此次改革通常被称作“第三次抵消战略”，其核心目标是要应对远程精确打击系统扩散所产生的消极后果。美国第三次抵消战略的投资内容大部分没有公之于众，新美国安全中心（CNAS）的一份研究报告估计，“第三次抵消战略”总投资180亿美元中的60亿将被用于秘密计划开支。这些秘密计划大多用来研究应对精确制导武器的反制措施，如磁轨炮和定向能武器。

从小布什政府时期就开始着手建立本国的导弹防御系统。日本不仅通过购买美国的装备来部署本国的导弹防御系统，而且通过与美国军工企业合作初步实现了部分美式反导系统的自主研发和生产。从2005年美国授权日本自行生产PAC－3开始，日本自行生产并部署了国内绝大多数的该型反导系统。[①] 此外，PAC－3MSE（增程型PAC－3）和SM－3 Block IIA也系美日两国联合研发，其中前者已经进入生产和采购阶段，后者正在接受最后验收阶段。特朗普上台后，安倍内阁明显加快了对本国反导系统的完善速度，并通过各种途径向美国新一届政府传达其在导弹防御问题上的合作姿态。

一是加大对美制导弹防御武器装备的采购力度和融合升级。2016年底，防卫省公布的2017财年补充预算显示，2017年日本用于加强本国反导系统的预算将达到5.1万亿日元，主要用来采购新式美制反导装备，如PAC－3MSE和升级版AEGIS系统。[②] 2018年9月，日本防卫省计划为日本海上自卫队在2020年投入使用的新型“宙斯盾”导弹驱逐舰“摩耶”号（Maya）采购SM－6拦截弹。[③]“摩耶”号将同时搭载由美日联合研制的一体化防空和导弹防御系统以及由美国独立开发的协同交战能力系统（CEC）[④]，从而最大限度地促进美日舰船对导弹预警情报的实时共享和协同作战能力。二是积极承担并拓展其在亚太地区的安全责任。2017年2月2日，安倍在国会答辩时说，“安全的根本是自我努力，基于这种认识，谋求强化我国自身防御力量，扩大可能发挥的作用是理所当然的”；2月4

---

① 兰子诺：《近年日美导弹防御合作新动向》，《国际资料信息》，2011年第8期，第36页。

② 《军费五年连续增长肆意扩充军力，这个日本似曾相识》，《国际先驱导报》，2016年12月9日。

③ “Japanese Aegis Destroyers to Carry SM－6,” Missile Threat, September 4, 2018, https：//missilethreat. csis. org/japanese－aegis－destroyer－to－carry－sm－6；Kosuke Takahashi，“Japan's Improved Atago－class to field SM－6 air－defence missiles”, Jane's Defense Weekly, September 4, 2018, https：//www. janes. com/article/82721/japan－s－improved－atago－class－to－field－sm－6－air－defence－missiles.

④ 有关美海军协同交战能力系统的详细介绍参见李军：《海军协同交战能力分析》，《舰船电子工程》，2011年第5期，第25—37页。

日，稻田朋美在会见马蒂斯时承诺，“基于日益严峻的安全环境，日本将尽力强化防御力量并扩大自身的作用”。[①] 据美国《国家利益》网站文章反映，日本近期正在推进一体化空中和导弹防御计划。该计划将通过综合利用 AEGIS 系统、侦查预警机和其他设备使日本不仅拥有抵御朝鲜而且能够防范中国巡航导弹的能力。[②] 三是通过拦截试验展示美日合作成果。2018 年 9 月 11 日，日本海上自卫队“爱宕”级导弹驱逐舰成功拦截了一枚从美国太平洋导弹靶场发射的弹道导弹，验证了日本的 AEGIS 系统在升级后，导弹防御能力实现了里程碑式的跃升。

截至目前，日本已经拥有美国四大导弹防御系统中的两类，且数量可观。[③] 2017 年 1 月稻田朋美视察美军关岛安德森基地时暗示日本希望引进美国的 THAAD 系统；2017 年 3 月，防卫省正式将 THAAD 系统的引进和部署列入日本反导系统建设的备选方案。[④] 从目前的美日导弹防御合作趋势来看，THAAD 入日只是一个时间问题。一旦日本部署了该系统，加上其已经部署的 PAC 系统、AEGIS 系统和各类反导预警雷达，以及通过与美国反导系统整合后获取的美国反导卫星提供的敌方导弹的飞行弹道数据，日本将建立起一套较为成熟的海陆一体化分层反导系统，拥有仅次于美国的导弹防御能力，不仅可以自卫，还可以在亚太地区协助美国遂行支援其他盟国的防御任务。此外，特朗普注重战略反导能力建设，而 GMD 系统的成本和研发费用极高（一枚 GBI，该系统使用的拦截弹的价格就

---

① 吴怀忠：《特朗普冲击下的日本战略因应与中日关系》，《日本学刊》，2017 年第 2 期，第 13 页。

② Kyle Mizokami, “We Now Know Japan’s Masterplan to Stop a Chinese or North Korean Missile Strike,” NationalInterest, June 9, 2018, https://nationalinterest.org/blog/the-buzz/we-now-know-japans-masterplan-stop-chinese-or-north-korean-26181.

③ 美国的四大导弹防御系统分别是陆基的 PAC 系统、THAAD 系统、GMD 系统和海基 AEGIS 系统。日本已部署 PAC 系统和 AEGIS 系统，其版本与美军基本同步。

④ 吴怀忠：《特朗普冲击下的日本战略因应与中日关系》，《日本学刊》，2017 年第 2 期，第 15 页。

高达9000万美元），因此不排除其向日本出售该系统并在亚太地区重演“第三地计划”的可能性。

虽然韩国和澳大利亚两盟国在奥巴马政府时期已经开始着手发展本国的导弹防御能力，但在引进装备的积极性和与美国的合作层次上明显不如日本：前者建立了本国的导弹防御系统，但能力十分有限，且拒绝与美日的反导系统进行一体化整合；后者只引进了美国的反导预警雷达，没有任何拦截装置，根本谈不上拥有独立的导弹防御系统。2016年11月，新美国安全中心发布的一份名为《半岛突破：第三次抵消战略和韩国未来防务》的报告指出，第三次抵消战略能够加强韩国在导弹防御领域中的地区安全作用，通过批准并实施与第三次抵消战略相关的新一代美国导弹防御系统，韩国将不仅能够为自身提供更强大的导弹防御能力，还可以通过与该地区的其他反导系统整合使美国在减轻亚太地区导弹防御负担的同时极大增强地区反导能力；因此，美国应通过技术援助推动韩国建立起独立自主的现代化国防，缩小同盟内部的技术差距。

随着特朗普的上台，韩国对于本国导弹防御系统的态度，开始由消极依赖驻防美军向主动投资扩大完善转变。[①] 韩国政府已经决定在2020年以前投资13亿美元购买美国的最新版PAC－3，以升级其目前急需的陆基点防御系统。[②] 韩国防空和导弹防御系统（KAMD）是韩国用于在末段击落低空飞行导弹的防空和导弹防御网络，由PAC－3、韩国自主开发的中程地对空导弹和新近部署的THAAD系统构成，但是该系统在拦截高度上具有很大局限性。2018年10月12日，韩国联合参谋本部建设规划局局长表示，韩国军方决定购买美国SM－3拦截弹，以应对位于KAMD系统上层的来袭导弹。韩国联合参谋本部的一位官员表示，为了有效应对朝鲜导弹威胁，韩国

① Patrick M. Colin, Breakthrough on the Peninsula: Third Offset Strategies and the Future Defense of Korea, Center for a New American Security, November 2016, pp. 17－35.

② Patrick M. Colin, Breakthrough on the Peninsula: Third Offset Strategies and the Future Defense of Korea, Center for a New American Security, November 2016, p. 52.

军方提出了在超过100千米高空拦截弹道导弹的作战需求，而舰载拦截器中能够达到这一高度的只有美国的SM-3拦截弹，而且可以配合其已经采购的“宙斯盾”导弹防御系统使用。此外，韩国联合参谋本部还透露了为应对朝鲜部署在非军事区远程大炮齐射打击而开发新型自有防御系统的计划。该系统为新型近程弹道导弹系统，即“韩国战术地对地导弹”，以以色列的“铁穹”防空系统为模型打造，射程超过120千米，精度达到2米，可以穿透掩体，打击数米深的地下目标。①

澳大利亚在最新版《国防白皮书》中具体阐述了该国对于美澳军事一体化的努力方向：从美国获得先进的技术和设备，保持与美军的互通性，国防采购经费的60%将用于购买美国装备，着重关注与美军在各领域的能力衔接。② 2017年6月18日，澳大利亚首艘“霍巴特”级驱逐舰由美国洛马公司完成了全套AEGIS系统的安装；据悉，澳大利亚采购的3艘“霍巴特”级驱逐舰将在2019年全部完成交接；届时，美国将协助澳大利亚为其全部加装AEGIS系统。③ 2017年3月，作为澳大利亚国防军和美军在导弹防御领域合作的一个重大里程碑，重新安置的C波段空间监视雷达正式具备全面作战能力。该雷达是位于南半球的首个低地球轨道空间监视网络传感器，以前部署于加勒比海的安提瓜，美国用它遥控跟踪卡纳维拉尔角的太空发射任务。从2014年开始美军逐步将其迁移到澳大利亚西部的哈罗德霍尔特海军通信站，并作为美国全球空间监视网络中的传感器节点运行。在新部署的位置，该雷达将提供南半球和东半球覆盖，

---

① Jeff Jeong, “South Korea to buy ship-based interceptors to counter ballistic missile threats,” Defense News, October 13, 2018, https://www.defensenews.com/naval/2018/10/12/south-korea-to-buy-ship-based-interceptors-to-counter-ballistic-missile-threats/.

② 宋伟：《美澳双边安全关系的新发展、战略限度与中长期态势》，《国际安全研究》，2017年第3期，第106页。

③ “Australia Receives First Hobart-class Air Warfare Destroyer HMAS Hobart,” Naval Technology, June 19, 2017, http://www.naval-technology.com/news/newsaustralia-receives-first-hobart-class-air-warfare-destroyer-hmas-hobart-5846815.

以提高位置预测精度。

三、继续强化对华反导包围的军事遏制力度

特朗普上台后立即着手组建自己的外交事务决策班子。从其主要成员的构成来看，多数人具有明显的反华倾向。特朗普新任命的白宫国家贸易委员会主席彼得·纳瓦罗是有名的对华鹰派。他在担任加利福尼亚大学经济学教授期间通过撰写《即将到来的中国战争》《被中国杀死》和《卧虎：中国军国主义对世界意味着什么》大肆宣扬"中国威胁论"，并提出了一种"逼退中国军国主义扩张"的思想。[①] 特朗普的高级军事顾问兰迪·福布斯是美国众议院中国连线联席主席，还曾担任过众议院军事委员会海上力量和兵力投送小组委员会主席。他呼吁美国不要惧怕中国的 A2/AD 能力，建议美国扩大海军并在南海争议海域航行以显示强硬姿态。[②] 特朗普的前白宫首席战略专家史蒂夫·班农曾表示，未来 10 年中美在南海必有一战，中国在南海用沙袋建造航母，在上面安装导弹，完全是冲着美国来的。[③] 特朗普改组国家安全委员会后专门将班农确定为固定成员，使其一度被称作美国外交决策的实际"操盘手"。[④]

特朗普身边已经聚集起一大批对华强硬分子，他们将对特朗普的亚太导弹防御政策制定产生巨大影响。特朗普执政理念的核心是"美国第一"和"让美国再次伟大"，建军目标是"强大到没人能够

① Peter Navarro, Crouch Tiger: What China Militarism Means for the World, New York: Prometheus Books, 2015.

② Randy Forbes, "The U. S. Navy Has Sailed Past China's Artificial Islands - And Must Do So Again," The National Interest, October 30, 2015, http: //nationalinterest. org/feature/the - us - navy - has - sailed - past - china's - artificial - islands - must - 14209.

③ Benjamin Haas, "Steve Bannon: We Are Going to War in the South China Sea," The Guardian, February 2, 2017, https: //www. theguardian. com/us - news/2017/feb/02/steve - bannon - donald - trump - war - south - china - sea - no - doubt.

④ David Drehel, "The Second Most Powerful Man in the World? Steve Bannon Has the President's Ear, But He Wants More," TIME, February 13, 2017, pp. 25 - 31.

制造麻烦的程度”。[1] 而在他看来，中国的导弹威胁将是亚太地区最大的麻烦。2017 年 2 月，美国“反导拥护联盟”主席里基·埃里森表示，“中国的导弹力量已经强大到令美国及其盟国难以保卫第一岛链的程度”；美国前海军作战部长格林纳同一天也表示，“美国海军的反导系统对抗中国导弹威胁的能力已接近极限”。[2] 对华军事遏制的一个重要前提就是抵消掉中国的 A2/AD 能力，因此反导遏制将在未来美国对华安全战略中占据重要地位。从目前的亚太地区安全环境来看，特朗普政府强化对中国的反导遏制将通过对朝鲜问题、台湾问题和南海问题的介入，从东面和南面展开对华反导包围。

首先，朝鲜近期的一系列导弹试射给了美国进一步在朝鲜半岛附近增强导弹防御力量的借口和盟国引进导弹防御系统的动力。特朗普将通过向韩国和日本出售更加先进的反导装置，将两国的本土导弹防御系统的侦查和拦截范围拓展至中国。朝鲜导弹技术近期的快速上升极大地扭转了韩国在反导问题上的政策立场，致使 THAAD 入韩不仅没有推迟，反而有所提前。韩国总统文在寅在 2017 年竞选和上台初期曾呼吁停止部署 THAAD，但到了 6 月 22 日，在接受路透社采访时却表示韩美两国已商定于 2018 年完成 6 辆 THAAD 发射车的全部引进。[3] 2017 年 9 月 7 日，韩国国防部宣布 THAAD 系统完成临时部署，比预计时间又提前了 3 个多月。由此可见，在特朗普政府逐渐将部署在海外的反导力量向本土回撤的情况下，韩国政府出于防范朝鲜的考虑，即使会对中国构成威胁，也将积极购买美国的高性能反导武器，甚至可能会考虑将本国的反导系统与美国的亚太地区反导体系进行一体化整合。而日本对于美国的高性能反导武器一直保持着强烈的兴趣，特别是在其与中国存在钓鱼岛主权争端

① 《特朗普上台美军装备将大更新或出多招对付中国》，环球网，2016 年 11 月 11 日，http：//mil. huanqiu. com/observation/2016 - 11/9664029. html。

② 王惜梦：《美媒：中国导弹令美难保“第一岛链”，反导能力近极限》，《参考消息》，2017 年 2 月 5 日。

③ 李婷婷：《文在寅曝萨德部署日程》，环球网，2017 年 6 月 23 日，http：//world. huanqiu. com/exclusive/2017 - 06/10887308. html。

的情况下，将更加主动地配合美国实施对华反导封锁。美国第七舰队发言人曾表示，美国已经在日本地区部署了 14 艘装备“宙斯盾”系统的导弹驱逐舰和巡洋舰，并计划在 2018 年再增加部署一艘；驻韩美军指挥官文森特·布鲁克斯表示，美国在该地区拥有的海基“宙斯盾”系统只是其在该区域实施分层拦截防御的一部分，美国海军规模十分庞大，有能力保卫朝鲜半岛以及美国在该区域的利益，如果有需要，美国会使用这一能力。[①]

其次，台湾将是美国在亚太地区强化导弹防御能力的新伙伴。虽然美国过去的对台军售中有时会包含导弹防御武器，但是无论从数量上还是性能上看，都不能与美国向日、韩两国出售的反导装备或直接向其部署的美军反导力量相提并论。随着中国 A2/AD 能力的增强，美军介入台湾问题的风险大大增加。因此，直接帮助台湾打造一支类似日韩的本土导弹防御力量，将更加符合特朗普政府在将本国反导力量回撤本土的同时强化对华遏制的政策思路。2016 年 7 月，纳瓦罗发表了一篇名为《美国不能放弃台湾》的文章，主张美国永远不要承认大陆的“一国两制”政策，要通过帮助台湾建立起现代化军事防御力量来抵抗来自大陆的安全威胁。他特别强调，台湾不仅是民主的“灯塔”，而且对于美国的亚太防御战略至关重要，因此下届美国政府一定要全力以赴支持台湾、武装台湾。[②] 2016 年 11 月“美台国防工业会议”上，台湾方面提出的“国防自主化”构想得到了美国国防部和军工企业的支持。[③] 未来，美国政府将很有可能进一步放松对台反导军售，甚至可能通过技术转让的方式直接使台湾具备自主生产反导武器的能力。2016 年 12 月，特朗普打破历

---

① Joshua Berlinger and Carolyn Sung, “US Military Chief in Pacific: Testing our Forces would be foolhardy,” CNN, August 22, 2017, http://edition.cnn.com/2017/08/22/asia/us-south-korea-military-exercises/index.html.

② Peter Navarro, “America Can't Dump Taiwan,” The National Interest, July 19, 2016, http://nationalinterest.org/feature/america-cant-dump-taiwan-17040.

③ 《2016 年台湾武器装备与军事技术发展综述》，凤凰网，2017 年 3 月 11 日，http://wemedia.ifeng.com/9975553/wemedia.shtml。

史，与蔡英文直接通话，并在社交网络上说，“‘台湾总统’今天给我打电话，祝贺我当选，谢谢你”，随后又嘲讽批评者称，“台湾每年从美国购买几十亿美元的武器，我却不能接个祝贺的电话，真有趣”。[①] 2018 年 2 月 14 日，前美国太平洋司令部司令，刚刚被提名为美国驻澳大利亚大使的日本裔上将哈利·哈里斯在美国众议院军事委员会的听证会上表示，“美国应该协助台湾进行自卫，从而使中国政府清楚地意识到，任何试图武力统一的尝试在美国看来都不可接受”。哈里斯认为，台湾地区和美国有着一样的价值观；尽管由于《中美联合公报》的存在使美国未与台湾建立“外交关系”，但美国仍然要跟台湾保持一种稳固的、实质性的关系，从而使美军在太平洋地区的力量能够继续支持台湾地区发展持久的威慑能力和自卫能力；其中，对台军售和军事训练合作是美台军事关系维系的重要组成部分。[②]

最后，随着杜特尔特的上台，中菲关系和南海局势相对好转，但是美国政府决不会就此善罢甘休。特朗普总统及其外交智囊们认为，奥巴马政府在“黄岩岛事件”中的软弱表现，正是美国在南海地区丧失军事威望，最终造成菲律宾倒向中国的原因所在。[③] 2017 年 1 月，美国国务卿蒂勒森在接受参议院对其任命的听证会上表示，中国在南海无视国际准则，通过填海造岛非法获取有争议地区的行为类似于俄罗斯兼并克里米亚；今后美国将向中国发出明确信号，要求其停止修建岛屿并禁止其靠近这些岛屿。[④] 2017 年 2 月 18 日和

---

① 《特朗普与蔡英文通电话打破禁忌到底为什么》，环球网，2016 年 12 月日，http：//world. huanqiu. com/hot/2016 - 12/9767702. html。

② 《春节期间，美国多位高官对华放狠话》，搜狐新闻网，2018 年 2 月 18 日，http：//www. sohu. com/a/223144101_166579。

③ Peter Navarro, “The Obama - Clinton Legacy: A More Aggressive China,” The National Interest, July 14, 2016, http：//nationalinterest. org/feature/the - obama - clinton - legacy - more - aggressive - china - 16959.

④ “Secretary of State Designate Rex Tillerson Senate Confirmation Hearing Opening Statement,” January 1, 2017, https：//www. foreign. senate. gov/imo/media/doc/011117 _ Tillerson _ Opening _ Statement. pdf

7月2日，美国航母和驱逐舰分别进入南海巡航。美军此举虽然表明了在南海问题上的强硬姿态，但特朗普政府深知只有军事实力才能最终决定该地区的政治格局。特朗普政府如果想要遏制中国在南海的影响力，怂恿该地区国家重新走上与中国对抗的道路，就要在南海地区展示军事力量的绝对优势地位和能够为它们提供军事安全的可靠保证。从这两点来看，特朗普政府下一步将有可能通过向南海地区增派导弹防御力量来扭转当前对美国不利的局面，而其合作对象选择将最有可能是与中国在该地区存在争端的菲律宾和越南，以及想要在南海拓展影响力的日本和印度。因此，中国政府一方面要继续加强与南海国家的友好往来，另一方面要提防它们在对华政策上出现“急转弯”，同时还要警惕其他域外国家插手南海事务。

第四节　美国导弹防御系统的技术变革

特朗普上台后，除了在欧亚地区可能分别采取相应的新导弹防御政策调整之外，美国从技术上还可能对欧亚两个地区的导弹防御系统和武器装备进行技术升级、对目前的导弹防御作战概念进行革新，以及通过发展核打击能力来弥补其在与大国军事较量中导弹攻防力量的不对称，全方位强化其军事威慑能力。

一、加快美军导弹防御作战系统的一体化整合

2017年10月9日，美国诺斯罗普格鲁曼公司宣称美国陆军开发的一体化防空反导（IAMD）作战指控系统（IBCS）顺利完成了第一阶段试验。实验结果显示目前系统性能优良且易于使用，之前试验中发现的软件兼容问题以及硬件可靠性问题都得到圆满解决。在此次试验中，美国防空部队利用一体化防空反导作战指控系统在跨营、连级别的作战行动中指控了哨兵雷达、“爱国者”雷达以及PAC－2、PAC－3和PAC－3MSE 3种型号的反导拦截弹进行了26次仿真防空战役，期间同数百枚战术导弹威胁目标进行了交战。此外，

此次试验同时进行了严格的易用性测试，参与测试的操作人员此前从未使用过该系统，仅在实验前接受了大约一个月的操作训练。但是试验期间这些操作人员表现出色，说明新系统便于使用，人性化程度高。由此可以预见到，目前美国的作战指控系统发展已经到了基本扫清了自身内部和技术障碍的阶段，距离最后研发成功和实战部署仅有一步之遥。

陆军一体化防空反导项目是美国陆军为转型发展而开展的一个重大项目，其中的一个重点项目就是由诺斯罗普格鲁曼公司承包研发的IBCS。该系统将已有的和未来将要发展的防空系统和导弹防御系统整合为一套系统，令美军能够使用一套系统同时完成探测、识别和监视包括飞机、巡航导弹、弹道导弹、火箭、炮兵等在内的空袭威胁目标，在交战中进行火力分发和指挥控制等任务。陆军一体化防空反导系统由传感器、武器、一体化火控网和一体化防空反导作战指控系统组成，其中核心就是作为联系其他组成部分的枢纽IBCS。IBCS可以提供单一空情图并具备指控能力，对能够接入陆军一体化防空反导系统的传感器武器提供控制和管理的能力。IBCS将取代和提高爱国者数据信息链路通信结构，集成目前部署的哨兵对空监视传感器，并改善对导弹的指挥控制。IBCS系统研制成功并投入使用后将取代目前7种遗留的“烟囱式”防空反导指控系统。[①]

奥巴马政府时期，美国审计署和国防部作战试验鉴定局曾经在2016年的相关报告中指出，一体化防空反导作战指控系统中仍然存在着大量的软件问题和可靠性问题。2016年3月至5月进行的陆军一体化防空反导有限用户测试（LUT）结果表明，美军当时的IBCS既不成熟，也不稳定，其中被认定为严重级别的软件问题高达32个之多。软件的极不成熟导致系统运行的可靠性严重不足，相关工作站的运行经常变慢或停止运行，这在实战中是无法令人接受的。然

① “烟囱式”系统（Stovepipe System）是指一种由相互关联的元素紧密结合在一起的集合，其中单个元素无法区分、升级或重构。烟囱式系统会一直维持存在，除非有新的系统能够将其直接完全取代。

而事实证明，美国没有放弃该系统的研发，而是紧锣密鼓地加速对一体化防空反导系统进行优化。诺斯罗普格鲁曼公司仅用了一年的时间就基本上解决了上述存在的诸多问题。

随着特朗普上台后持续为国防项目拨款，未来陆军一体化防空反导项目的发展，特别是一体化防空反导作战指控系统的技术将更为成熟，部署该系统的相应地区的美军导弹防御作战指控能力也将大幅增长。第一，通过将防空和导弹防御的指控系统进行整合可以使美军未来的地区导弹防御力量部署更加灵活机动，进而使部署更小规模的机动导弹防御武器成为可能。这一部署思路也符合美国战略与预算评估中心提出的解决其位于亚太地区的导弹防御部队处于中国导弹覆盖范围而提出的分散化部署思路。[①] 第二，特朗普政府着眼于开放式体系架构技术应用于陆军一体化防空反导系统，不仅能将目前的传感器和武器系统集成到更高级的联合指控系统中，未来还能同美国弹道导弹防御系统实现协同工作。2018 年 8 月 13 日，特朗普签署的《2019 年国防授权法案》为 MDA 增加了 2. 84 亿美元经费，用于加速 PAC－3 和 THAAD 两套末段导弹防御系统的融合协调。第三是未来发展新概念、新技术、新系统的网络化接入作战也将变得异常容易，包括战术无人机载激光反导系统、超高声速制导炮弹拦截系统等，从而不断提升陆军应对各种不断变化的空中威胁目标的能力，甚至是实现颠覆性的发展。2018 年 8 月 21 日，MDA 授予通用电子电磁系统公司一份价值 1. 34 亿美元的国防合同，用于“收割者”无人机（MQ－9）的先进传感器开发、集成和飞行测试，并据此开发其导弹防御能力。[②] 事实上，2016 年已经有两架 MQ－9 型无人机在美日韩“太平洋之龙”导弹防御联合演习中实现了对弹

---

① Mark Gunzinger and Bryan Clark, Winning the Salvo Competition: Rebalancing America's Air and Missile Defenses, CSBA Report, 2016, pp. 11－20.

② Rachel Karas, “MQ－9 Missile Defense Efforts Moving Toward Flight Tests,” Inside Defense, August 23, 2018, https://insidedefense.com/insider/mq－9－missile－defense－efforts－moving－toward－flight－tests.

道导弹目标的跟踪。但是 MQ－9 的作用远不止于此。美国国防部在 2019 年计划拨款 5.635 亿美元，旨在 2023 年前部署拥有激光反导武器的高空长航时无人机。① 从该项技术的应用和资金投入来看，特朗普政府意图通过以无人机替代大型机的方式恢复被奥巴马政府终止的机载激光武器系统（ABL）项目，使美国的导弹防御体系包含助推段拦截能力。

二、着力提升导弹防御体系中的天基预警能力

目前，美国导弹防御系统依托“国防支援计划”（DSP）② 卫星，能够对除两极附近以外地球大部分区域的导弹发射活动进行监视，每隔 8—12 秒就可以对全球某一特定区域进行一次扫描。对于各种类型弹道导弹的预警时间分别为：洲际弹道导弹 25—30 分钟、潜射弹道导弹 10—15 分钟、战术弹道导弹 4 分钟左右。③ 未来“天基红外系统”建设完成后，美国导弹防御系统的早期预警范围将覆盖高纬度地区，而且对来袭导弹发射位置的测定速度将提高 60%，测定精度提高一倍左右，能在导弹发射后 10—20 秒内将预警信息传送至地面分析站。④

2018 年 3 月，特朗普在访问加州圣迭戈海军基地时说：“就像陆地、天空和海洋一样，太空也会是战场；我们现在有空军，今后将拥有‘天军’。”⑤ 6 月 18 日，特朗普宣布美国正式组建太空军，

---

① Daniel Cebul, “Pentagon preparing to test MQ－9 Reaper for missile defense missions,” C4ISR net, August 27, 2018, https://www.c4isrnet.com/air/2018/08/27/pentagon-preparing-to-test-mq-9-reaper-for-missile-defense-missions/.

② 美国于 1970 年 11 月 6 日把第 1 颗“国防支援计划”实用型综合性导弹预警卫星送上太空。目前，“国防支援计划”由 5 颗地球静止轨道卫星组成，其中 3 颗为工作卫星（印度洋、大西洋和太平洋上空各 1 颗），2 颗为备用卫星。每颗卫星能够看到将近半个地球。

③ 方勇：《美国天基导弹预警跟踪系统发展动向》，《国际太空》，2017 年第 8 期，第 36 页。

④ 王虎：《美国天基红外系统研究》，《战术导弹技术》，2018 年第 3 期，第 22 页。

⑤ 吴敏文：《特朗普要建“天军”为什么阻力重重》，《中国青年报》，2018 年 3 月 29 日，第 12 版。

成为继陆军、海军、海军陆战队、海岸警卫队、空军之后的第六支独立武装力量。对于太空军的建立，特朗普提出的目标是让美国在太空中拥有统治地位。目前美军的导弹防御预警主要依赖其全球红外卫星探测网。利用部署在静止轨道上的预警卫星，美军可以在全球范围内快速定位弹道导弹发射情况，并推测导弹的飞行轨迹。特朗普上台后，在天基导弹防御系统建设上明显态度更加积极，但是同样受到奥巴马政府时期经费有限的制约。但是从特朗普呼吁国会结束削减军费，强调美国必须打造最先进军事技术的国防战略风格来看，特朗普相较于奥巴马政府，在接下来一段时间内很有可能顶住财政上的压力启动相关项目并持续注入资金。美国智库战略与预算评估中心的研究报告显示，当前的这些设备包括运行及维护在内的成本约为136亿美元。特朗普政府在2017财年中为两颗备用地区同步轨道卫星额外拨款21.5亿美元，在2018财年预算案中为完成相关项目的采办又额外申请了13亿美元。2018年8月13日，特朗普签署的《2019财年国防授权法案》中为MDA的空间传感器开发项目增加了1.4亿美元拨款。①

美国导弹防御系统在天基预警方面，由附件1可知正在运行的项目为“天基红外系统－高空型”（SBIRS－High），包括3颗地球同步轨道卫星、3颗椭圆大轨道卫星、2颗备用卫星和地面信号接收站。② 根据美国空军的最新计划，2018年上半年，美国将发射并部署第4颗地球同步轨道卫星。③ 2017年11月14日，美国空军空间与

① John S. McCain, National Defense Authorization Act for Fiscal Year 2019, https: //www. congress. gov/bill/115th－congress/house－bill/5515/text.

② 3颗地球同步轨道卫星分别为：2011年发射的USA－230、2013年发射的USA－241和2017年发射的USA－273；3颗椭圆大轨道卫星分别为2006年发射的USA－184、2008年发射的USA－200和2014年发射的USA－259；2颗备用卫星分别为2009年发射的USA－208和USA－209。

③ Justin Ray, “Two U. S. military satellite launches delayed into next year,” Spaceflight Now, November 13, 2017, https: //spaceflightnow. com/2017/08/02/two－u－s－military－satellite－launches－delayed－into－next－year/.

导弹系统中心对外公开了“天基红外系统－后继型”（SBIRS－Follow－on）项目信息征询书，为研发新型导弹防御系统中的卫星预警和地面控制系统征询信息，以增强或取代当前美国在天基预警方面的武器装备。新型SBIRS系统将基于美国空军“太空作战架构”组建，针对所有类型的敌方弹道导弹进行助推段导弹预警，并且将具备抗干扰、防瘫痪或防摧毁的能力，从而能够在高对抗战场环境下具有更强的生存能力。根据该信息征询书，新型的SBIRS系统将由5颗地球同步卫星和两颗极地轨道卫星组成。在新型天基卫星预警系统的组建过程方面，下一代SBIRS将分成两个模块独立交付。模块一为Block 0，包括5颗卫星，由洛克希德·马丁公司负责生产，预计完成交付并实现初始预警能力的时间是2025年，有望通过一系列调试和其他配套系统的交付，并于2029年前最终投入作战应用。模块二为Block 1，包括至少两颗地球同步轨道卫星，与Block 0不同的是，美国空军准备将模块的交付采取开放式行业竞争模式，预计于2020年中期开始建造，2030年实现初始预警能力。在项目信息征询书中，特朗普政府还表示，为了能够最大限度提高美国卫星的战场生存能力，Block 1模块还可能由5颗额外的地球同步轨道卫星和两颗极地轨道卫星组成。①

目前洛克希德·马丁公司正在生产SBIRS系统的第5和第6颗地球同步轨道卫星，并拟定于2021年和2022年将其分别发射入轨，以取代之前发射的第1和第2颗地球同步轨道卫星。② 然而，受限于资金问题，美国空军目前尚未决定如何推进计划部署的第7和第8颗卫星的生产。SBIRS项目在奥巴马政府时期曾经是国防部采办部门面临的最为棘手的项目之一，曾经多次违反“纳恩—麦克迪法案”

① “Air Force to Speed Development of New Satellite Missile Warning System for a Contested Environment,” November 15, 2017, http://www.militaryaerospace.com/space－technology.html.

② Department of Defense, “Contracts for May 25, 2017,” https://www.defense.gov/News/Contracts/Contract－View/Article/1194658/.

规定的成本增长限制。[①] 有美国空军军官指出，美国下一代 SBIRS 系统的设计生产可以依托商业航天工业的技术优势，从而设计出更低成本的天基导弹预警系统，并可能使用更多数量的卫星，从而在遭到敌人的反卫星武器打击后可以及时替换工作卫星，从而使其具备更强的生存能力。美国空军还表示，未来的 SBIRS 系统应该整合更加广泛的作战型太空体系结构。美国国防部官员一直公开表示，希望美国能够采取一种与以往不同的方式采办太空武器系统，以应对中国和俄罗斯的反卫星武器威胁。[②] 但是相关专家认为，允许军用卫星由商业航空公司生产是美国导弹防御系统建设的一个积极转变，但实际部署的时间节点与美国政府宣称的需求紧迫性并不协调。特朗普政府在 SBIRS 系统项目上的态度与小布什大致相同，并且按计划至少要花费 12 年的时间才能完成，因此从长期来看，最终结果很有可能也会像小布什政府时期快速上马的大量高投入反导项目结果一样，即在财政压力下被下一任美国总统抛弃或搁置而不能按原计划实现部署。

三、通过分布式防御理念提高反导能力的灵活性

2018 年版《美国国家军事战略》提出，要将美军的海外部署态势由“大型、集中化和未加固结构向小型化、分布式、拥有较强恢复能力和主动与被动防御系统”的方向转变。[③] 与此同时，美国战略国际研究中心（CSIS）发布了一份名为《分布式防御：一体化防空反导作战新概念》的研究报告提出，“分布式防御”将成为美军今后防空反导的作战理念革新目标。该报告认为，面对日益突出的导

① “纳恩－麦克迪法案”是由国会授权的通知，如果一个项目的成本增加超过25%，它就必须终止，除非国防部长能够证明这一项目无可代替。

② John Keller, “Military Surveys Industry for High - fidelity simulations of enemy missiles to enhance missile defense,” November 21, 2017.

③ Department of Defense, Summary of the 2018 National Defense Strategy of The United States of America: Sharpening the American Military's Competitive Edge, January 2018, p. 6, https://www.defense.gov/Portals/1/Documents/pubs/2018 - National - Defense - Strategy? Summary.pdf.

弹威胁，美国陆军的导弹防御力量极易受到对手大规模导弹打击的压制。中俄等潜在对手已经获得了一些防空反导能力，导弹密集型威胁已经构成了对抗美军的A2AD能力的支柱，加重了美军力量投送的难度。面对复杂威胁，美军应该将“一体化防空反导”（IAMD）升级为“分布式防御”（Distributed Defense），从而创建一支更加灵活、更加分散的防空反导部队，形成一套新的架构，提高防空反导力量的灵活性和弹性。[①]

该报告首先分析了当前美国陆军防空反导系统在作战理念上存在的五大系统性缺陷。一是采取“烟囱式”管理（Stovepipes of Excellence）。即信息必须从一个系统谱系传递到上级梯队，然后再分发到另一系统谱系，妨碍了作战行动的灵活性、及时性，并增加了系统瘫痪的风险。二是对指控节点雷达过度依赖。若对手对传感器和指控节点进行精确打击，就会造成美军防空反导体系整体上丧失战斗力。三是对非弹道导弹威胁重视不足。美国陆军的防空反导力量重点是应对小国的战区弹道导弹威胁，应对反舰巡航导弹能力不足，对联合制空权过度自信，疏于发展近程导弹防御能力。四是反导拦截的成本高而能力低。美国地区导弹防御系统所使用的拦截弹成本不断攀升，造成这种结果的部分原因在于美国陆军过于重视弹道导弹，而许多导弹威胁可能并不需要使用拦截弹进行防御。五是地面雷达覆盖不全面。目前美国陆军反导系统（“爱国者系统”和“萨德系统”）的反导雷达均不具备360度全方位覆盖能力，虽然目前正在研发的“间接火力防护能力发射器”[②] 和“一体化防空反导作战指挥系统”网络旨在填补这些空白，但对空中和更广范围内的

---

① Thomas Karako and Wes Rumbaugh, Disitributed Defense: New Operational Concepts for Integreted Air and Missile Defense, CSIS, January 2018.

② 间接火力防护能力发射器（IFPC）的主要目的是研发一种能够发射不同类型弹药，用以摧毁包括无人机、巡航导弹、反火箭弹、榴弹和迫击炮等在内的陆军野战近程低空反导系统。该计划作为美国陆军增强战场低空防御能力的关键项目备受美国陆军重视。按照设想，间接火力防护能力发射器的火力单元将采用M1157中型战术卡车的多任务发射器（MML）以及改进型AN/MPQ-64F1“哨兵”相控阵雷达。

覆盖范围仍显不足。

基于此，分布式防御作战新理念旨在建立起更加灵活、更具弹性的防空反导架构，从而支持美军力量投送，提高潜在对手的攻击成本和难度。具体来说，新的作战理念提出了以下六个作战目标：一是以网络为中心，使陆军的防空和反导各要素互通互联。具体来说就是要合并、融合、开发和利用一切可用的信息，寻求跨军种融合，使海上和陆地系统共用所有的传感器数据，最终实现陆军所有的防空反导防御资产的互联，提高防空反导防御系统的弹性。二是反导系统各要素要分散部署，并重新定义相应的火力单元。具体来说就是要加强系统元素的分散部署和机动性，针对管理重新定义作战单元和导弹营的灵活性，在不损失能力的情况下更好地分散部署拦截弹、传感器和火控系统。三是通过载荷混合加载实现导弹分层防御。“一体化防空反导作战指控系统”和多任务发射器的组合将为陆军提供历史上最强大的进程防空能力，有效载荷在作战单元内部甚至发射器内部混合装载可能会在今后取代目前的单一功能发射器，为实现分层防御创造更方便的硬件条件支持。四是打造攻防一体的发射器。实现一体化防空反导防御的另一个办法是从防御转向反制空中导弹威胁，即将打击和防御能力同时纳入一个发射单元甚至同一个发射器中，并通过加快处理传感器收集到的地方导弹信息追踪敌方空中导弹威胁的发射位置，在其再次发射之前进行瞄准。五是研发多任务导弹，在拦截器内部携带具有进攻性质和防御性质的效应器，增加攻击模式以及可扩展任务包。六是采取集装箱式发射与欺骗式被动防御。即将发射器放入普通的集装箱，使其发射装置分散部署。其中每个集装箱都能通过无线连接到更大的传感器网络和指控系统，在需要时向海上和陆地部署。而且集装箱式发射器还能通过欺骗手段实现有效的被动防御。

四、优化技术运用以强化对各种齐射打击的防御

冷战结束后的大部分时间里，美国的导弹防御系统的侧重点一

直是通过部署海基和陆基动能拦截武器防御有限的弹道导弹威胁，除了海军以外，没有任何其他单位致力于发展应对巡航导弹等其他形式导弹攻击的新型防御能力。[①] 截至2018年，末段拦截方面，美国陆军下辖15个“爱国者”导弹发射营，总共拥有50台发射车，480个发射器和约1200枚拦截弹；高空末段拦截方面，拥有7台分别部署在关岛和韩国的THAAD发射车，42个发射器和约500枚拦截弹。[②] 但这些防御力量对保护美国在欧洲和亚太地区的基地安全来说还远远不够。2018年美国国会总审计室（GAO）对美国的武器系统进行了年度评估，其中有关欧洲和亚太地区应对导弹齐射攻击的结果如表5—1所示。由该表可知，一旦美国与地区大国开战，对手使用齐射打击的情况下，美国当前的导弹防御能力无法保护相应地区的军事基地安全。对此，美国军事专家认为，美国的地区导弹防御系统已经处在技术变革的“十字路口”。

表5—1　欧洲和亚太地区美军应对导弹齐射打击的防御能力评估[③]

评估项目	欧洲地区	亚太地区
对齐射打击的探测、预警和一体化火控	应对俄罗斯的弹道导弹、巡航导弹和无人飞行器齐射打击能力十分有限（very limited）	应对中国弹道导弹齐射打击的能力有限（limited）；几乎不存在（almost non－existent）应对中国巡航导弹和无人飞行器齐射打击的能力
对齐射打击实施防御的指挥和控制	国防部未设立负责应对战区齐射打击防御指挥和控制一体化系统的机构	
防御弹道导弹	大部分北约的防空和导弹防御系统针对伊朗的弹道导弹威胁	大部分美国的防空和导弹防御系统针对朝鲜的弹道导弹威胁

① Thomas Karako and Wes Rumbaugh, Distributed Defense: New Operational Concepts for Integrated Air and Missile Defense, CSIS Report, January 25, 2018, pp. 12－13.

② International Institute for Strategic Studies, The Military Balance 2018, London: IISS, 2018, p. 49.

③ GAO, Weapon Systems Annual Assessment: Knowledge Gaps Pose Risks to Sustaining Recent Positive Trends, April 2018, pp. 72－73, https://www.gao.gov/assets/700/691473.pdf.

续表

评估项目	欧洲地区	亚太地区
防御巡航导弹	国防部没有为海外基地分配足够的防御资源应对巡航导弹齐射打击	
防御无人飞行器	陆军投资了近程机动防空（M－SHORAD）系统①，作为其旅一级的防御手段	国防部拟研发应对攻击型无人飞行器的技术，但相关项目尚待提出
战区基地防御态势	在应对来自大国的齐射打击，尤其是巡航导弹和无人飞行器方面，防御能力不充分	

2018年10月3日，CSBA发布了一份题为《处在十字路口的防空和导弹防御：以新技术和新概念防御美国海外基地》的研究报告，分析了美军应当如何利用已经成熟和正在成熟的技术为其海外基地提供更加强大且成本效益更好的导弹防御能力，以挫败对手通过齐射式攻击对美军介入地区安全事务形成的A2/AD能力。报告认为，过去美军的导弹防御理念建立在防范诸如朝鲜和伊朗这类打击能力有限的国家的小规模弹道导弹袭击，但是这种理念下构建的导弹防御系统终将随着美国国家安全战略重心向着大国竞争方向转移而受到严峻挑战。② 因为来自俄罗斯这样大国的齐射攻击，不仅会使用弹道导弹，而且会综合使用巡航导弹以及装载弹头的超音速滑翔器（HGV）和无人机等各种武器平台来摧毁美军在海外战区的空军基地、海军港口和其他对美军行动至关重要的设施；一旦对手发动大规模先发制人式打击，美国及其盟友将陷入巨大的安全危机。③

特朗普上台后，美国军方越来越关注其海外基地在应对对手全方位齐射打击下的脆弱性，相关变革理念除了要通过分布式部署增

① 该系统以“斯特赖克”轮式步兵战车为平台，可搭载高能激光炮、“毒刺”防空导弹和“响尾蛇”导弹等作战武器。该系统由波音公司和通用动力公司联合研制。

② Carl Rehberg, Mark Gunzinger, Air and Missile Defense at a Crossroads: New Concepts and Technologies to Defend America's Overseas Bases, CSBA Report, 2018, p. 3.

③ Mark Gunzinger, Bryan Clark, David Johnson, and Jesse Sloman, Force Planning for the Era of Great Power Competition CSBA Report, 2017, pp. 32－35, 70－80.

强导弹防御的灵活性和对手实施齐射打击的成本外，还强调要优化现有反导技术的运用，以降低美军大规模拦截各种形式导弹攻击的成本。对于后者，特朗普政府的思路是将动能与非动能拦截手段相结合，因为前者不是设计来应对诸如 HGVs 等新型齐射威胁的有效防御手段，仅仅增加动能反导装置的采购只会徒增拦截成本。目前 MDA 正在测试在长滞空型 MQ－9 无人机上加装弹道导弹跟踪系统和非雷达型传感器，用以对抗对手专门针对装载雷达跟踪系统的来袭导弹。[①] MDA 还在大力发展无人机载激光武器项目，寻求获取在弹道导弹助推阶段的拦截能力。[②] 美国防部资助的“电抗高能微波高级导弹项目”（CHAMP）目前已经研制出了用于损毁对手武器装备电子装置的高能微波发射器，并在此基础上继续开发其他电磁非动能打击武器系统。[③]

2018 年 4 月 17 日，美国导弹防御局局长萨缪尔·格雷乌斯在参议院国防委员会作证时声明，过去 MDA 不负责发展针对巡航导弹和无人飞行器防御能力的现状将发生转变，今后该机构将加大对包括定向能武器在内的各种“改变游戏规则”的高水平防御技术的研发，以应对诸如超音速滑翔器和巡航导弹类的威胁。[④] 按照美军的最新构想，结合最新的导弹预警跟踪和非动能拦截技术，今后美军海外基地在应对齐射打击时将通过外部（outer）和内部（inner）两个阶段分别实施防御作战。

---

① Rachel Karas, “MQ－9 Missile Defense Efforts Moving Toward Flight Tests,” Inside Defense, August 23, 2018, https：//insidedefense. com/insider/mq－9－missile－defense－efforts－moving－toward－flight－tests——

② Katherine Owens, “New Drone Laser Weapon Could Stop Enemy Missiles in Boost Phase,” Defense Systems, June 19, 2017, https：//defensesystems. com/articles/2017/06/19/mda－pentagon－lasers. aspx.

③ Office of Naval Research（ONR）, Naval Air Warfare and Weapons 2017, https：//www. onr. navy. mil/en/Science－Technology/Departments/Code－35.

④ Lieutenant General Samuel Greaves, statement before Senate Appropriations Committee Subcommittee on Defense, April 17, 2018, pp. 3－4, https：//www. appropriations. senate. gov/imo/media/doc/041118%20－%20FY19%20MDA%20Greaves%20Testimony1. pdf.

外部阶段的防御作战主要目标是降低袭击美军基地的齐射导弹数量。这一阶段的早期预警将由天基预警系统、无人机预警系统以及人工驾驶的载有主动和被动传感器的飞机构成。按照 MDA 目前正在运行的“空中识别预警技术项目”的构想，一个融合了空中、空间、海上、陆基多平台预警信息的战斗管理系统将拥有更远的探测距离，从而在敌方弹道导弹或攻击机飞抵预定武器发射位置前为分布式部署的导弹防御拦截装置提供及时的来袭导弹预警情报。[①] 早期预警系统将与美海军海上火控/防空一体化系统（NIFC－CA）通过安全的数据链（datalinks）相连接，使预警信息能够快速传递至美军基地遂行外部和内部导弹防御作战任务的所有传感器和拦截器。NIFC－CA 系统的预警装置包括海军“宙斯盾”系统、E－2D 预警机以及其他空基和海基预警平台。在拦截阶段，搭载了“增程型空射动能拦截弹”的人工或无人驾驶飞机将构成拦截齐射导弹的第一层主动防御。依据 MDA 的构想，足够远的射程、足够快的速度以及足够精确的制导将赋予“增程型空射动能拦截弹”在来袭弹道导弹助推阶段实施拦截的能力以及拦截 HGVs 和再入式飞行器（reentry vehicles）的能力。此外，“增程型空射动能拦截弹”还将打击对手的轰炸机，使其来不及投放武器，对其他高价值空中目标，如遂行战斗管理、指挥、控制和通信（BMC3）的飞机、空中加油机实施干扰或消灭。按照设想，第一层拦截将缩小对手齐射导弹的规模，从而使后续防御系统拥有更加充足的拦截能力。外部防御作战的拦截装置还包括 THAAD 系统和搭载了固态激光（SSL）武器的无人机，前者用于拦截弹道导弹，后者用于拦截易于被激光摧毁的巡航导弹。

相较于外部防御作战，内部防御作战的系统更加复杂，但拦截能力更强。在预警和火控方面，内部防御作战系统需要一个能够

---

① Rachel Karas,“MQ－9 Missile Defense Efforts Moving Toward Flight Tests,”Inside Defense, August 23, 2018, https://insidedefense.com/insider/mq－9－missile－defense－efforts－moving－toward－flight－tests.

探测多种齐射威胁并与各武器平台实时共享情报的预警和通信网络。该网络包括美国防部现存和计划发展的天基传感器、空中传感器、远程陆基雷达和火控雷达。此外，内部和外部防御作战系统还应当通过 BMC3 系统互联，从而使内部与外部防御作战实现无缝链接。在拦截方面，内部作战将主要由搭载高能激光武器的无人机、搭载“多级增程型拦截弹”的无人/有人战斗机、陆基高能微波武器、陆基固态激光武器、中短程制导动能防御武器等众多新式武器平台协力完成。其中，搭载激光武器的无人机的激光能量为 150 千瓦，可以利用高度优势和动态抵近部署优势，灵活、迅速地击毁对手齐射攻击中使用的无人飞行器、巡航导弹和空射精确制导导弹。“多级增程型拦截弹”将使美军的拦截作战飞机不必在远离基地的地方部署，从而节省回程时间，使更多战机在空中作战。陆基高能微波武器的原理主要利用电磁波的能量干扰或损毁对手导弹的传感器和导航系统等电子设备。与动能或激光拦截武器不同，一台微波武器可以同时打击多个目标，但劣势是可能会对己方武器造成连带损伤。陆基固态激光武器的激光能量将达到 300 千瓦，相较于其他陆基动能拦截装置部署更加灵活、成本更加低廉、打击目标类型更加多样。[①] 由“帕拉丁”和其他火炮发射的超高速炮弹构成的中短程制导动能防御武器系统也可以用于导弹齐射防御作战之中。将这些价格相对低廉的动能炮弹作为拦截弹大规模使用，可以使美军获得成本优势。

---

① 按照美国国防部的设想，陆基固态激光武器可以拦截无人飞行器、制导火箭、自行火炮、迫击炮弹和导弹（G－RAMM）等精确武器的弹药。

第六章　结语

2001 年 12 月，小布什宣布美国退出《反导条约》，为美国的地区导弹防御系统发展扫除了最大的障碍。其在位期间通过启动大量反导技术研发项目和加快导弹防御系统部署，使导弹防御政策真正成为美国国家安全战略不可分割的核心内容。小布什执政期间，一方面从政策和技术上为美国地区导弹防御系统发展打下了坚实的基础，为奥巴马推行本届政府的地区导弹防御政策创造了相对良好的条件；另一方面又由于小布什总统的欧洲地区导弹防御系统部署过于强硬以及过多的反导技术研发项目，使美国背负了沉重的经费负担，使奥巴马不得不在上台之初就对小布什的地区导弹防御政策进行调整。2010 年 2 月，奥巴马政府公布了冷战后第一份专门针对美国反导系统的《弹道导弹防御评估报告》。报告指出，美国当前面临导弹威胁的重点是来自朝鲜和伊朗等"修正主义国家"和恐怖组织的地区导弹。对此，报告提出了以"分阶段适应性"和"成本效益"为核心的美国地区导弹防御政策调整原则。在新的原则指导下，奥巴马关停了多个不符合成本效益原则的研究项目，终止了小布什提出的欧洲"第三地计划"并提出了新一届政府未来十年的欧洲地区导弹防御系统部署计划。但是，这份报告并未对亚太地区的导弹防御系统部署计划给出明确安排，为奥巴马在随后执政期间采取差异化的地区导弹防御政策埋下伏笔。

通过梳理和比较奥巴马执政八年间对欧亚地区的导弹防御系统部署的安排可知，其政策调整的地区差异性主要体现在以下四个方面：一是从装备类别上看，奥巴马在欧洲部署的导弹防御系统只具备战术反导能力，而其在亚太地区部署的导弹防御系统却兼顾战术和战略反导能力；二是从地理位置上看，奥巴马在欧洲地区的导弹防御系统部署向远离俄罗斯的方向后撤，而其在亚太地区的导弹防御系统部署却向靠近中国的方向抵近；三是从部署节奏上看，奥巴马有意放缓在欧洲地区的导弹防御系统部署，但提高了在亚太地区的部署速度；四是从政策灵活性上看，奥巴马在欧洲地区的导弹防御系统建设方案会受北约和俄罗斯的态度影响进行调整，但在亚太地区却不顾及盟国和中国的感受，表现出明显的单边主义倾向。

经比较研究可知，奥巴马在欧亚地区导弹防御政策中之所以表现出较为明显的差异性，主要受美国政府对两个地区的战略评估和战略安排的差异性影响。在奥巴马政府看来，首先，无论从威胁能力还是威胁意图上看，亚太地区的导弹威胁均大于欧洲地区的导弹威胁；其次，无论从危机稳定性还是军备竞赛稳定性上看，亚太地区的战略稳定性均低于欧洲地区的战略稳定性；最后，“亚太再平衡”要求美国政府在能力有限的情况下将更多的战略资源，包括导弹防御武器在内的军事资源向亚太地区倾斜，从而更好地适应地缘战略重心转移和延伸威慑战略安排。基于以上原因，奥巴马政府在调整欧亚地区导弹防御系统部署的过程中采取了不同的标准和态度，从而表现出政策的地区差异性。

奥巴马在欧洲和亚太地区执行的导弹防御政策，分别对美国与这两个地区的国家关系造成了不同的影响。其一，从美国与地区大国的关系层面看，俄美关系受奥巴马政府调整欧洲地区导弹防御政策的影响逐渐缓和，尽管后来受乌克兰危机冲击，缓和进程中断，但两国矛盾始终维持在可控的范围；然而中美关系却受奥巴马政府调整亚太地区导弹防御政策的影响加速恶化，不仅中美之间的战略互疑和安全困境加剧，中国与周边国家的关系也因美国向附近地区部署反导系统而加深政治分歧。其二，从美国与地区核扩散国的关系层面看，奥巴马在欧洲地区部署针对伊朗的导弹防御系统几乎未对美伊关系造成消极影响，两国关系伴随着“伊核”问题的逐步解决得到了明显改善；但是奥巴马向亚太地区部署针对朝鲜的导弹防御系统却空前加剧了半岛危机，美朝军事对峙的次数愈加频繁，性质越发危险。其三，从美国与地区盟国的关系层面看，以 EPAA 计划的出台和执行为契机，美国与欧洲盟国的关系得到明显改善和强化。一方面，北约内部在过去存在分歧的欧洲防务问题上逐渐达成共识；另一方面，美国的中东政策开始得到欧洲盟国的实质性配合。奥巴马对亚太地区导弹防御政策的调整不仅改善了同盟关系，而且为同盟转型创造了条件。通过以合作为主的方式强化亚太地区导弹防御能力，美国在提高本地区延伸威慑可靠性的同时解决了责任分担问题，既提高了盟国的安全感又减轻了经济压力。在同盟转型方面，一是亚太同盟的军事一体化进程明显加快；二是盟国获得了更大的军事自主性；三是亚太联盟的模式呈现由双边向多边转化的趋势。

尽管特朗普已经取代奥巴马成为美国新一任总统，但是美国的欧亚地区导弹防御政策并不会完全改变，而是进入“后奥巴马时代”，即一个同时具有奥巴马和特朗普两位美国总统军事战略特点的时代，但以奥巴马政府时期反导政策特点为主的过渡时期。在欧洲，EPAA 的部署进程可能继续放缓，但原来被取消的 SM－3 Block IIB 项目和被终止的美俄反导合作谈判有可能重启。在亚太，特朗普将把处在中国短程和中程弹道导弹打击范围内的美属反导部队逐渐向靠近本土的第二和第三岛链回撤，并通过支持亚太盟国发展本国弹道导弹防御系统建设的方式填补由此造成的空缺和强化对华反导包围与遏制。

无论是奥巴马政府还是特朗普政府，美国在亚太地区部署的导弹防御系统的本质都是以防范朝鲜之名，谋遏制中国之实。自小布什退出《反导条约》开始，美国经过 16 年的技术研发和海外部署，终于打造出了一体化分层导弹防御系统，基本完成了当年里根政府“星球大战计划”未竟的事业。然而，正如当年冷战时期战略学家所担心的那样，导弹防御系统会降低战略稳定性，加剧大国间的安全困境和军备竞赛。这一点在当前亚太地区中美之间的遏制与反遏制博弈中得到了充分证实。从目前特朗普的亚太军事战略态度上看，美国未来对中国的反导围堵只会强化不会放松。因此，如何应对和化解这一战略困境成为中国政府面对的一项紧要战略课题。

附　件

附件1　2010年版《美国弹道导弹防御评估报告》摘要

使美国免遭弹道导弹的攻击在我国国家安全领域占据着优先地位。弹道导弹对我国海外驻军、盟友和伙伴的威胁正在迅速地增长。这些威胁对我国将力量投射到海外、阻止未来的冲突和在威慑失败后抢占优势地位产生了巨大的影响。同时，美国防御此类威胁的能力也在迅速增长。美国近年的研发活动已经使我们拥有了一些新能力，为未来取得突破奠定了基础。我曾指出，应优先考虑发展导弹防御计划、项目和能力，应对近期的地区性威胁。我认为，我国应继续维持和加强防止本土遭到小规模远程弹道导弹攻击的能力。这个战略要求我们对面临的威胁、国防开支分配和提高项目管理能力进行细心的分析。本次评估是由总统和国会直接领导的，也是我仍将集中努力推动弹道导弹防御计划的真实写照。如果这些计划在未来几年能够得到顺利实施，它们将大大地增强美国及其盟友的国家安全，同时也会加强国际社会的稳定。

——罗伯特·盖茨

2009年3月－2010年1月，美国国防部进行了首次弹道导弹防御评估。此次评估由国会授权和总统直接指导，对美国的弹道导弹防御政策、战略、计划和项目进行了综合性的评估。它由负责军购、技术与后勤的国防部副部长和参谋长联席会议的副主席共同完成，还有来自国务院、国土安全部、情报机构、国家安全局以及管理和预算办公室等机构的人员。

一、弹道导弹的威胁

弹道导弹威胁在质和量上都在增长，而且在未来10年还会有不断加剧的趋势。当前的全球趋势表明，弹道导弹系统正变得越来越灵活，无论是在机动性、生存能力、可靠性、精度和射程上都有了极大的提高。有些国家正在加强弹道导弹发射前的保护工作和提高它穿透导弹防御网的能力。有的国家还发展弹道导弹携带的核弹头和生化弹头。这些能力是在冲突中获取军事优势的重要资源。而且这些能力在相对和平的时期也能发挥同等的效用，比如运用这些能力来胁迫其他国家。像朝鲜和伊朗这样的地区国家仍在发展足以威胁美国的弹道导弹。虽然他们研发的洲际弹道导弹将在何时、何地威胁到美国的安全仍不得而知，但它的确能带来某种地区性威胁。这些威胁十分明显，而且已经存在。由短程、中程、中远程弹道导弹给美国海外驻军和与之维持安全合作关系的国家造成的威胁，正在以极快的速度增长。

二、战略和政策框架

根据总统提出的方针，本次评估将优先考虑以下领域的政策：

1. 美国仍将防御针对本土的有限弹道导弹攻击。

2. 美国将防御威胁美军的地区导弹威胁，保护它的盟友与合作伙伴，并让它们拥有自卫能力。

3. 在新能力部署以前，相关单位必须进行测试，为根据实战条件作出评估奠定基础。

4. 新能力的使用在财政上有长期适用的可能。

5. 为了适应威胁的变化，美国的弹道导弹防御能力必须非常灵活。

6. 美国应在导弹防御的国际努力中起领导作用。

三、本土防御

美国当前能防御有限的洲际弹道导弹攻击。这是过去十年美国政府以地基中段反导系统为基础的投资所带来的回报。由于美国持续改进地基中段反导系统和当前拥有的陆基拦截导弹的数量相对于朝鲜和伊朗的远程弹道导弹能力具有一定的优势，所以在可以预见的未来有能力应对这两个国家的导弹威胁。

因为未来洲际弹道导弹威胁以及这些威胁发展成熟几率的不确定性，美国维持导弹防御方面的优势地位非常重要，但这就要求它加快发展弹道导弹防御的研发速度或在近几年内承担更大的风险。与之相反，美国将从 2010 财年的预算开始重新将重点放在本土弹道导弹防御计划上，保持拥有 30 枚陆基拦截导弹的能力，并在威胁出现时进一步增强本土防御能力。为了达到这个目标，美国必须：

- 维持战备能力和继续提高当前在福特·格雷利、阿拉斯加、范登堡空军基地和加利福尼亚等地的反导能力。
- 完成在福特·格雷利修建 14 个发射井的工作，为在必要时部署拦截导弹做好准备。
- 在欧洲部署新的传感器以增强应对伊朗或中东地区其他潜在对手用弹道导弹攻击美国的能力。
- 在洲际弹道导弹威胁凸显时，为“标准”-3 防空导弹部署于陆地提供资金支持。
- 增加对传感器和初期拦截杀伤系统的投入，完备导弹防御的反制措施。
- 增加一定数量的地基拦截导弹系统，发展下一代导弹防御能力，推进其他对冲战略，继续发展和评估使用两级发动机的地基拦截导弹。

四、应对地区威胁

过去10年，美国在防御短程和中程弹道导弹方面取得了重大进步，其中包括："爱国者"点防御防空系统、专门用于探测和跟踪弹道导弹的AN/TPY-2型X波段雷达、用于区域防空的终端高空区域防空系统、天基传感器以及诸如"标准"-3 BLOCK IA那样的海上拦截导弹。

但是，现存能力在数量上只能有限应对不断扩大的地区性威胁。因此，在2010财年的预算中以及2011财年-2015财年的预算构想中，国防部在部署现有可用技术的同时，还必须发展"标准"-3陆基拦截导弹系统和空基红外传感器等系统，为使用无人飞行器同步发现和跟踪弹道导弹奠定基础。在长期规划中，也就是在2015年—2020年的预算构想中，国防部必须发展出能力更强的"标准"-3陆基拦截导弹，并使传感器具备探测和跟踪大规模导弹袭击的能力。

五、从地区的角度整合能力

指导弹道导弹防御在地区防务与威慑中的使用的两个原则：

1. 美国将与盟友和合作伙伴一道巩固地区威慑结构，这就必须建立在强有力的合作关系与适当责任共担的基础之上。

2. 美国将寻求一种应对威胁的阶段性解决方案，使每个地区运用的导弹防御战略都能适应当地的独特情况。

这两个原则的应用将建立在地区的基础之上。美国国防部将依靠全球力量管理进程来帮助分配导弹防御力量。在欧洲地区，美国政府已经在2009年9月公布了欧洲阶段性适应方案，这个方案是国防部长、参谋长联席会议联合向总统推荐的，他们一致认为应当调整欧洲的导弹防御部署。

六、加强国际合作

另一个关键目标就是引导导弹防御努力和合作的不断扩大。美国应当为发展、采购、部署和阻止地区对手使用弹道导弹、消除敌国对弹道导弹效用的自信创造环境。为了达到这个目标，美国必须寻求广泛的国际合作。

加强与盟友和伙伴合作的目的在于发展和部署健全、实用和消费比高的导弹防御能力，其目的应处于优先考虑的地位。在欧洲，美国政府已经开始在北约的框架下实施欧洲阶段性适应方案。在东亚，美国试图通过一系列双边关系改善自身在地区范围内的导弹防御态势。另外，美国还希望与中东地区的伙伴加强导弹防御领域的合作关系。

政府还鼓励中国和俄罗斯参与导弹防御合作。对于俄罗斯，美国希望就通报导弹发射初期信息、在允许的范围内进行技术合作甚至在作战协同上与之建立一种广泛的日程。对于中国，政府希望就美中两国关心的战略性问题展开更深层次的对话，其中就包括弹道导弹防御的问题。正如所追求的对话本身一样，政府将拒绝讨论任何限制美国弹道导弹防御计划的议题。

七、管理导弹防御计划

政府部署的导弹防御能力已经经过严格的测试和评估，并从经济上来看也具有长期的可行性。为了改进测试计划，政府现在已经采取了一些措施。在国会的请求之下，导弹防御局与作战测试和评估部门建立了紧密的伙伴关系，并于 2009 年 6 月宣布了导弹防御测试的新方案。这一计划贯穿于导弹防御每一个子系统的测试活动，它不仅仅是未来两年的短期规划，更与过去的计划有着巨大的区别。这些活动包括一系列地面测试和飞行测试，被用于证实导弹防御系统的作战性能与测试模拟系统和为评估系统的效用提供支持。新的专业计划将每年进行两次评估。这个新方法将在 1 年后正式生效(2010 年 6 月)，届时我们还会做一些必要的调整。

为了确保对导弹防御计划的严格监督，国防部已经加强了导弹防御管理委员会（MDEB）的职责。导弹防御管理委员会成立于

2007年3月，它通过协作的模式对国防部内部或外部与导弹防御有关机构进行监督。委员会制定要求的工作由作战人员管理程序来完成，该程序由战略司令部领导。导弹防御管理委员会还负责监督弹道导弹防御系统生命周期管理过程，这一过程是用来为国防部提出要求、分配资源和控制预算的。

在经过仔细研究之后，国防部得出的结论是，让导弹防御局参与联合能力整合发展过程（JCIDS）和本次国防部上报的5000个采购案中并没有什么好处。但是，它对项目管理的进一步创新则裨益颇多，所以国防部也希望增设隶属于导弹防御局/军种的混合型项目办公室。

附件2　2019年版美国《导弹防御评估报告》摘要

在过去半个世纪中，美国的武装部队为国际社会稳定和全球繁荣做出了重大贡献。虽然这一作用的代价和负担是微不足道的，但对我们自己以及与我们有共同价值观念和理想的所有人来说，在和平与繁荣方面的好处是巨大的。然而我们必须提醒自己，我们的技术优势可能稍纵即逝。军事优势不是我们与生俱来的权利，它是勤奋、创造力和持续投资的产物。我们必须以同样的努力和智慧，把作为和平与繁荣基石的相对安全和军事优势传递给后人。

2018年版《美国国防战略》指出，美国国防部的持久使命是提供足以遏制战争和保护国家安全所需的战斗力的军事力量。这份2019年版《导弹防御评估报告》与2018年版《美国国防战略》保持了完全一致。为支持总统在2017年版《美国国家安全战略》中明确的国家利益，依据公共法规进行落实。2019年版《导弹防御评估报告》为国防部加强本土防御和联合部队部署提供了指导方针。它提出的政策、战略和能力将指导国防部未来十年的导弹防御倡议和计划，从而加强对美国人民的保护，捍卫我们的主权，并履行我们对盟友和伙伴的国际义务与承诺。我们必须预见到对手导弹进攻能力的发展，从而开发和部署适应这个时代的导弹防御能力。

正如2018年版《美国国防战略》所指出的，加强我们联合部队的竞争优势是必要的，即要使我们的部队在面对不断发展的导弹威胁时能够进行部署和运用。这需要创造性的思维和更加迫切的行动。我们要提出创新的解决方案，以扩大竞争空间，并为未来的对手制造脆弱性窗口和困境。面对日益激烈的竞争，我们必须积极开展工作以更好地保护国家，增强威慑力，从而适应这个时代的需要。我们需要制度化的方法以适当的速度生产具有更强负担能力的杀伤武器。鉴于进攻性导弹技术的不断扩散和竞争日益激烈的战略环境的动态性，针对美国导弹防御的这些指导方针在今天显得尤为重要。

2018 年版《美国国防战略》的逻辑很简单，即建设一支更具杀伤力和更具灵活性的联合部队，以及使盟友和伙伴国拥有更先进的能力和系统。这些系统可以与我们的系统进行互操作，以维护最有利于和平与繁荣的国际秩序。国防战略强调了当今武装部队的战备状态和未来能力发展的重点。导弹防御在我们的投资计划中被给予高度优先地位，因为我们对战略环境的严密诊断，以及对潜在对手正在出现的和计划中进攻性导弹发展的详细情报预测都清楚地表明了这样做的必要性。对手正在试图利用进攻性导弹威胁我们和我们的盟国与伙伴国，并正在向他们的军火库中添加新的导弹。

例如在过去几年中，朝鲜迅速推进并补充了其洲际弹道导弹计划；伊朗扩大了其弹道导弹系统的射程，并可能寻求部署一种战役性洲际弹道导弹。尽管俄罗斯和中国构成了不同的挑战，并且在许多方面也各有不同，但两国都在加强现有的进攻性导弹系统，开发先进的海射、空射巡航导弹以及高超音速能力。鉴于进攻性导弹的扩散以及高超音速武器技术的出现，对地区平衡以及我们的主要盟国和伙伴国构成了明显威胁，导弹防御是我们战略的关键组成部分。我们的导弹防御系统是我们遏制“无赖国家”对美国发动导弹攻击以及为我们的盟国安全做出明确贡献的基石。这些导弹防御系统必须是精干的、准备充分的和适应时代需求的。

2019 年版《导弹防御评估报告》提出了一种全面和分层的方法，通过将威慑、主动和被动导弹防御以及先行摧毁进攻性导弹的攻击行动相结合，从而阻止和击败敌方导弹的攻击。这种全面的导弹防御方案可以加强我们保护美国本土、美国海外部队、盟国和伙伴的能力；遏制敌对威胁和攻击的能力；向盟国和伙伴国做出安全保证的能力；通过实力优势开展外交活动的能力；对冲未来风险的能力；保持我们为维护自身利益而自由实施地区军事行动的能力。

更新我们导弹防御系统优势所需变革的规模和紧迫性不应被低估。为了保护美国人民，并确保我们与盟友和伙伴国共同部署的前沿部队的安全，我们将在这一领域加倍努力。如果不这样做，将会削弱我们的威慑力、损害我们的信誉，并将影响力拱手让给竞争对手，而这些对手会试图去利用我们与盟国和伙伴国之间的能力差距。这在我的任内不会发生。我们的研发和采购机构以及联合参谋部各军种都将共同努力，确保成功。我完全相信我们军队的优秀军人有能力保护我们的安全，将我们享有的自由完整地传递给下一代。

——帕特里克·沙纳罕[①]

一、绪论

2017年版《美国国家安全战略》指出："我们的根本责任是保护美国人民、国土和美国的生活方式"。导弹防御是美国国家安全和国防战略的一个必要组成部分。它有助于遏制敌人的侵略，有助于对盟友和伙伴做出保证。它还加强了美国的外交，以限制毁伤，保护美国不受导弹袭击。如果威慑失败还可以支持美国的军事行动，防范未来的不确定性和敌对侵略。

---

① 2018年12月23日，美国总统特朗普在推特上表示将任命国防部副部长帕特里克·沙纳罕接替即将离任的詹姆斯·马蒂斯担任代理国防部长（1月1日正式任命）。马蒂斯原定于2019年2月底离任，特朗普的宣布比原计划提前了2个月。该报告出台时，沙纳罕已担任代理国防部长，所以由其宣读序言。

2019年版《导弹防御评估报告》与2017年版《美国国家安全战略》和2018年版《核态势评估报告》保持了一致。它描述了指导国防部导弹防御计划的政策、战略和能力，以应对“无赖国家”和“修正主义大国”对我们、我们的盟友和伙伴构成的日益扩大的导弹威胁，包括弹道导弹、巡航导弹和高超音速飞行器。本报告认识到并强调了自2010年版《弹道导弹防御评估报告》以来安全环境发生的重要变化，以及未来威胁环境相当大的不确定性。

2019年版《导弹防御评估报告》建立在威胁环境比过去几年更加危险的认知基础之上，需要美国做出努力以提升现有的国土和地区导弹防御能力。这项努力将包括一项强有力的科学技术研究项目，以及对具有潜力的创新概念和先进技术的探索，从而为美国应对日益扩大的导弹威胁提供更具成本效益的防御能力。

2019年版《导弹防御评估报告》还强调，导弹威胁环境现在要求针对“无赖国家”和地区导弹威胁采取全面的导弹防御方法。这种方法集成了进攻性和防御性威慑能力，包括发射后在各个飞行阶段拦截导弹的主动防御、化解导弹攻击效应的被动防御、冲突期间先敌压制的攻击行动。

二、发展变化中的威胁环境

2018年版《美国国防战略》强调，当今的安全环境“比我们最近记忆中所经历的任何情况都更加复杂和不稳定”。潜在对手正在对他们的导弹能力进行大量投资。它们正在同时向三个不同方向扩大其导弹能力：增强其现有导弹系统的能力；在其武器库中增加新的和前所未有的导弹能力；将进攻性导弹更加彻底地融入他们的胁迫性威胁、军事演习和战争计划中。

新型弹道导弹的特点有：多目标重返大气层飞行器（MIRV）和可变轨重返大气层飞行器（MaRV），以及诱饵和干扰装置。俄罗斯和中国正在开发先进的巡航导弹和高超音速导弹能力，飞行速度超乎寻常，飞行路径难以预测，对现有的防御系统提出了挑战。这些都是美国导弹防御政策、战略和能力必须应对的新兴导弹威胁环境的现实挑战。

（一）对美国本土的当前和新兴导弹威胁

朝鲜。虽然目前与朝鲜之间存在着一条可能的新和平途径，但它仍然构成巨大的威胁，美国必须保持警惕。过去，朝鲜经常对美国及其盟友发出明确的核导弹威胁，同时一直在积极努力部署能打击美国本土的核武装弹道导弹。在过去的十年里，朝鲜在其核和弹道导弹项目上投入了大量资源，并进行了广泛的核和导弹测试，以实现用导弹攻击威胁美国本土的能力。因此，朝鲜已经接近了这个目标。

伊朗。伊朗将美国在中东的影响力视为其成为地区主导力量的首要障碍。伊朗主要的威胁和武力投送工具之一是其弹道导弹武器库，其特点是数量不断增加，以及精度、射程和杀伤力的增加。伊朗拥有中东地区最大的弹道导弹部队，并继续发展能够威胁美国的洲际导弹技术。伊朗与美国进行战略对抗的欲望可能会推动其列装洲际弹道导弹，而其太空计划的进展可能会缩短列装洲际弹道导弹的时间。

俄罗斯。俄罗斯认为美国和北约是其当代修正主义地缘政治野心的主要威胁，它定期举行演习，内容包括对美国本土进行模拟核打击。俄罗斯的战略和理论强调核武器的胁迫使用和潜在的军事用途，特别是包括核武装的进攻性导弹，它已经在寻求通过全面现代化其战略和战区导弹武器库来实现这一战略。根据 2010 年版《削减战略武器条约》，俄罗斯总共获准部署 700 枚洲际弹道导弹、海基弹道导弹和重型轰炸机，以及 1550 枚战略核弹头。俄罗斯领导人还声称其拥有一种新型导弹——高超音速滑翔飞行器，其机动速度通常超过 5 马赫，可在大气层内或上方飞行。

虽然美国依靠威慑力量来防范俄罗斯等国对美国本土构成的大规模和技术复杂的洲际弹道导弹威胁，但美国的主动导弹防御能力能够[illegible]必须超过现有和潜在的“无赖国家”的导弹进攻能力。为此，美国要追求先进的导弹防御概念和技术用于国土防御。

（二）对美国海外部队、盟友和伙伴的导弹威胁

潜在的对手也在列装越来越多样化、扩张性和现代化的地区进攻性导弹系统，这些系统可以威胁到美国在海外的部队、盟国和伙伴国。这些系统包括多种类型的短程、中程和中远程导弹，目的是在区域危机或冲突中提供胁迫性政治和军事优势。扩大和现代化美国的地区导弹防御系统是应对这些地区对手进攻性导弹系统方面进步的必要条件。

朝鲜。在过去十年中，朝鲜加快了部署导弹的努力，这些导弹能够威胁到部署在该地区的美国军队、盟友和伙伴。自 2015 年以来，朝鲜从其境内多个地点试射了 20 多枚区域导弹，它已经部署了更多的区域导弹，并使其本已庞大的区域导弹部队多样化，其中包括拥有公路机动和潜艇发射平台的投送系统。朝鲜各种射程的进攻性导弹系统使其有能力打击美国的领土，其中包括关岛、美国海外部队和太平洋盟国。它们是朝鲜用来发出威胁性和先发制人核威胁的工具，一旦亚洲发生冲突，就可能使用这些核武器。

伊朗。伊朗继续发展更先进的导弹，其精度、射程和杀伤力都有所提高。它列装了一系列越来越精确的短程和中程弹道导弹系统，能够威胁部署的美军、盟友和合作伙伴。伊朗的中程弹道导弹系统可以威胁从东欧到南亚的目标，并且伊朗已经把导弹系统转让给恐怖组织，恐怖组织反过来又用伊朗提供的导弹对付美国的中东盟国和伙伴国。它们还试射了一种具有反舰能力的短程弹道导弹，可以威胁到阿拉伯湾和霍尔木兹海峡的美国及其盟国海军舰艇，并且伊朗还展示了一种声称其射程为 2000 千米的陆基攻击性巡航导弹。

俄罗斯。莫斯科正在列装越来越先进、射程越来越多样化的具有核能力的区域进攻性导弹系统，其中包括具有高度、速度、推进类型和射程等前所未有特点的导弹。这些导弹系统是俄罗斯对美国盟友和伙伴胁迫性武力升级战略和核威胁的关键推动者。俄罗斯正在开发新一代先进的区域弹道导弹和巡航导弹，为其反介入/区域拒

止战略提供支撑，从而在地区危机或冲突中挫败美国及其盟国的意志和能力。自2015年以来，俄罗斯已经多次对叙利亚进行远程精确打击，展示了其先进的巡航导弹能力，并已经列装了一种地面发射的中程巡航导弹，即SSC－8，这违反了《中程核力量条约》。

（三）潜在对手的导弹防御和反卫星武器发展

尽管经常批评美国及其盟国开发和部署导弹防御系统，但潜在对手长期以来一直在他们自己的导弹防御系统上进行大量的投资。俄罗斯等国还在发展反卫星能力，这可能威胁到美国的天基资产。

例如俄罗斯维持并现代化了部署在莫斯科周围的远程战略导弹防御系统，包括68套核武装拦截器，并在俄罗斯全境部署了多种类型的近程移动导弹防御系统。此外，俄罗斯正在开发一种不同的地面发射和定向反卫星能力，并继续发射实验卫星，进行复杂在轨活动，以提高俄罗斯的反太空能力。

朝鲜已经获得了俄罗斯的导弹防御技术，并正在发展自己的移动导弹防御能力，特别是移动式防空和导弹防御系统。虽然是国产的，但其拦截器和雷达系统与俄罗斯的有相似之处。

俄罗斯在伊朗发展移动防空和导弹防御能力方面发挥了重要作用。2016年，俄罗斯向伊朗交付了16套S－300运载火箭，每套搭载4枚拦截导弹。伊朗还在发展自己的导弹防御系统“巴伐尔373”，以提供额外的导弹防御能力。

三、作用、政策和战略

（一）导弹防御的作用

导弹防御的不同作用提升了2017年版《美国国家安全战略》、2018年版《美国国防战略》和2018年版《核态势评估报告》所阐述的国家战略和目标：

保护美国本土、海外部队、盟友和伙伴。如果潜在对手误判和威慑失败，导弹防御就可以限制敌方导弹弹头打击其目标的数量。

这对于捍卫美国的领土完整、挽救生命、限制对关键基础设施的破坏以及在区域冲突中取得行动成功至关重要。今天美国的导弹防御为防范朝鲜或伊朗可能对美国本土发动的弹道导弹袭击提供了重要的保护并将在必要时避免“无赖国家”的导弹威胁。

威慑对美国、盟友和伙伴的攻击。导弹防御系统直接助力美国针对地区导弹威胁而制定的威慑战略，以及针对美国本土的“无赖国家”洲际弹道导弹威胁而制定的威慑战略。导弹防御可以削弱潜在对手对其通过导弹威胁或攻击实现其政治或军事目标的能力或信心。对手对其攻击计划有效性的不确定，再加上美国对侵略作出有效反应的前景，为压制企图进行导弹攻击的对手提供了强大的动力。通过这种方式影响敌人的决策预算，导弹防御就可以降低导弹作为胁迫和侵略工具的感知价值，从而有助于威慑。导弹防御也为美国领导人在考虑应对侵略的选择时提供了额外的时间和选项，从而有助于提升美国应对和解决危机或冲突的能力。

对盟友作出安全保证。导弹防御在确保盟国和伙伴安全、加强美国及其盟友安全不可分割性方面发挥着越来越重要的作用。它通过帮助保护盟国领土、加强美国军事行动以支持国外盟友和伙伴，以及通过帮助对抗企图以导弹威胁来胁迫美国及其盟友和伙伴的敌对战略来实现这一目标。美国的导弹防御部署和导弹防御合作活动加强了与盟国和伙伴的关系，减少了它们受到胁迫性威胁和攻击的脆弱性。它们还为盟友分担负担，以及为防务合作提供了机会。

加强美国在和平时期和危机时期的外交努力。美国致力于推动可以提升美国、盟友和伙伴安全的外交努力。在和平时期或危机时期，导弹防御可以为美国领导人在外交上打击潜在对手提供有利条件。这在过去很重要，将来也很可能如此。

美国还致力于不扩散。“无赖国家”往往违反联合国安理会决议，通过非法采购途径以获取关键技术和部件，发展导弹运载系统。由潜在对手构成的扩散挑战在未来可能会恶化，并导致对美国、盟国和伙伴构成意料之外的各种各样的导弹威胁。随着美国导弹防御能力的提高，通过在导弹威胁面前保持领先，美国还可能通过降低导弹的政治和军事价值，阻止潜在对手之间的导弹扩散。此外，通过支持美国承诺的可信性，有助于实现美国的不扩散目标。

导弹防御是稳定因素。导弹防御能力为美国、盟国和伙伴提供了阻止或限制敌方进攻性导弹打击造成毁伤的能力。它们为进攻性打击提供了另外一种选择，以防止对美国部署的部队、盟友和伙伴造成伤害。

防范未来风险。扩散的速度和规模以及未来的导弹威胁都是不确定的。美国的导弹防御能力和规划必须充分考虑到潜在敌手之间持续扩散导弹的可能性，其中包括先进导弹能力的扩散。融合导弹防御的防范策略有助于降低风险，并减轻随着时间推移而出现的进攻性导弹威胁，包括地缘政治和技术上的威胁。美国的防范能力通过削弱潜在对手，扩大或打破其导弹能力的政治或军事优势信心，从而有助于威慑和维护美国的外交优势地位。这种应对未来可能的导弹威胁的防范也有助于履行对盟友和伙伴的保证，可以让他们更加相信，美国的导弹防御能力不会被敌手的进攻性威胁所超越。

达成地区性和跨地区军事行动。导弹防御可以为美国和联军在多个地区的军事行动提供支持。敌手会通过导弹攻击美国前沿部署部队、盟国或关键战区内的基础设施，以此抑制或干扰美国在海外的地区军事行动，而导弹防御可以制约对手的这种能力从而有助于保持美国的行动自由。事实上，导弹防御是美国反击反介入/区域拒止战略的一个组成部分，而对手的这种战略试图遏制或阻止美国在有争议地区支持盟友。导弹防御的这一作用也为威慑攻击和向盟国和伙伴作出安全保证提供了支持。

（二）导弹防御的主导原则

美国国土的导弹防御要领先于“无赖国家”的导弹威胁。无论是现在还是将来，美国的导弹防御能力都必须提供持续有效的保护，以抵御“无赖国家”导弹对美国本土的威胁。美国在技术上有能力这样做，并已经建立了主动导弹防御部队来保护国土。国防部将开发、采购和维护美国国土所必需的导弹防御能力，从而有效地阻止“无赖国家”的远程导弹武器库对美国国土发起可能的导弹攻击，就像当今的朝鲜和伊朗，并且还要为 2019 年版《导弹防御评估报告》确定的其他导弹防御角色提供支持。

美国将需要对先进技术进行研究和可能的列装，以提高美国主动导弹防御能力的效率，其中包括天基传感器和助推阶段防御能力。它要求建立一种能够适应新兴和不可预测威胁的导弹防御体系，包括在爆发危机或冲突时激增必要的导弹防御能力和承受力。因此美国不会接受对发展或部署导弹防御能力的任何限制或约束，这是保护国土免受“无赖国家”导弹威胁所需要的。现在接受限制可能会约束或排除未来有效保护美国人民所需的导弹防御技术和选项。

美国的导弹防御能力将会得到调整，以持续有效地保护美国国土免受“无赖国家”的进攻导弹威胁。美国依靠核威慑来应对俄罗斯和中国规模更大、技术更先进的洲际弹道导弹能力，以及遏制来自任何符合美国长期声明政策的攻击。2018 年版《核态势评估报告》重申了这一政策。

导弹防御系统将保护部署在海外的美国部队，支持盟友和伙伴的安全。保护美国海外驻军、盟友和伙伴，帮助他们更好地防御各种射程的地区导弹威胁，是美国在欧洲、亚洲和中东地区安全战略的一个关键组成部分。美国将加强地区的导弹防御能力，并就广泛的导弹防御活动加强与盟国和伙伴的合作关系，鼓励盟国在导弹防御方面增加投资，其中包括共同开发和合作生产，以更好地分担共同防御的负担。美国不会接受对发展或部署导弹防御能力的任何限制。

美国将追求新的概念和技术。现代化和创新对于确保导弹防御持续有效是至关重要的。美国将对先进技术进行投资，以应对由更大导弹库存和改进的应对措施所提出的日益复杂的威胁。成功的科学和技术倡议可能会导致在标准采购流程之外对可用原型进行评估，以便更快地开发成功的技术，同时确保在投入稀缺资金之前避免失败。

（三）导弹防御战略的组成要素

全面的导弹防御能力。有效威慑是阻止导弹攻击的首选战略。然而，需要由更广泛的方法来处理日益复杂的导弹威胁环境。美国将列装、维护和整合三种不同的导弹防御手段，以确定和利用每一个实际机会，从而在具有威胁的导弹发射前和发射后探测、扰乱和摧毁它。这些手段包括：第一，主动导弹防御拦截敌方所有飞行阶段的导弹；第二，被动防御化解进攻性导弹的潜在效果；第三，如果威慑失败，在发射前发动攻击行动摧毁进攻性导弹。这种阻止和击败导弹攻击的多层次方法，将使美国朝着更加灵活和平衡的全面防御态势发展，可以在危机或冲突中提供最广泛的选项，并提高成功反击进攻性导弹攻击的总体可能性。为此，美国将把主动导弹防御与情报、监视和侦察以及打击能力融为一体，以应对地区进攻性导弹威胁和“无赖国家”对国土的导弹威胁。

灵活性和适应性。有 20 多个国家拥有进攻性导弹技术，许多国家还在扩大和现代化其能力。很明显，未来的敌方进攻性导弹威胁和美国防御目标将是多样化和动态的。灵活性和适应性将使美国能够根据潜在对手情况调整其导弹防御战略，使对手无法从进攻性导弹威胁或运用中获得好处。本报告与 2018 年版《美国国防战略》的重点保持一致，强调了美国导弹防御设计、研究和采购规划中的灵活性和适应性。由于美国的导弹防御态势必须能够灵活部署和适应未来出现的威胁，因此国防部将继续寻求缩短开发和列装反应迅速的导弹防御系统所需时间。

更紧密的攻防一体化和互操作能力。美国必须保持在反介入/区域拒止环境中快速部署和保障其作战计划的能力，因为在这种环境下，敌人会寻求在平时和危机时使用弹道导弹和巡航导弹进行胁迫，并在发生冲突时压制美军。一体化导弹防御计划、兵力管理和行动支援将强调全球协调，并借助最好的传感器数据来运用最好的拦截器进行打击。为此，有必要对导弹防御任务采取更综合的办法，充分利用现有的各种资产。

美国将寻求把攻击行动和被动导弹防御、国土和地区导弹防御资产等进行更大的整合。此外，随着盟友和伙伴的导弹防御能力在规模和复杂性上的增长，对互操作能力的坚定投入将使它们最大程度助力于导弹防御任务，并能够对导弹攻击作出更有效的集体反应。

太空的重要性。对太空的利用可以提供一种更有效、更有弹性和更能适应已知和未料到威胁的导弹防御态势。比如，天基传感器几乎可以监测、探测和跟踪世界任何地方的导弹发射情况，它们拥有毫无限制的运动灵活性，能提供“从生到死”的全过程跟踪，而不会像地面传感器那样有地理局限性。这一点十分有利。

随着“无赖国家”导弹武器库的发展，天基拦截器将发挥作用，即在各种对抗措施之前，在攻击导弹飞行的最脆弱阶段（助推段）对其进行打击。在太空建立基地可能会增加成功拦截进攻性导弹的总体可能性，减少美国防御性拦截器所需要的数量，并有可能在攻击者而不是目标国的领土上空摧毁进攻性导弹。国防部将在近期对天基防御的概念和技术进行新的研究，以评估在不断发展的安全环境中建立太空基地的技术和操作可能性。

四、美国的导弹防御计划与能力

弹道导弹防御系统为美国国土和部署的部队、盟友和伙伴提供了主动防御。弹道导致防御系统是一种集成的和分层的弹道导弹防御体系，可以在导弹及其弹头到达目标之前利用多个机会摧毁它们。该体系结构包括陆基、海基和天基要素，可以在导弹发射后跟踪、瞄准和摧毁不同射程、速度和尺寸的进攻性弹道导弹。有些弹道导弹防御系统也具有防御巡航导弹的能力。

美国要开发新的方法和技术，这样可以领先于“无赖国家”针对美国国土的进攻性导弹威胁的迅速发展，并提供防御地区导弹威胁所需要的能力。为此，国防部将增大投资和列装新的技术和概念，并调整现有武器系统，从而以更低的成本迅速列装新能力。此外，国防部将利用对现有防御系统的投资以及从以前的导弹防御研究和开发中获得知识，将美国的防御能力扩展至新的领域，实现更大程度的集成，并加强美国在进攻性导弹发射前将其摧毁而实施攻击行动的能力。

（一）美国国土防御

保卫美国国土不受导弹攻击有助于威慑对手，向盟友和伙伴作出安全保证，为美国领导人提供一种有利地位，从而可以打击对手和投送力量，为国家目标提供支持。鉴于在陆基中段防御系统上的投资，美国可以抵御洲际弹道导弹的有限攻击。陆基中段防御系统旨在防御朝鲜和伊朗等“无赖国家”现有和潜在的洲际弹道导弹威胁，但在发生冲突的情况下，它将在可行的范围内防御任何地方对美国国土的弹道导弹攻击。陆基中段防御系统运用地基拦截弹，在对手远程弹道导弹飞行的中段对其进行打击。地基拦截弹摧毁攻击导弹的方式就是用动能拦截器高速碰撞攻击导弹。目前已有 40 套地基拦截弹部署在阿拉斯加的格里利堡空军基地，4 套部署在范登堡空军基地。

美国国防部正在投资扩大和现代化目前的国土导弹防御能力，以帮助应对未来十年内先进的进攻性导弹威胁。这个决定符合国会意图，正如在《2017 年国会授权法案》中表述的，我们将维护和改进一种有效精干的分层导弹防御系统，能够保卫美国领土、盟友和已部署部队，以及应对日益复杂的弹道导弹威胁，并增强美国主动导弹防御系统更精确跟踪、瞄准和摧毁能力。这些努力和优先事项反映在行政当局最近的预算申请和行动中。例如国会在 2018 财年拨款 153 亿美元用于国土防御和地区导弹防御，其中包括一项 40 亿美元的紧急拨款，以进一步扩大和加强美国的导弹防御能力，应对朝鲜对美国国土、海外部队、盟友和伙伴的导弹威胁。

国防部提升陆基中段防御系统能力和可靠性的计划包括为最近部署的地基拦截弹装备一个先进的助推器和功能更加强大的“外大气层杀伤载具”。国防部还将在阿拉斯加的格里利堡建造一个新的地基拦截弹发射场，并将从2023年开始将部署地基拦截弹的数量从44套增加到64套，而且正在加强现有导弹防御传感器的性能，部署新的传感器以获得更强的识别能力。总的来说，这些改进将提高针对攻击性弹道导弹威胁防御力量的性能、可靠性和杀伤力。

针对美国国土的更复杂进攻性导弹威胁，如高超音速滑翔器和先进的巡航导弹即将出现。国防部正在改进从现有天基和地面传感器搜集和处理信息的方法，用以跟踪当前和新兴巡航导弹和高超音速滑翔飞行器威胁。加强我们跟踪这些新兴威胁的能力，将使得防御巡航导弹和高超音速滑翔飞行器威胁成为可能。北美防空司令部（NORAD）是美国和加拿大的一个联军司令部，为北美提供航空警告和保护。美国和加拿大正在实施一项三阶段计划，以提高对巡航导弹的防御能力。为此，北美防空司令部和美国空军正在升级能够监控美国领空的飞机，为这些飞机配备了新的传感器，从而能够跟踪和瞄准先进巡航导弹等具有挑战性的进攻性空中威胁。

（二）地区和跨地区导弹防御

潜在的对手会继续扩大其他地区进攻性导弹库存的功能和实力。美国将加强遏制和打击它们的努力。全球进攻性导弹威胁环境代表着美军在未来地区冲突中必须应对作战环境的巨大变化。美国及其盟友不能再设想有能力在一个安全的前沿阵地集中兵力，然后从这些安全的地点对敌人发起军事行动。有效地防御导弹进攻威胁将有助于威慑对手，向盟友和伙伴作出安全保证，维护美国和盟友的行动自由，限制对手胁迫性导弹威胁的潜力，并减少潜在对手地区导弹威胁袭击的效果。

加强美国在这种环境中的地区防御不仅仅是一项主动导弹防御挑战。考虑到敌方的地区导弹大量库存比我们有限的主动防御库相对较多，美国要利用在平台、武器和军事技术方面的投资来发展互补的攻击行动。美国作战指挥官要计划并实施主动导弹防御和攻击行动，作为一种充分利用美国各种能力的总体联合战役。此外，美国要寻求整合美国、盟友和伙伴的主动导弹防御能力，在适当的情况下，还要整合各种攻击行动，从而能够打击为敌方导弹进攻行动提供支持的整个基础设施。

（三）地区主动防御

美国继续在地区主动导弹防御能力的发展、部署和现代化方面取得重大进展。国防部目前部署了大量地区主动防御系统。可以拦截潜在敌手的地区导弹进攻，其中包括可以迅速部署到冲突和危机地带的移动传感器和拦截器。如果它们能够与盟友和伙伴的资产进行互操作，就可以为联军的防御行动提供支援。地区导弹防御态势日益灵活，能够适应不断演变的威胁和新型进攻性导弹，其中包括增程巡航导弹和高超音速滑翔器。

末段高空区域防御（THAAD）：末段高空区域防御系统使用“一击必毁”的技术打击近、中和远程弹道导弹。目前美国拥有7个THAAD导弹连，其中一个在关岛，一个在韩国。国防部正在继续为THAAD开发软件升级，以提供应对新兴威胁的先进能力。这些活动将扩大末段高空区域防御系统与防空和导弹防御系统的互操作能力，防范针对设防区域的未来威胁。

“宙斯盾”海基导弹防御：用于主动导弹防御的“宙斯盾”武器系统可以在海上和岸上提供对地区弹道导弹的防御。美国正在测试“宙斯盾”SM－3和SM－6导弹的改进型，并列装一种新的传感器，可以显著提高“宙斯盾”导弹防御能力。具有遂行多种任务能力的“宙斯盾”弹道导弹防御舰艇具有高度的机动性和生存能力，可以在危机和冲突期间根据需要大量增加。增加潜艇的数量和生存能力，将使得配备更强导弹防御能力的“宙斯盾”部队更具灵活性和恢复力。

岸基“宙斯盾”：岸基“宙斯盾”是“宙斯盾”武器系统的陆基版本，由美海军操作，作为“欧洲分阶段适应性导弹防御方案”的一部分。罗马尼亚的岸基“宙斯盾”已经投入使用，装备了SM－3拦截器，为欧洲的北约领土提供持续防御中东导弹威胁的能力。它目前在北约的指挥和控制下运作。位于波兰的岸基“宙斯盾”正在建设中，建成后将成为北约弹道导弹防御系统的一部分。这些岸基“宙斯盾”将很快装备 SM－3 Block IIA ，可以显著加强其对北约领土的防御。

“爱国者”系统先进能力：“爱国者”防空和导弹防御系统有一项经过验证的作战记录：它可以发射多个拦截器的变种。现在多个战区的美军、盟友和伙伴部队部署在一起，可以防御短程弹道导弹和巡航导弹。自 1982 年“爱国者”系统首次部署以来，美国不断地改进该系统。

国会在 2017 和 2018 财年提供了资金，以购买更多的“爱国者”、末端高空区域防御和 SM－3 拦截器。这些导弹采购是政府紧急拨款要求的一部分，要求政府立即采取措施保护美国本土、部署在海外的部队、盟友和伙伴。它们是当前计划的补充，并将增大美国在危机中可用导弹防御系统的库存。

（四）为新兴的导弹进攻威胁和不确定因素做好准备

国防部正在采取符合年度预算程序的步骤，以改进或调增现有系统，重新部署或增加移动系统，并建造新的系统，其中包括要在相对较短时间内建造的一些系统。这些步骤可更好应对“无赖国家”的导弹进攻威胁，可以应对不同射程的地区导弹进攻威胁，以及防范未来威胁的风险。例如，发展和部署防御新兴高超音速滑翔器技术，这对于解决人们对美国在 2018 年《美国国防战略》所述地区军事优势被削弱的担忧至关重要。

改进或调整现有系统。SM－3 Block IIA 拦截器是地区导弹防御系统的一部分，但也有可能为现有的陆基拦截器提供一个重要的“支撑”，以增加对侵犯美国的洲际弹道导弹威胁的保护这种拦截器有可能提供额外的防御能力，以减轻陆基拦截器系统的负担，并为美国国土防御“无赖国家”远程弹道导弹提供持续保护。导弹防御局将在 2020 年测试 SM－3 Block IIA 对抗洲际弹道导弹目标的情况。

调整现有能力以执行新的国土和地区防御任务也将是必要的。例如国防部最新的战术飞机 F－35“闪电 II”可以跟踪和摧毁敌方巡航导弹，在未来可以装备一种新的或改进的拦截器，能够击落处于助推阶段的敌方弹道导弹。另一种重新规划的方案是，暂时或永久地将位于夏威夷考艾岛的“宙斯盾”海岸导弹防御测试中心投入使用，以加强夏威夷防御朝鲜可能的导弹攻击的能力。

多目标杀伤器是陆基拦截器的下一代动能杀伤载具，设计用于提升使用单一防御拦截器打击洲际弹道导弹弹头、诱饵和对抗措施的能力。在陆基拦截器数量有限的情况下，多目标杀伤载具可以通过增大成功拦截弹头的概率来提高陆基中段防御系统的性能。

重新安置或大量增加移动系统。根据需要，国防部将在危机或冲突中迅速增加导弹防御能力，并确保在作战计划中体现这一点。例如，“爱国者”和末端高空区域防御系统，以及配备了 SM－3Block IIA 拦截器的多任务弹道导弹防御“宙斯盾”舰，将在危机中迅速就位，以加强防御“无赖国家”导弹对国土的威胁。在未来，额外的导弹防御能力，如 F－35 和助推阶段防御也可能有助于美国在危机或冲突中大量增加移动能力。

建造新的系统。美国可能决定进一步增强陆基中段防御部队的能力，使其超过目前计划的 64 套陆基中段防御兵力规模。位于阿拉斯加格里利堡的导弹基地有可能再增加 40 套拦截器。此外，在美国大陆建立一个新的陆基拦截器发射场可以增加拦截能力，以应对可能扩大到本土的导弹威胁，包括伊朗未来的洲际弹道导弹能力。具体措施和选址将根据当时的有关因素，特别是新出现的威胁情况作出决定。

拦截处于助推阶段的进攻性导弹将会增大成功反击导弹威胁的可能性，通过降低侵略者对其导弹攻击计划的信心使其攻击计算复杂化，并减少摧毁敌人剩余进攻性导弹所需的中段或末段主动防御拦截器的数量。

发展可扩展、高效和紧凑的高能激光技术，有可能提供一种未来具有成本效益的能力，从而在弹道导弹的早期助推阶段将其摧毁。这样做将利用更早时候的技术进步，其中包括光束控制方面的进步。

美国国防部正在开发一种低功率激光演示装置，以评估在无人机载平台上安装激光跟踪和摧毁导弹助推阶段所需的技术。

天基传感器可以提供显著的优势。这种传感器利用从太空可以看到大面积区域的优势，改进了对高级威胁（包括高超音速飞行器和高超音速巡航导弹）的跟踪和潜在目标的锁定。天基拦截器对于助推阶段的防御有显著的优势。根据国会指示，国防部将确定可能用于天基防御层的最有前途技术、预计进度、成本和人员需求，以实现早期助推阶段防御的作战能力。

（五）导弹防御攻击行动

如果威慑失败，并随后与“无赖国家”在某个地区发生冲突，那么美国为导弹防御提供支援的攻击行动将会在对手的导弹发射之前对其进行削弱、破坏或摧毁。这些行动都是综合导弹防御战略的一部分，即通过减少拦截敌方导弹数量来提高主动导弹防御的有效性。国防部将投资于攻击行动所需的能力，如改进攻击预警情报、情报侦察与监视、敏感目标跟踪，以及在移动导弹发射前将其摧毁所需的远程陆海空精确打击能力。

五、导弹防御管理与测试

2002 年国防部指示导弹防御局采用灵活的采购方法来快速发展能力，并指示各军种在可行的情况下尽快部署导弹防御部队。这一加速发展导弹防御系统的决定使美国能够在 2004 年秋季部署一套初始运载的国土导弹防御系统，也就是在朝鲜 2006 年进行“大浦洞－2”洲际弹道导弹/潜射弹道导弹测试之前。

考虑到日益恶化的导弹威胁环境，国防部必须优先考虑交付速度、持续调整，并以合适的速度达到增强的性能。为此，国防部必须采用能够使导弹防御局和各军种简化和改进采购流程的程序和文化，确保导弹防御系统开发、测试和列装过程的灵活性，并在列装后迅速调整系统。各军种和作战指挥官应该在导弹防御能力开发的过程中及早参与，以确定所需的系统性能要求，并建立将计划从导弹防御局转交到某个军种的条件和时间表。此外，随着跨地区导弹威胁的增大，导弹防御规划本质上将是全球性的，并跨地理战区作战司令部进行协调。

国防部和导弹防御局将追求一项严格的测试计划，使我们能够对抗不断发展的导弹进攻威胁，包括在考虑对手创新速度的情况下增加测试活动的频率。地面和飞行测试可以为先进的建模和仿真活动提供所需的数据，这些活动可以使国防部能够测量和预测所有导弹防御技术的性能。这些活动还提供了学习机会，以便描述和优化每个要素的性能。即使没有完全成功的测试，也可以通过提供有价值的信息来评估系统的性能。我们不应害怕测试失败，而应从中吸取教训并迅速调整。

六、与盟国和伙伴国的合作

2017 年《美国国家安全战略》强调，加强我们的联盟和长期安全伙伴关系是美国的首要任务。随着导弹进攻能力的不断扩散，与盟友和伙伴的导弹防御合作对于推进导弹防御体系建设，实现共同保护、威慑和安全保证方面的重要性与日俱增。这种合作将充分发挥我们的共同贡献，专注于扩大在导弹防御计划方面的合作机会；深化导弹防御系统和作战方面的互操作能力；扩大美国及其盟友和伙伴之间的负担分担；限制先进导弹进攻技术和部件的扩散。

（一）盟友和伙伴的互操作能力

美国将寻求与盟友和伙伴更强的导弹防御合作，重新强调互操作能力，并寻求在合适的情况下整合能力。在当今复杂的导弹威胁环境下，要想成功地进行作战，我们必须尽快探测到导弹发射并进行跟踪，以在可行的情况下尽早对其进行拦截。这需要各种导弹防御能力之间的互操作能力，其中包括指挥和控制网络、传感器以及一体化防空和导弹防御系统。实现可互操作一体化防空和导弹防御系统网络可以利用成本分担优势，帮助分散共同防御的负担，以更好地应对敌手的反介入/区域拒止战略。对于我们的共同防御，国防部将鼓励盟友和伙伴对他们自己的防空和导弹防御能力进行改进，使之能与美国的能力进行互操作。国防部还将优先考虑美国军事装备销售的申请，加快外国伙伴的现代化进程，以及与美国军队进行整合的能力。美国已经采取了相应步骤来简化盟友和伙伴获得美国防御能力的程序。

（二）印太地区

我们在印太地区安全与外交的基石是我们与日本、韩国和澳大利亚的强大双边联盟，以及与印度等其他国家正在形成的安全关系。日本和韩国都与美国合作建设导弹防御系统，使之与美国的导弹防御系统越来越具有互操作性，并越来越有能力应对地区导弹进攻威胁和胁迫。这种合作包括与美国的双边导弹防御训练演习。澳大利亚参加了美国和日本有关导弹防御合作的三边会谈。美国和澳大利亚每年举行会晤，讨论双边导弹防御合作。新的重点领域包括共同审视由先进导弹威胁构成的挑战。

（三）欧洲和北约

导弹防御在北约联盟保卫欧洲免受胁迫和侵略的过程中发挥着至关重要的作用。可互操作的北约主动导弹防御系统将会提升联盟的集体防御能力。美国承诺完成“欧洲分阶段适应性导弹防御方案”的部署，这是美国对北约弹道导弹防御的贡献，并将扩大抵御来自中东中程和中远程弹道导弹威胁的防御范围。除了这些针对中程和中远程威胁的“欧洲分阶段适应性导弹防御方案”能力外，个别北约盟国还在部署旨在防御短程弹道导弹和巡航导弹的国家防空和导弹防御系统。这些盟国的主动防御系统将在应对导弹攻击方面发挥关键作用，而这些导弹攻击是潜在对手反介入/区域拒止行动的基础。北约联盟还在加强各国系统之间导弹防御互操作性，以及导弹预警集成以支持联合导弹防御行动方面取得的进展。“互操作能力的深化”将使北约部队能够更一致和更有效地共同行动，以对抗导弹打击。

（四）中东—海湾合作理事会

美国正在与海湾合作委员会的伙伴密切合作，鼓励他们采购和部署导弹防御系统，这些系统经过一段时间整合后，将为整个地区的网络化和分层次防御奠定基础。美国中央司令部与海湾合作委员会的防空军和导弹防御部队保持着一系列定期接触。这些重要的交流可以为双方开展联合导弹防御规划和作战合作奠定基础。

（五）中东—以色列

根据一份新的《美国——以色列谅解备忘录》，美国将继续与以色列保持强有力的导弹防御合作伙伴关系。这份谅解备忘录包括从2019 财年到 2028 财年每年为以色列导弹防御系统提供 5 亿美元。根据这份谅解备忘录，国防部将继续与以色列保持广泛合作，并寻求更多机会利用以色列的研究和发展成果，用于开展类似的美国防御任务。

（六）南亚

南亚的一些国家正在研发一种先进的和射程多样化的弹道导弹和巡航导弹。在此背景下，美国已经与印度探讨了潜在的导弹防御合作。这是印度作为主要防务伙伴和我们印太战略关键组成部分的自然结果。

（七）北美

自 1958 年北美防空司令部成立以来，美国和加拿大在对抗不断演变的空中和导弹威胁方面取得了重大进展。北美防空司令部经常让部队保持国土防空警戒状态，包括对巡航导弹的防御。美国将继续与加拿大合作，实现北美防空司令部在对抗巡航导弹威胁以及探测、跟踪、预警和防御先进导弹威胁方面的能力现代化。美国和加拿大正在进行一项联合研究，以更新或取代双边综合网络“北方警报系统”，并使这种能力适应新的威胁。

七、结论

在过去的17年里，美国一直致力于发展和部署分层的导弹防御系统。这些努力使美国及其盟友和伙伴国的导弹防御能力和负担能力得到持续改善。随着进一步的投资计划，这些改善将持续到未来。

2019年版《导弹防御评估报告》为美国的导弹防御建立了一个政策框架，能够对新的威胁迅速作出反应，并探索遂行防御任务的新方法。它采取了一种平衡和综合的办法，通过综合运用威慑、主动和被动导弹防御以及攻击行动来应对导弹威胁。该框架强调保护美国本土免受新兴“无赖国家”和未来“无赖国家”导弹威胁，以及为美国海外部队、盟国和伙伴国提供强大的地区导弹防御系统，以抵御所有的潜在对手。

展望未来，美国及其盟国和伙伴国将寻求一项全面的导弹防御战略，以提供综合和有效的能力，从而应对弹道导弹、巡航导弹和高超音速导弹的威胁。这样做将维持和加强我们保护国土、威慑对手、保护和确保盟友和伙伴安全以及防范所有领域未来威胁的能力。它还将有助于美国向有争议环境中投送力量，为盟友和伙伴提供支持，并为美国领导人在外交中提供有利地位，从而减少紧张局势和遏制安全挑战。

美国的导弹导弹防御系统必须不断加强和扩大，因为潜在对手，特别是“无赖国家”所构成的挑战越来越大。这些国家正在挑战现有的国际秩序，并部署越来越多的尖端进攻性导弹。无论今天还是未来，国防部和武装部队都将随时准备迎接这一挑战。

附件3　美国导弹防御系统项目研究情况和预算金额统计表①

项目名称	系统构成及拦截原理	系统目标	项目现状
GMD	其拦截装置GBI由一个多级助推器和一个大气层外杀伤器（EKV）构成。杀伤器在大气层外与助推器分离，并在雷达和传感器指引下自动搜寻目标，采用碰撞击毁（hit-to-kill）的方式拦截	在战略弹道导弹的弹头飞行中段进行拦截	1999年开始研究，2004年正式部署，目前投入资金约400亿美元
AEGIS	海军的导弹防御系统，由巡洋舰和驱逐舰及其搭载的导弹发射装置和雷达探测装置三部分构成。使用SM-3系列导弹采取碰撞击毁的方式拦截	对短程、中程和中远程弹道导弹在中段，尤其是上升阶段进行拦截	1999年开始研究并进行试验性部署，2005年正式部署，目前投入资金总额不详。2004年投入了6.7亿美元，2012年投入了15亿美元
THAAD	由车载式发射器、拦截弹、雷达和火控装置四部分构成。每套THAAD系统配有一个发射装置，八枚拦截弹，每组THAAD炮台包括9辆发射车	对短程和中程弹道导弹在末段实施拦截，拦截位置既可以在大气层内，也可以在大气层外	1989年开始研究，2008年正式部署，目前投入资金总额不详，2004年投入了7.3亿美元，2012年投入了12亿美元

① 资料来源：美国Arms Control网站相关新闻报道、《飞航导弹》杂志相关论文以及美国战略与预算评估中心2001—2016年发布的6份《国防预算分析报告》。

续表

项目名称	系统构成及拦截原理	系统目标	项目现状
PAC-3	由一级助推火箭、拦截弹、交战控制站和雷达构成。每套发射装置可以搭载16枚拦截弹	对短程和中程弹道导弹在较低高度的末段实施拦截	1994年开始研制，1999年开始部署，目前投入资金总额不详，2004年投入了6.5亿美元，2012年投入了8亿美元
SBIRS-HIGH	由多颗地球同步卫星和部署在高轨道卫星上的传感器构成	为美军提供各类弹道导弹早期预警以及战场数据情报支援	1994年开始研制，从2008年第一颗卫星发射至今，已部署两颗地球同步轨道卫星和三颗搭载传感器的高轨道卫星。预计投入资金190亿美元
PTSS (SBIRS-LOW)	由9—12颗卫星在太空构建起全球导弹监测网络	为美军提供全球范围内的战略和战术弹道导弹预警，从助推段开始对弹道导弹进行可靠稳定的跟踪，为反导系统提供关键的目标指示功能	2009年开始研制，2013年项目终止。已投入资金2.3亿美元。终止原因：技术专家估计为了能够对来袭导弹实施连续追踪，至少需要部署24颗卫星，预计总投入将达到240亿美元，超出了MDA最初设定的100亿美元总预算
ABL	由一架改装的波音747飞机和兆瓦级化学氧碘激光器（COIL）构成。其中激光武器部分由三个激光发射系统组成：一个杀伤激光系统（主系统）、一个激光指示系统和一个激光照明系统	对各类战术弹道导弹在助推阶段实施拦截	1996年开始研制，2012年项目终止。已投入资金53亿美元。终止原因：ABL必须搭载在一架改装后的波音747客机上，使得其易于被防空导弹拦截，而且为达到实战所需，现有激光能量强度至少需要增加20—30倍

续表

项目名称	系统构成及拦截原理	系统目标	项目现状
MKV	由一个助推器（母仓）搭载多个微型杀伤器，从而避免目标识别的技术难题，对其作战半径内的所有目标实施拦截	原计划在 GBI 和 SM－3 拦截弹中使用该技术	2004 年开始研制，2009 年项目终止。已投入资金 7 亿美元。终止原因：将更多的技术和资金投入到可以尽快实现部署的导弹防御项目中去
KEI	由一个三级助推器和一个可分离式杀伤器构成。拦截弹头飞行速度可达 6km/s（达到洲际弹道导弹的速度）。弹头内无爆炸装置，完全凭借碰撞击毁目标	对中程、中远程弹道导弹在助推阶段和上升阶段实施拦截	2003 年开始研制，2009 年项目终止。已投入资金 17 亿美元。终止原因：操控系统与现有海基反导系统不兼容，如果在陆上部署，又存在射程不足的问题

附件4　2009年美国国会预算局提交的欧洲导弹防御系统备选方案①

<table>
<tr><th>具体方案</th><th>方案内容</th><th>成本估算（亿美元）</th><th>对欧洲地区的防御能力</th></tr>
<tr><td>方案1：小布什政府原定方案</td><td>在波兰部署GBI，在捷克布尔迪部署一部EMR预警雷达，在阿塞拜疆部署一部AN/TPY－2前置预警雷达</td><td>92—128</td><td>可较好防御未来可能从伊朗发射的远程和洲际弹道导弹，但无法完全防御伊朗现有的短程、中程和中远程弹道导弹</td></tr>
<tr><td>方案2 海基AEGIS防御系统</td><td>在三个海域（黑海西北部的罗马尼亚附近、亚得里亚海北部的意大利附近、波兰北部的波罗的海）部署搭载SM－3 Block IIA和舰载SPY－1预警雷达的宙斯盾舰；将位于英国菲林戴尔斯空军基地的改进型早期预警雷达（UEWR）与位于俄罗斯的两部预警雷达（位于阿塞拜疆加巴拉的特高频雷达和位于亚美尼亚的超高频雷达）进行整合；在阿塞拜疆和卡塔尔各部署一部AN/TPY－2前置预警雷达</td><td>183－219</td><td rowspan="3">可完全防御伊朗现有的短程、中程、中远程和固体燃料的洲际弹道导弹，无法完全防御液体燃料的洲际弹道导弹</td></tr>
<tr><td>方案3 陆基SM－3拦截系统</td><td>在美军位于欧洲的两个军事基地（德国拉姆施泰因空军基地和土耳其因吉尔利克空军基地）部署陆基SM－3 Block IIA拦截弹；在阿塞拜疆和卡塔尔各部署一部AN/TPY－2前置预警雷达</td><td>90－128</td></tr>
<tr><td>方案4 陆基动能拦截系统（KEI）</td><td>与方案3的唯一区别就是将SM－3拦截弹替换为KEI拦截弹</td><td>96－136</td></tr>
</table>

① Congressional Budget Office, "Options for deploying missile defense in Europe," February, 2009, https: //www. cbo. gov/sites/default/files/111th－congress－2009－2010/reports/02－27－missiledefense. pdf.

附件5　2012年至2017年美国MDA用于AEGIS的预算①

（单位：亿美元）

年份	采购预算	研究、测试和评估预算（RTD&E）				合计
	AEGIS	AEGIS	SM－3 Block IIB	陆基SM－3	SM－3 Block IIA	
2012	565.4	988.9	13.4	306.2	473.8	2347.7
2013	389.6	992.4	224.1	276.3	420.6	2303.0
2014	757.0	960.9	295.2	127.2	273.9	2414.2
2015	834.3	950.1	455.4	113.7	200.7	2554.2
2016	775.7	1030.2	508.4	47.7	185.0	2547.0
2017	1003.0	958.7	430.2	56.2	46.1	2494.2

① 周黎妮等：《美国欧洲分阶段适应性导弹防御方案发展浅析》，载《装备学院学报》，2013年第5期，第71页。

附件6　小布什政府时期美国亚太地区导弹防御部署①

<table>
<tr><th rowspan="2" colspan="2"></th><th colspan="2">拦截器</th><th colspan="2">雷达</th><th rowspan="2">指挥和控制系统</th></tr>
<tr><th>陆基</th><th>海基</th><th>陆基</th><th>海基</th></tr>
<tr><td colspan="2">美国本土</td><td>在阿拉斯加格里利堡空军基地部署了26部GBI；在加利福尼亚范登堡空军基地部署了4部GBI</td><td>在珍珠港和圣迭戈海军基地部署了12艘装备SM－2或SM－3的宙斯盾舰</td><td>在阿拉斯加部署了1部“丹麦眼镜蛇”雷达；在加利福尼亚部署了一部UEMR雷达</td><td>在阿拉斯加部署了SBX（GMD系统雷达）和AN/SPY－1（AEGIS系统主雷达）</td><td rowspan="3">指挥控制、作战管理和通信系统C2BMC</td></tr>
<tr><td rowspan="2">亚太地区盟国和台湾地区</td><td>日本</td><td>拥有18套爱国者反导系统，除PAC－2外，2008年装备了32枚PAC－3；美军冲绳基地部署有一个PAC－3导弹营</td><td>美军在驻日横须贺海军基地部署了4艘装备SM－3的宙斯盾舰；日本自身拥有4艘装备SM－3的“金刚”级宙斯盾驱逐舰和2艘装备SM－2的“爱宕”级宙斯盾驱逐舰</td><td>在全国各地共设有28个J/FPS－3雷达监测站；2006年在青森县部署一部AN/TPY－2雷达；2007年、2008年各部署了一部J/FPS－5雷达</td><td>宙斯盾舰上搭载的AN/SPY－1雷达</td></tr>
<tr><td>韩国</td><td>PAC－2；2003年驻韩美军光州基地部署了一个PAC－3防空旅；KM－SAM机动中程防空导弹</td><td></td><td>依赖PAC系统的AN/MPQ－53相控阵雷达</td><td>2008年，两艘装备AN/SPY－1雷达的宙斯盾舰服役</td></tr>
</table>

① 资料来源：《飞航导弹》2001年第1期至2009年第1期的相关文献通过整理后得出。

续表

		拦截器		雷达		指挥和控制系统
		陆基	海基	陆基	海基	
亚太地区盟国和台湾地区	澳大利亚	"奥斯帕"有源相控阵雷达			JORN 天波雷达	指挥控制、作战管理和通信系统 C2BMC
	台湾地区	PAC-2	台湾"基德级"驱逐舰装备的 SM-2	依赖 PAC 系统的 AN/MPQ-53 相控阵雷达		

附件 7　美国对伊朗弹道导弹能力的认知[①]（截至 2013 年）

导弹类型	导弹型号	射程（单位：km）	弹头重量（单位：kg）	精度（单位：m）	数量
SRBM	CSS－8	150	250	100	175
	Fateh－110	200	500	100	500
	Shahab－1	300	985	450－610	150
	Shahab－2	500	770	700	150
MRBM	Shahab－3	1300	800	1850－2000	12
	Shahab－3A	1500－1800	500	2000	12
	Shahab－3B	2000－2500	500	2500	18
	Ashura（Sejil）	2000	900	<2000	12
IRBM	Safir	5200	未知	未知	未部署
ICBM					

① 导弹参数来源：National Air and Space Intelligence Center, Ballistic and Cruise Missile Threat, Wright－Patterson Air Force Base, OH：NASIC Public Affairs Office, 2013；Duncan Lennox, Jane's Strategic Weapons Systems, London：Jane's Information Group, 2012. 导弹数量来源：International Institute for Strategic Studies, The Military Balance 2012, Washington DC：IISS, 2012；Department of Defense, Annual Report on Military Power of Iran, Washington DC, April, 2012.

附件8　美苏《中导条约》规定销毁导弹类型及性能参数

	导弹型号	导弹性能参数
美国销毁导弹型号	潘兴1A型导弹	美国陆军第二代固体机动地对地战术导弹。1969年开始装备美国陆军，以营为单位配属到集团军，使用“运输－起竖－发射”车机动发射。该型导弹全长10.5米，直径1米，发射重量4.6吨，最大射程720千米，精度400米，弹头最大威力约合40万吨TNT当量
	潘兴2型导弹	美国陆军第三代中程地对地战术导弹。采用惯性制导加雷达地形匹配末端制导两套制导系统，用于打击原华沙条约组织指挥所和交通枢纽，该型导弹弹长10米，直径1米，发射重量7.2吨，最大射程1800千米，最高飞行速度12倍音速最大飞行高度300千米精度40米，弹头最大威力约合5万吨TNT当量
	战斧式导弹	该型导弹共有三种型号，分别是战斧战略核导弹、战斧对地常规攻击导弹和战斧巡航导弹。该型导弹弹长6.17米，直径0.527米发射重量4.5吨，最大射程3000千米，采用固体燃料，惯性制导，精度30米。其中战斧系列导弹的海射型射程为2500千米，但美国在谈判中坚持海军武器不容谈判的原则立场，最终战斧式导弹的非核动力海基型号BGM－109C不在销毁之列，主要销毁的是战斧对地核攻击导弹（BGM－109A）
苏联销毁导弹型号	SS－4	苏联第一代液体单弹头中程弹道导弹，可以通过地面固定阵地发射或车载机动发射。使用车载机动发射时，整个武器系统需要由12辆专用车辆组成，包括特制牵引拖车、装载推进剂和地面辅助设备的车辆等。该型导弹弹长21米，直径1.65米，最大射程1930千米，最大威力100万吨TNT当量
	SS－20	苏联陆基公路机动发射、可携带三个分导式弹头的2级固体弹道导弹，是苏联战区核力量的中坚力量。该型导弹全长16米，直径1.7米，发射重量35.4吨，最大射程5000千米，精度300米，弹头重量1.36吨，最大威力45万吨TNT当量

续表

	导弹型号	导弹性能参数
苏联销毁导弹型号	SS－12	一种单级液体弹道导弹，属于第二代战术地地导弹，以旅为单位编入前苏联陆军方面军，主要用以突击敌方纵深 700 千米内的目标。该型导弹使用“运输－起竖－发射”车越野条件下机动发射，弹长 11.25 米，直径 1 米，发射重量 6.8 吨，精度 900 米，最大威力 100 万吨 TNT 当量
	SS－23	苏联第三代战术地地导弹，以旅为单位编入集团军或方面军，每个旅下辖三个营，每个营下辖 6 个连，每个连配备一部发射车。该型导弹采用一级固体火箭发动机，射程 500 千米，精度 300 米，最大威力 20 吨 TNT 当量

英文缩写对照

ABL：Airborne Laser　机载激光武器系统

ABM：Treaty on the Limitation of Anti – Ballistic Missile System　反弹道导弹条约

AEGIS：Airborne Early – warning Ground Integrated System　空中预警与地面整合系统/“宙斯盾”系统

ALCM：Air – Launched Cruise Missile　空射巡航导弹

AN/TPY：Army – Navy Transportable Radar Surveillance & Control　地面可运输式雷达监视与控制系统

AN/SPY：Army – Navy Surface Ship Radar Surveillance & Control　水面舰艇雷达监视与控制系统

APPAA：Asian – Pacific Phased Adaptive Approach　亚太分阶段适应性方案

ASBM：Anti – Ship Ballistic Missile　反舰弹道导弹

ASCM：Anti – Ship Cruise Missile　反舰巡航导弹

A2/AD：Anti – Access/Area Denial　反介入/区域拒止

BMD：Ballistic Missile Defense　弹道导弹防御

BMDO：Ballistic Missile Defense Organization　弹道导弹防御组织

BMDR：Ballistic Missile Defense Review Report　弹道导弹防御评估报告

CHAMP：Counter – electronics High – powered Microwave Advanced Missile Project　电抗高能微波高级导弹项目

CKV：Common Kill Vehicle　通用杀伤器

C2BMC：Command and Control，Battle Management and Communications　指挥控制、作战管理和通信系统

EMR：European Midcourse Radar　欧洲中段雷达

EPAA：European Phased Adaptive Approach　欧洲分阶段适应性方案

GBI：Ground－Based Intercept　地基拦截弹

GD：Global Defense　天基全球防御系统

GMD：Ground－Based Midcourse Missile Defense System　地基中段反导系统

GPALS：Global Protection Against Limited Strike　防御有限打击的全球保护系统

HGV：Hypersonic Glide Vehicle　超音速滑翔器

IADS：Integrated Air Defense System　一体化防空系统

IBCS：Integrated Air and Missile Defense Battle Command System　一体化防空反导作战管理系统

ICBM：Intercontinental Ballistic Missile　洲际弹道导弹

INF：Intermediate－range Nuclear Forces Treaty　中程核力量条约/中导条约

IRBM：Intermediate Range Ballistic Missile　中远程弹道导弹

KAMD：Korean Air and Missile Defense　韩国防空反导系统

KDX：Korean Destroyer Experimental　韩国自制驱逐舰试验计划

KEI：Kinetic Energy Interceptor　动能拦截弹

LBCM：Land－Based Cruise Missile　陆基巡航导弹

MaRV：Maneuverable Reentry Vehicle　机动式再入飞行器

MEADS：Midcourse Extended Air Defense System　中程增程防空系统

MDA：Missile Defense Agency　导弹防御局

MKV：Multiple Kill Vehicle　多杀伤器

MOKV：Multi – Object Kill Vehicle　多目标杀伤器

MRBM：Medium Range Ballistic Missile　中程弹道导弹

MTCR：Missile Technology Control Regime　导弹技术控制制度

NIFC – CA：Naval Integrated Fire Control – Counter Air　海上火控/防空一体化系统

NMD：National Missile Defense　国家导弹防御系统

NPR：Nuclear Posture Review Report　核态势评估报告

NPT：Treaty on the Non – Proliferation of Nuclear Weapons　不扩散核武器条约

NSD：National Security Direction　总统国家安全指令

PAA：Phased Adaptive Approach　分阶段适应性方案

PAC：Patriot Advanced Capability　爱国者反导系统

PTSS：Precision Tracking Space System　精确跟踪空间系统

RDT&E：Research Development Test and Evaluate　研究、发展、测试与评估

SAM：Surface – to – Air Missile　地空导弹

SBIRS：Space – Based Infrared System　天基红外系统

SBX：Sea – Based X – Band Radar　海基 X 波段雷达

SDI：Strategic Defense Initiative　战略防御倡议

SM：Standard Missile　“标准”系列导弹

SRBM：Short Range Ballistic Missile　短程弹道导弹

SSL：Solid – State Lasers　固态激光

START：Strategic Arms Reduction Treaty　削减战略武器条约

THAAD：Terminal High – warning Ground Integrated System　末段高空区域防御系统/“萨德”系统

TMD：Theater Missile Defense　战区导弹防御系统

UEWR：Upgraded Early Warning Radar　升级的早期预警雷达

UAV：Unmanned Aerial Vehicle　无人飞行器

参考文献

一、中文专著（含译著）

［1］潘振强：《国际裁军与军备控制》，国防大学出版社，1996年版。

［2］刘华秋：《军备控制与裁军手册》，国防工业出版社，2000年版。

［3］李彬，吴日强：《国际战略与国家安全》，上海人民出版社，2001年版。

［4］朱锋：《弹道导弹防御计划与国际安全》，上海人民出版社，2001年版。

［5］吴莼思：《威慑理论与导弹防御》，长征出版社，2001年版。

［6］夏立平：《亚太地区军备控制与安全》，上海人民出版社，2002年版。

［7］许嘉：《美国战略思维研究》，军事科学出版社，2003年版。

［8］朱强国：《美国战略导弹防御计划的动因》，世界知识出版社，2004年版。

［9］杨毅：《全球战略稳定论》，国防大学出版社，2005年版。

［10］朱明权，吴莼思：《威慑与稳定——中美核关系》，时事出版社，2005年版。

［11］李彬：《军备控制理论与分析》，国防工业出版社，2006年版。

[12] 朱明权：《国际安全与军备控制》，上海人民出版社，2011年版。

[13] 中国国防科技信息中心：《世界武器装备与军事技术年度发展报告2014》，国防工业出版社，2015年版。

[14] [美] 亨利·基辛格著：《核武器与对外政策》，北京编译社译，世界知识出版社，1960年版。

[15] [美] 兹比纽格·布热津斯基著：《大棋局——美国的首要地位及其地缘战略》，中国国际问题研究所译，上海世纪出版集团，2007年版。

[16] [美] 杰克·斯奈德：《帝国的迷思——国内政治与对外扩张》，北京大学出版社，2007年版。

[17] [美] 艾什顿·卡特，威廉姆·佩里著，胡利平等译：《预防性防御：一项美国新安全战略》，上海世纪出版集团，2008年版。

[18] [美] 肯尼斯·沃尔兹著，信强译：《国际政治理论》，上海世纪出版集团，2008年版。

[19] [美] 戴尔·科普兰著，黄福武译：《大战的起源》，北京大学出版社，2008年版。

[20] [美] 奎斯特著，孙建中译：《国际体系中的进攻与防御》，上海人民出版社，2008年版。

[21] [美] 托马斯·谢林著，毛瑞鹏译：《军备及影响》，上海人民出版社，2011年版。

二、中文论文

[1] 张清敏：《导弹防御体系与二十一世纪亚太格局——一个历史视角》，《国际论坛》，2000年第2期。

[2] 时殷弘：《美国国家导弹防御计划与中国的可有和应有对策》，《哈尔滨工业大学学报（社会科学版）》，2000年第3期。

[3] 夏立平：《美国发展导弹防御系统及其对亚太安全的影响》，

《国际观察》，2000 年第 5 期。

［4］樊吉社：《威胁评估、国内政治与冷战后美国的导弹防御政策》，《美国研究》，2000 年第 9 期。

［5］朱锋：《小布什政府的导弹防御计划与“新战略框架”》，《太平洋学报》，2001 年第 3 期。

［6］张睿壮：《“沉着应对”与“自废武功”——就如何应对美国国家导弹防御计划同时殷弘先生商榷》，《世界经济与政治》，2002 年第 1 期。

［7］吴征宇：《“沉着应对”≠“自废武功”——美国国家导弹防御计划与中国应有的对策》，《现代国际关系》，2003 年第 2 期。

［8］吴日强：《美国在东欧部署反导系统针对谁》，《国际政治科学》，2007 年第 3 期。

［9］姜振飞：《美国在东欧部署反导系统的动机及影响》，《现代国际关系》，2007 年第 8 期。

［10］李彬、聂宏毅：《中美战略稳定性的考察》，《世界经济与政治》，2008 年第 2 期。

［11］刘华平：《美国导弹防御计划及其影响》，《现代国际关系》，2008 年第 12 期。

［12］张勇：《波兰因素与东欧导弹防御系统》，《国际资料信息》，2008 年第 12 期。

［13］李芳：《2009 年美国导弹防御系统重大事件盘点》，《中国航天》，2010 年第 4 期。

［14］高毅等：《美国弹道导弹防御系统发展现状及趋势》，《飞航导弹》，2011 年第 7 期。

［15］兰子诺：《近年日美导弹防御合作新动向》，《国际资料信息》，2011 年第 8 期。

［16］张万里：《欧洲反导问题与美俄关系“重启”的前景》，《俄罗斯学刊》，2012 年第 1 期。

［17］刘强：《美国战略重心东移给中国带来的问题与挑战》，

《南京政治学院学报》，2012 年第 5 期。

［18］王鸿刚：《“大变局”下的中美关系与中美战略博弈》，《现代国际关系》，2012 年第 5 期。

［19］夏立平、孙崇文：《论冷战后时期的北约核战略》，《欧洲研究》，2012 年第 6 期。

［20］韦涛、赵新国：《美国地基拦截弹作战运用及对策》，《飞航导弹》，2012 年第 6 期。

［21］封帅：《“双向失衡”结构与欧洲导弹防御议题中的美俄博弈》，《俄罗斯研究》，2012 年第 8 期。

［22］张茗：《奥巴马政府亚太军事“再平衡”剖析》，《现代国际关系》，2013 年第 4 期。

［23］吴志成：《美国在黄岩岛与钓鱼岛问题上的立场缘何不同?》，《现代国际关系》，2013 年第 4 期。

［24］田文林：《美国与伊朗缓和：神话还是现实》，《现代国际关系》，2013 年第 10 期。

［25］沈雅梅：《美国对伊政策调整的动因与空间》，《现代国际关系》，2013 年第 6 期。

［26］何俊鹏：《国外导弹防御系统发展现状及启示》，《飞航导弹》，2014 年第 10 期。

［27］吴日强：《美国亚太反导系统对中国安全的影响及中国的对策》，载王辑思主编：《中国国际战略评论》，世界知识出版社，2014 年版。

［28］杨卫丽等：《美国动能反导拦截技术新进展》，《战术导弹技术》，2015 年第 1 期。

［29］王浩：《过度扩张的美国亚太再平衡战略及其前景论析》，《当代亚太》，2015 年第 2 期。

［30］赵晨、赵纪周：《美欧防务“再平衡”评析》，《国际政治研究》，2015 年第 2 期。

［31］左希迎：《承诺难题与美国亚太联盟转型》，《当代亚太》，

2015 年第 3 期。

[32] 朴钟仁、李庆四:《韩国在反导系统上的困境与战略选择》,《东北亚学刊》, 2015 年第 4 期。

[33] 刘冲:《美国酝酿在韩部署“萨德”系统问题辨析》,《现代国际关系》, 2015 年第 5 期。

[34] 陈兢、高雁翎:《国外防空反导系统新进展》,《战术导弹技术》, 2015 年第 6 期。

[35] 贾晨阳:《“标准 -3”2A 导弹成功完成首次飞行试验》,《现代军事》, 2015 年第 8 期。

[36] 练学辉等:《美国“宙斯盾”系统及主要传感器进展分析》,《雷达与对抗》, 2016 年第 3 期。

[37] 马静等:《浅析地基反导预警雷达中的 X 波段相控阵天线》,《现代雷达》, 2016 年第 4 期。

[38] 祁昊天:《萨德入韩与美国亚太反导布局的战术与战略考量》,《现代国际关系》, 2016 年第 7 期。

[39] 杨云翔:《美国导弹防御系统 2017 财年预算分析》,《飞航导弹》, 2016 年第 7 期。

[40] 兰天鸽:《美国海基 X 波段雷达现状研究》,《飞航导弹》, 2016 年第 7 期。

[41] 任子晨:《奥巴马政府时期美国亚太军事部署的调整》,《国际研究参考》, 2016 年第 8 期。

三、英文专著

[1] Brooks, Peter T., Strategic Surprise: U. S. - China Relations in the Early 21st Century, Newport Rhode Island: Naval War College Press, 2003.

[2] Burns, Richard, The Missile Defense System of George W. Bush: A Critical Assessment, Santa Barbara CA: Praeger, 2010.

[3] Futter, Andrew, Ballistic Missile Defense and US National Se-

curity Policy: Normalisation and Acceptance After the Cold War, Routledge Taylor&Francis Group, 2013.

[4] Gray, Colin, Maintaining Effective Deterrence, Strategic Studies Institute, 2003.

[5] Mayer, Michael, US Missile Defense Strategy: Engaging the Debate, First Forum Press, 2015.

[6] Navarro, Peter, Crouch Tiger: What China Militarism Means for the World, New York: Prometheus Books, 2015.

[7] Organski, A. F. K. and Jacek Kugler, The War Ledger, University of Chicago Press, 1980.

[8] Payne, Keith B., Deterrence in the Second Nuclear Age, Lexington: University Press of Kentuchy, 1996.

[9] Snyder, Glenn H., Deterrence and Defense: Toward a Theory of National Security, Princeton University Press, 1961.

[10] Tamen, Ronald L. et. al., Power Transitions: Strategies for the 21st Century, Chatham House Publishers Seven Bridges Press, 2000.

[11] Wilkening, Dean A, Ballistic – Missile Defence and Strategic Stability , Oxford University Press, 2014.

四、英文论文

[1] Bundy, Mc George et. al., "The President's Choice: Star Wars or Arms Control," Foreign Affairs, Vol. 63, No. 3, Winter 1984/85.

[2] Chase, Michael S. and Andrew S. Erickson, "The conventional Capabilities of China's Second Artillery Force: Cornerstone of Deterrence and Warfighting," Asian Security, Vol. 8, No. 2, 2012.

[3] Cimbala, Stephen J., "Minimum Deterrence and Missile Defense: U. S. and Russia Going Forward," Comparative Strategy, Vol. 30, No. 4, 2011.

[4] Clinton, Hillary, "America's Pacific Century," Foreign Policy,

October 11, 2011.

[5] Crouch, J. D. etc, "Missile Defence and National Security: The Need to Sustain a Balanced Approach," Comparative Strategy, Vol. 28, No. 1, 2009.

[6] Erickson, As and DD Yang, "Using the Land to Control the Sea? Chinese Analysts Consider the Antiship Ballistic Missile," Naval War College Review, Vol. 62, No. 4, 2009.

[7] Evera, Stephen Van, "Offense Defense, and the Cause of War," International Security, Vol. 22, No. 4, 1998.

[8] Fravel, M. Taylor, "China's Search for Assured Retaliation: The Evolution of Chinese Nuclear Strategy and Force Structure," International Security, Vol. 35, No. 2, Fall 2010.

[9] Fruhling, Stephan, "Managing escalation: missile defence, strategy and US alliances," International Affairs, Vol. 92, No. 1, 2016.

[10] Futter, Andrew, "NATO, Ballistic Missile Defense and the Future of US Tactical Nuclear Weapons in Europe," European Security, Vol. 20, No. 4, 2011.

[11] Gibilterra, John, "Conditional Deterrence and Missile Defense," Comparative Strategy, Vol. 34, No. 1, 2015.

[12] Glaser, Charles L. and Chaim Kaufmann, "What is the Offense – Defense Balance and Can We Measure It?," International Security, Vol. 22, No. 4, April 1998.

[13] Greenert, Jonathan, "Sea Change: The Navy Pivots to Asia," Foreign Policy, November 14, 2012.

[14] Heim, Jacob L. , "The Iranian Missile Threat to Air Bases: A Distant Second to China's Conventional Deterrent," Air & Space Power Journal, July – August 2015.

[15] Hitchen, Theresa, "U. S. – Sino Relations in Space: From Wars of Words to Cold War in Space?," China Security, No. 4,

Winter 2007.

[16] Jervis, Robert, "Cooperation Under the Security Dilemma," World Politics, Vol. 30, Issue2, Jan. 1978.

[17] Kim, Jiyoon etc., "The Fallout: South Korean Public Opinion Following North Korea's Third Nuclear Test," Issue Briefs: The Asian Institute for Policy Studies, Vol. 46, 2013.

[18] Kristensen, Hans M. and Robert S. Norris, "US Nuclear Forces 2016," Bulletin of the Atomic Scientists, Vol. 72, No. 2, 2015.

[19] Kristensen, Hans M., "Non – Strategic Nuclear Weapons," Bulletin of the Atomic Scientists, Vol. 68, No. 3, 2012.

[20] Kugler, Jacek and Frank C. Zagare, "The Long Term Stability of Deterrence," International Interactions, Vol. 15, No. 3 – 4, 1987.

[21] Lieber, Keir and Press Daryl, " The Rise of US Nuclear Primacy," Foreign Affairs, Vol. 85, No. 2, 2006.

[22] Mahnken, Thomas G., "China's Anti – Access Strategy in Historical and Theoretical Perspective, Journal of Strategic Studies," Vol. 34, No. 3, 2011.

[23] Manicom, James, "China and American Seapower in East Asia: Is Accommodation Possible?," Journal of Strategic Studies, Vol. 37, No. 3, 2014.

[24] Mearsheimer, John J. and Stephen M. Walt, "The Case for Offshore Balancing, A Superior U. S. Grand Strategy," Foreign Affairs, July/August, 2016.

[25] Mesquita, Bruce and William H. Riker, "An Assessment of the Merits of Selective Nuclear Proliferation," Journal of Conflict Resolution, Vol. 29, No. 2, June 1982.

[26] Miller, Steven, "The Flawed Case for Missile Defense," Survival, Vol. 43, No. 3, Autumn 2001.

[27] Navarro, Peter and Alexander Gray, "Donald Trump's Peace

Through Strength Vision for the Asia – Pacific," Foreign Policy, November 8, 2016.

[28] Spinardi, Graham, "Technical Controversy and Ballistic Missile Defence: Disputing Epistemic Authority in the Development of Hit – to – Kill Technology," Science as Culture, Vol. 23, No. 1, 2014.

[29] Thornberry, Mac and Andrew F. Krepinevich, "Preserving Primacy: A Defense Strategy for the New Administration," Foreign Affairs, August 16, 2016.

[30] Thranert, Oliver, "NATO, Missile Defense and Extended Deterrence," Survival, Vol. 51, No. 6, 2009.

[31] Trenin, Dmitry, "A European Missile Defense System to Replace the Great Game," Russia in Global Affairs, April/June, 2011.

[32] Waltz, Kenneth N., "The Spread of Nuclear Weapons: More May be Better," Adelphi Papers, No. 171, 1981.

五、官方报告

[1] Chairman of the Joint Chiefs of America, Redefining America's Military Leadership, Washing ton, D. C., Feb, 2011.

[2] Chairman of the Joint Chiefs of America, The United States Military's Contribution To National Security, Washington, D. C., Jan, 2015.

[3] Department of Defense, Ballistic Missile Defense Review Report, Washington, D. C., Feb, 2010.

[4] Department of Defense, Quadrennial Defense Review Report, Washington, D. C., Feb, 2010.

[5] Department of Defense, Nuclear Posture Review Report, Washington, D. C., April, 2010.

[6] Department of Defense, Annual Report to Congress: Military and Security Developments Involving the People's Republic of China,

Washington, D. C. , 2009 – 2016.

[7] Department of Defense, Sustaining US Global Leadership: Priorities for 21st Century Defense, Washington, D. C. , January 3, 2012.

[8] Department of Defense, Quadrennial Defense Review Report, Washington, D. C. , May, 2014.

[9] Department of State, World Military Expenditures and Arms Transfers 2015, Washington D. C. , December 24, 2015.

[10] General Accounting Office, Missile defense: actions needed to enhance testing and accountability, Washington, D. C. , April 23, 2004.

[11] Government Accountability Office, Standard Missile – 3 Block IIB Analysis of Alternatives, Washington D. C. , February 11, 2013.

[12] Joint Chiefs of Staff, The National Military Strategy of the United States of America 2015, Washington, D. C. , June, 2015.

[13] Missile Defense Agency, Missile Defense Agency Missile Defense Program and Fiscal Year 2006 Budget, Washington, D. C. , Spring 2005.

[14] Missile Defense Agency, Ballistic Missile Defense Program Briefing, Washington, D. C. , January 28, 2009.

[15] NATO, Active Engagement, Modern Defence: Strategic Concept for the Defence and Security of the Members of the North Atlantic Treaty Organisation, Lisbon, November 19 – 20, 2010.

[16] National Intelligence Council, Foreign Missile Developments and the Ballistic Missile Threat to the United States Through 2015, December, 2001.

[17] The White House, The National Security Strategy, Washington, D. C. , May, 2010.

[18] The White House, The National Security Strategy, Washington, D. C. , May, 2013.

[19] The White House, The National Security Strategy, Washing-

ton, D. C. , Feb, 2015.

[20] Office of the Secretary of Defense, 2019 Missile Defense Review, Washington, DC, January 2019.

六、智库报告

[1] Bennett, Bruce W. , Preparing for the Possibility of a North Korean Collapse, RAND Corporation, 2013.

[2] Bermudez, Joseph S. , A History of Ballistic Missile Development in the DPRK, Monterey California: Center for Nonproliferation Studies, November, 1999.

[3] Blakeley, Katherine, Analysis of the FY 2017 Defense Budget and Trends in Defense Spending, CSBA Report, 2016.

[4] Blechman, Barry, Protecting U. S. Security by Minimizing the Role of Nuclear Weapons: A New U. S. Nuclear Policy, The Stimson Center, May 2015.

[5] Clark, Bryan and Mark Gunzinger, Winning the Salvo Competition: Rebalancing America's Air and Missile Defenses, CSBA Report, 2016.

[6] Cohn, Jacob and Jesse Sloman, FY 2016 Weapon Systems FACTBOOK, CSBA Report, 2016.

[7] Cohn, Jacob and Jesse Sloman, FY 2017 Weapon Systems FACTBOOK, CSBA Report, 2016.

[8] Colin, Patrick M. Breakthrough on the Peninsula: Third Offset Strategies and the Future Defense of Korea, Center for a New American Security, November 2016.

[9] Davis, Paul K. and Peter A. Wilson, Looming Discontinuities in U. S. Military Strategy and Defense Planning: Colliding RMAs Necessitate a New Strategy, RAND National Defense Research Institute, 2011.

[10] Green, Michael etc. , Asia – Pacific 2025: Capabilities,

Presence, and Partnerships, Center for Strategic International Studies, January, 2016.

[11] Harrison, Todd, Analysis of the FY 2011 Defense Budget, CSBA Report, 2010.

[12] Harrison, Todd, Analysis of the FY 2012 Defense Budget, CSBA Report, 2011.

[13] Harrison, Todd, Analysis of the FY 2015 Defense Budget, CSBA Report, 2014.

[14] Harrison, Todd, The FY 2015 Defense Budget: Balancing Strategy and Resources, CSBA Report, 2014.

[15] Heginbotham, Eric etc., China's Evolving Nuclear Deterrent: Major Drivers and Issues for the United States, RAND Corporation, 2017.

[16] Heim, Jacob L., Missiles for Asia? The Need for Operational Analysis of U. S. Theater Ballistic Missiles in the Pacific, RAND Arroyo Center, 2016.

[17] Kearn, David W., Facing the Missile Challenge: U. S. Strategy and the Future of INF Treaty, RAND Corporation, 2012.

[18] Long, Duncan etc., Smart Power, Stronger Partners: Trend in Force Projection Against Potential Adversaries, RAND Corporation, 2017.

[19] Martinage, Robert, Toward A New Offset Strategy: Exploiting U. S. Long – term Advantages to Restore U. S. Global Power Projection Capability, CSBA Report, 2014.

[20] Montgomery, Evan B., Extended Deterrence in the Second Nuclear Age: Geopolitics, Proliferation, and the Future of U. S. Security Commitments, CSBA, 2016.

[21] Montgomery, Evan B., Reinforcing the Front Line: U. S. Defense Strategy and the Rise of China, CSBA Report, 2017.

[22] Morgan, Forrest E. Crisis Stability and Long – Range Strike: A Comparative Analysis of Fighters, Bombers, and Missiles, RAND Project

AIR FORCE, 2013.

[23] Murdock, Clark, Project Atom: A Comparative Strategy Approach to Defining U. S. Nuclear Strategy and Posture for 2025 – 2050, Center for Strategy& International Security, May 2015.

[24] Rinehart, Ian E. etc, Ballistic Missile Defense in the Asia – Pacific Region: Cooperation and Opposition, CRS Report R43116, June 24, 2013.

[25] Sankaran, Jaganath, The United States's EPAA Missile Defense System: Defending Against Iranian Threats Without Diluting the Russian Deterrent, RAND National Security Research Division, 2015.

[26] Schiller, Markus, Characterizing the North Korean Nuclear Missile Threat, RAND Corporation, 2012.

[27] Shlapak, David A., Dire Strait? Military Aspects of the China – Taiwan Confrontation and Options for U. S. Policy, RAND Corporation, 2009.

[28] Thomas Karako and Wes Rumbaugh, Distributed Defense: New Operational Concepts for Integrated Air and Missile Defense, CSIS Report, January 25, 2018.

[29] Carl Rehberg, Mark Gunzinger, Air and Missile Defense at a Crossroads: New Concepts and Technologies to Defend America's Overseas Bases, CSBA Report, 2018.

[30] Mark Gunzinger, Bryan Clark, David Johnson, and Jesse Sloman, Force Planning for the Era of Great Power Competition, CSBA Report, 2017.

七、网络资料来源

[1] http://www.armscontrol.org

[2] http://www.iiss.org

[3] http://www.CSIS.org

[4] http：//www. cfr. org
[5] http：//www. state. gov
[6] http：//www. whitehouse. gov
[7] http：//www. mda. mil
[8] http：//www. sipri. org
[9] http：//www. abc. net. au
[10] http：//www. china. org. cn
[11] http：//www. globalsecurity. org
[12] http：//www. news. xinhuanet. com
[13] http：//www. gao. gov
[14] http：//www. washingtonpost. com
[15] http：//www. nato. int
[16] http：//www. dsti. net
[17] http：//www. chinadaily. com. cn
[18] http：//www. defense. gov
[19] http：//mostlymissiledefense. com
[20] http：//nationalinterest. org
[21] http：//world. huanqiu. com

图书在版编目（CIP）数据

美国欧亚地区导弹防御政策研究 / 孙逊，韩略著. —北京：时事出版社，2020. 7
ISBN 978-7-5195-0389-5

Ⅰ. ①美… Ⅱ. ①孙… ②韩… Ⅲ. ①导弹防御系统—国防政策—研究—美国②美国对外政策—研究—欧洲、亚洲
Ⅳ. ①E712. 1②D871. 20

中国版本图书馆 CIP 数据核字（2020）第 081162 号

出 版 发 行：时事出版社
地　　　址：北京市海淀区万寿寺甲 2 号
邮　　　编：100081
发 行 热 线：（010）88547590　88547591
读者服务部：（010）88547595
传　　　真：（010）88547592
电 子 邮 箱：shishichubanshe@ sina. com
网　　　址：www. shishishe. com
印　　　刷：北京朝阳印刷厂有限责任公司

开本：787×1092　1/16　印张：19　字数：256 千字
2020 年 7 月第 1 版　2020 年 7 月第 1 次印刷
定价：110. 00 元